CB132317

Gordon Ramsay
Paixão por Frutos do Mar

Gordon Ramsay
Paixão por Frutos do Mar

Com Roz Denny Prefácio de Daniel Boulud Fotografias de Diana Miller

LAROUSSE

Ao meu pai, Gordon Scott Ramsay,
por aquelas maravilhosas pescarias no Rio Tay.

Título original em inglês: *Passion for Seafood*

Originalmente publicado na Grã-Bretanha em 1996
com o título *Passion for Seafood* pela Conran,
divisão do Octopus Publishing Group Ltd
2-4 Heron Quays, Docklands, London E14 4JP

Copyright © 1999 Octopus Publishing Group Ltd
Copyright do texto © 1999 Gordon Ramsay
Copyright © 2008 by Larousse do Brasil
Todos os direitos reservados.

Edição brasileira
Diretor editorial *Alexandre Faccioli*
Gerente editorial *Solange Monaco*
Editora *Andréa Cozzolino*
Assistente editorial *Soraya Leme*
Preparação e revisão *Véra Regina Maselli*
Diagramação e capa *Celso Imperatrice*
Produção gráfica *Reinaldo Correale*
Fotos *Diana Miller*
Foto do autor cortesia de *Solo Syndication*
Notas sobre vinho *Thierry Berson*

1ª edição brasileira: 2008
Direitos de edição em língua portuguesa, para o Brasil,
adquiridos por Larousse do Brasil Participações Ltda.
Av. Profa. Ida Kolb, 551 – 3º andar – São Paulo – SP –
CEP 02518-000
Telefone: (11) 3855-2290 – Fax: (11) 3855-2280
E-mail: info@larousse.com.br
www.larousse.com.br

Dados Internacionais de Catalogação na Publicação (CIP)
(Câmara Brasileira do Livro, SP, Brasil)

Ramsay, Gordon
Paixão por frutos do mar / Gordon Ramsay com Roz Denny ; fotografias de Diana Miller ; prefácio de Daniel Boulud ; [tradução Sheime Denadai] . – São Paulo : Larousse do Brasil, 2008.

Título original: Passion for seafood.
ISBN 978-85-7635-423-9

1. Culinária (Frutos do mar) 2. Pescado I. Denny, Roz. II. Miller, Diana. III. Boulud, Daniel. IV. Título.

08-10322 CDD-641.6

Índices para catálogo sistemático:
1. Frutos do mar : Receitas : Culinária
641.6

Sumário

Atum marinado com rabanete branco ao molho balsâmico (página 112).

Prefácio

Para um chef, os frutos do mar são um dos temas mais difíceis de aperfeiçoar, mas também um dos que mais valem a pena depois de conquistados. Em uma cozinha de restaurante, a estação de peixes é a mais desafiadora e a mais versátil. Peixe é um ingrediente muito "maleável": pode ser preparado salgado, doce, aromático, suculento, picante, e até com sabor de carne – uma profusão de estilos e adjetivos podem ser aplicados a ele. Cabe ao chef encontrar o atributo adequado ao tipo de peixe que está preparando, e aperfeiçoar o sabor com o método preciso de cocção e o tempero exato necessário.

Cozinhar frutos do mar é estimulante pela variedade de escolhas para obter o equilíbrio final do sabor, e é também um desafio, porque há inúmeras possibilidades de combinações. São tantas as espécies de frutos do mar, que você pode apreciar o simples prazer de uma ostra aberta na hora, com algumas gotas de limão ou, em um nível mais complexo, uma receita como o Ravióli de Caranguejo com Molho Vierge (página 138), de Gordon.

Gordon é um ícone da gastronomia no Reino Unido. A culinária francesa ainda é considerada a mãe de todas as culinárias, e Gordon não apenas compreendeu isso, como tem usado a culinária francesa como um trampolim para criar uma identidade culinária própria. Sua cozinha apresenta alto padrão de qualidade, que você poderá descobrir por conta própria visitando o número 68 da Royal Hospital Road, em Londres, ou fazendo uma (ou várias) das receitas deste livro.

Gordon faz a perfeição parecer simples e fácil de ser obtida, e abriu sua experiência para a cozinha doméstica escrevendo este abrangente guia, em que fez um trabalho incrível, explicando todos os fundamentos (da compra dos peixes às técnicas de cocção) e oferecendo receitas maravilhosas e inovadoras. Considero um excelente bônus, para quem gosta de cozinhar em casa, a sugestão de alternativas para os peixes ou frutos do mar usados nas receitas. Isso não só simplifica a execução dos pratos, como dá um "empurrãozinho" para que você se aproprie delas como se fossem suas. A improvisação é parte essencial da culinária, e Gordon lhe dá liberdade para descobrir isso dentro dos limites de uma receita estruturada.

Este livro é obrigatório para todos os amantes de frutos do mar e apaixonados por culinária.

Bon appétit!

Introdução

Aos poucos, estou começando a entender que os frutos do mar fazem parte da minha vida desde que eu era pequeno. Não que eu tenha sido criado em uma comunidade de pescadores, nem morado à beira-mar. Mas, relembrando minha criação na Escócia, houve muitas situações em que os frutos do mar causaram forte impressão na minha psique em desenvolvimento – como as viagens semanais aos sábados para o mercado aberto de Glasgow com minha família, quando era pequeno. A recompensa por sermos bonzinhos era espremer seis de nós num banco de uma loja abarrotada de conchas. Pilhas de conchas fumegantes eram colocadas sobre folhas de jornal à nossa frente, e também tigelas para depositarmos as conchas vazias. Armados com pinos, e trabalhando rápido, abríamos a parte superior das conchas e, com cuidado, tirávamos a carne espiralada. Temperando rapidamente com sal e vinagre de malte, engolíamos várias de uma vez só.

Meu pai me ensinou a pescar. Tínhamos um *trailer* às margens do Lago Lomond, e a pescaria se tornou parte de nosso estilo de vida no verão. Quando os salmões começavam a corrida para desovar, acordávamos às 5 da manhã para tentar pegar alguns. Enfiando minhocas vivas como iscas nos anzóis triplos, remávamos até o meio do lago para jogar as linhas, usando garrafas vazias de Jif Lemon como bóias. Depois remávamos de volta até a margem e esperávamos. Quando as pequenas garrafas amarelas começavam a balançar para cima e para baixo, remávamos de volta para buscar nossa carga. Certa vez, passamos a manhã inteira atrás de um salmão enorme, mas que beleza! Mesmo hoje, é uma maravilha ir pescar com mosca no Rio Tay. De vez em quando, meu irmão e eu conseguimos dar uma escapada juntos e aproveitamos uma pescaria noturna em Minehead. Lula congelada é uma boa isca para pegar cação e badejo.

Durante minha estada em Paris, treinando com Guy Savoy, havia peixe fresco por toda parte. Eu passava um bom tempo passeando pelo mercado em Rungis, só olhando as vitrines. Ou então descia do metrô duas paradas antes do meu apartamento e caminhava até o restaurante de frutos do mar Boffinger, para observar os garçons em seu intervalo para o almoço, passando por bandejas de ostras frescas com um prazer óbvio e uma velocidade de tirar o fôlego – muito embora tivessem passado toda sua vida de trabalho abrindo-as para outras pessoas.

Peixes tropicais ou exóticos – chame-os como quiser – tornaram-se parte da minha educação nesse tópico, trabalhando como cozinheiro em um iate de luxo no Caribe. Não existe mercado no meio do mar e, com uma tripulação faminta para alimentar três vezes ao dia, tínhamos que voltar à natureza e pescar nossa comida. O mergulho também se tornou uma obsessão, e aprendi a respeito dos hábitos das belas criaturas do mar que vivem sob as ondas.

As arraias-manta eram as mais magníficas, flutuando com suas nadadeiras ondulantes. As lagostas são crustáceos espertos. Estou certo de que elas têm a percepção oculta de que apreciamos sua carne doce. Os mergulhos noturnos eram os mais fascinantes. Você sabia que os peixes-papagaio fazem bolhas líquidas para proteger-se enquanto dormem?

Quando pegávamos um molusco em nossas redes, sua carne ficava tão clara que dava para ver as veias se mexendo lá dentro. O que não podíamos comer servia de isca para pegar atum-bonito. O prato preferido da tripulação eram enormes amêijoas grelhadas com limão, manteiga e servidas com lingüine fresco (feito no barco – ainda adoro fazer minha própria massa todos os dias).

Todas essas experiências deixaram-me uma impressão permanente sobre a necessidade de proteger a riqueza do mar, desde o poderoso Atlântico Norte, com seus estoques minguantes de bacalhau e pescado, até a beleza onírica e frágil dos recifes de corais. Posso ser um pescador e cozinhar essas belas criaturas todos os dias, mas tenho um profundo respeito por sua beleza e seu valor nutricional, e valorizo enormemente as habilidades que me foram confiadas para fazer jus a elas. Com certeza, esforço-me muito para agradar.

NOTAS PARA O COZINHEIRO

Foram usadas colheres medidas padrão para testar todas as receitas:
1 colher de chá = 5 ml, 1 colher de sopa = 15 ml. As colheres são rasas, a menos que seja especificado o contrário.

Foram usados ovos médios para os testes, a menos que especificado o contrário.

Atualmente, recomenda-se que crianças, mulheres grávidas, idosos e pessoas que tomam medicação imunossupressora não comam ovos crus ou pouco cozidos, devido ao risco de contaminação pela bactéria salmonela. Neste livro há receitas que usam ovos crus ou não muito bem cozidos, que devem ser evitadas se você estiver cozinhando para pessoas que se encaixam nessas categorias.

1

Comprando, preparando e cozinhando frutos do mar

Escolhendo e comprando

VOCÊ ESTÁ CHEIO DE ENTUSIASMO PARA FAZER UM MARAVILHOSO PRATO COM PEIXE. ENTRA EM UMA PEIXARIA CUJO BALCÃO ESTÁ REPLETO DE COLORIDOS PEIXES INTEIROS, FILÉS BRANCOS CREMOSOS E CRUSTÁCEOS – TUDO BRILHANDO DE FRESCOR. ATÉ DÁ PENA DESMANCHAR ESSA ARRUMAÇÃO. MAS COMO SABER SE O PEIXE É DE QUALIDADE PARA FAZER JUS À SUA RECEITA? QUE SINAIS VOCÊ DEVE PROCURAR? E, SE NÃO ENCONTRAR O PEIXE OU O CORTE QUE PROCURA, QUE OUTRO PEIXE VOCÊ PODE COMPRAR PARA SUBSTITUÍ-LO?

EU TENHO A SORTE DE TER FORNECEDORES DE CONFIANÇA, QUE SABEM EXATAMENTE O QUE EU ESPERO. ELES SÓ ME MANDAM O MELHOR, PORQUE SABEM QUE SÓ COLOCO NO MEU CARDÁPIO PEIXES DA MELHOR QUALIDADE. QUALQUER PEIXE ABAIXO DOS PADRÕES É IMEDIATAMENTE DEVOLVIDO. DE VEZ EM QUANDO, GOSTO DE VISITAR O MERCADO DE PEIXES

peixes e crustáceos

DE MANHÃ, BEM CEDO, PARA DAR UMA OLHADA NO QUE ELES RECEBEM E VENDEM, E PARA PAPEAR COM MEUS FORNECEDORES PREFERIDOS. ISSO NÃO APENAS MOSTRA A ELES QUE ME IMPORTO E COMPARTILHO COM ELES A PAIXÃO POR FRUTOS DO MAR, MAS TAMBÉM REPRESENTA MINHA GENUÍNA ADORAÇÃO POR COZINHAR PEIXES – ELES SÃO CRIATURAS TÃO BELAS!

GOSTO DE USAR UMA GRANDE VARIEDADE DE PEIXES EM SOPAS, ENTRADAS, PRATOS PRINCIPAIS E SALADAS. TODAS AS ESPÉCIES DE PEIXE TÊM SUAS CARACTERÍSTICAS PRÓPRIAS INDIVIDUAIS, ADEQUADAS PARA CERTOS PRATOS – DE SABOR ENCORPADO E CARNE FIRME, DOCE E DE CARNE MACIA, OU EM FLOCOS E DELICADO. É POSSÍVEL AGRUPÁ-LOS DE ACORDO COM SUAS CARACTERÍSTICAS, DE MANEIRA QUE, NÃO ENCONTRANDO UMA ESPÉCIE, VOCÊ POSSA COMPRAR OUTRA, COM TRAÇOS SEMELHANTES. PARA A MAIORIA DAS RECEITAS DESTE LIVRO, SUGIRO ALTERNATIVAS SEMPRE QUE POSSÍVEL.

Escolhendo os melhores espécimes

Quando for comprar peixe, procure primeiro por sinais de frescor. A pele, os olhos, o brilho, e a aura geral de um peixe fresco devem brilhar, e o peixe deve parecer como se ainda estivesse nadando. Os peixes mais frescos têm uma leve camada de muco sobre a pele e um cheiro levemente doce e do mar, e não aquele cheiro forte e marcante de peixe. Seus olhos devem parecer prestes a piscar, e quando pressionada, a carne deve voltar a seu formato, e ser firme ao toque. Se os olhos tiverem começado a afundar, é um sinal de que a carne está começando a se decompor. O peixe pode ainda estar apropriado para o consumo, mas não terá sabor fresco ou seu melhor sabor. Então, peça ao peixeiro que levante uma peça, e observe bem os olhos.

Quando se trata de comprar o peixe já preparado, cortado e dividido em filés, também há muitos sinais para procurar. A carne deve ser forme e, em certos peixes como bacalhau, hadoque ou salmão, ela não deve ter começado a se quebrar. Enquanto um leve muco pode ser indicação de frescor na pele, dentro do peixe ele pode ser um resultado de envelhecimento gradual. A carne deve parecer transparente, brilhante e encorpada — e não sem graça, mole, sem vida...

Variedades e cortes

Muitas vezes, as pessoas têm medo de cozinhar peixes por não saberem como lidar com o peixe inteiro, ou que cortes comprar se ele já vier preparado. À primeira vista, um filé de pescada pode parecer igual ao outro. É difícil calcular a quantidade de pessoas que podem ser servidas com um peixe inteiro, ou se um filé grosso e robusto equivale a outro mais comprido e mais fino. O melhor conselho que posso dar é: "Pergunte ao seu peixeiro". Muitos deles são apaixonados por peixes e ficam muito felizes de falar livremente. Embora os peixeiros de rua estejam desaparecendo, os supermercados estão introduzindo balcões refrigerados nas grandes lojas, e a qualidade vem aumentando gradualmente.

O formato do peixe determina como ele deve ser limpo e cortado. A maioria dos peixes entra em duas categorias de formato – chato ou roliço. Em termos amplos, os peixes podem ser caracterizados mais a fundo como peixes brancos ou oleosos. E, indo mais adiante, temos aqueles com poucas espinhas, que são adequados para cortar em filés ou medalhões, e os que são cheios de espinhas, e têm muito sabor – perfeitos, inteiros ou cortados, para bouillabaisse.

Quando o peixe é vendido sem espinhas, ele se torna um filé. Pode ser um filé do rabo, mais longo, ou cortado da parte mais grossa do peixe. Quando um peixe roliço e grande é cortado transversalmente em fatias, com uma parte central de osso e uma faixa externa de pele, essas fatias são chamadas de postas.

Para fazer filés assados na panela, gosto de usar peixes de textura firme, que permanecem suculentos, tais como robalo, linguado-gigante, brill, bacalhau e salmão. Filés de salmonete têm uma textura mais delicada, menos robusta, mas seu sabor mais encorpado e sua pele atraente servem para pratos robustos e coloridos. Dos peixes tipo solha, o linguado é o mais convidativo, mas às vezes também gosto de usar uma solha-limão grande ou até uma solha comum bem fresca de vez em quando.

O tamanho e o formato impressionantes da arraia tornam seu uso empolgante – é uma diversão

O melhor conselho para cozinhar peixes com sucesso é, primeiramente, escolher exemplares bem frescos – com peles ou em conchas. Eles devem ser roliços e firmes, ou estar bem fechados, e ter um cheiro levemente doce-e-salgado do revigorante mar aberto.

combinar sua carne macia e seu sabor com ingredientes energéticos como alcaparras, tomates e anchovas. O transporte rápido e eficiente com ar refrigerado de que dispomos hoje nos proporciona acesso mais fácil a espécies de peixes de águas mais quentes, tais como atum, vermelho e sargo. Esses peixes são excelentes quando marinados e servidos em fatias bem finas, como um carpaccio, ou usados em saladas com folhas e molhos exóticos. Os mais humildes — cavala, arenque e sardinha — não devem ser ignorados; sua riqueza os torna ideais para grelhar ou assar inteiros, até que a pele fique crocante.

Alguns frutos do mar, como vieiras ou lulas, podem ser vendidos frescos ou já preparados — mas estes geralmente já foram congelados e podem estar aguados. Crustáceos em conchas, tais como mexilhões, ostras, vieiras e amêijoas, são vendidos vivos e suas conchas devem estar muito bem fechadas. Aqueles que apresentarem conchas abertas, mesmo que levemente, estão mortos ou em rápida deterioração; por isso verifique bem antes de comprar. Como os estoques de peixes silvestres são flutuantes, estão aumentando os criadouros de peixes. A qualidade está melhorando, com rações melhores e mais naturais e correntes artificiais, introduzidas para fazer os peixes nadarem com mais força e desenvolverem músculos. Salmão, linguado-gigante, robalo e sargo de cultivo encontram-se à venda, assim como certos crustáceos, em particular os mexilhões. Já as ostras são cultivadas desde os tempos romanos.

Um tranqüilo lago escocês ou uma enseada no Mediterrâneo podem ser o lar de milhares de criaturas marinhas. Entretanto, a maneira de pescar pode afetar a qualidade dos peixes. Por exemplo, vieiras que são cavadas e pescadas com rede podem juntar areia e detritos ao serem arrastadas para cima. Isso não acontece com vieiras que são pegas com a mão por mergulhadores, mas essas, naturalmente, são mais caras.

Diferentes tipos de peixes

Ao dar uma olhada nas receitas deste livro, você notará que uso mais alguns peixes e crustáceos do que outros. Não que eu os ache superiores, mas alguns, sem dúvida, são mais adequados que outros para uma cozinha de restaurante. Peixes de carne rica, como salmão, atum e salmonete, são particularmente versáteis porque seu sabor mais encorpado combina com uma grande variedade de molhos. Bacalhau e linguado-gigante são mais substanciais e também mais prontamente disponíveis – uma consideração importante quando se planeja um cardápio. Camarão, lagosta e caranguejo têm um certo prestígio culinário, e têm aparência muito convidativa no prato, com sua atraente carne rosada. Ajuda saber o que se está comprando; então vamos conhecer alguns dos diferentes frutos do mar que podemos encontrar.

Anchova As anchovas podem ser consumidas frescas, como as sardinhas, mas eu costumo usar filés altos e salgados. Eles têm a carne mais macia, e eu os prefiro àqueles que foram espremidos dentro de uma lata e parecem duros ao serem separados. Entretanto, as anchovas enlatadas são muito práticas — apenas dê umas batidinhas para eliminar o óleo e enxágüe em água fria

Arraia Em geral, apenas as "asas" da arraia são vendidas, sem pele e prontas para cozinhar. A arraia tem cartilagem, mas nenhuma espinha. A carne, que se desprende em tiras compridas, é macia e deliciosa. Sirva arraia grelhada com osso, temperada com manteiga e suco de limão, ou experimente as forminhas de arraia da página 97.

Atum O atum é um peixe popular nas cozinhas do Mediterrâneo, do Japão, dos Estados Unidos e da Austrália. Existem muitas espécies diferentes desse peixe. Eu compro atum-do-sul pescado com linha (o melhor), ou às vezes atum-amarelo (albacora). Invariavelmente, o atum fresco vai estar exposto em lombos, dos quais são cortadas postas. Algumas partes do lombo apresentam "linhas de sangue" visíveis – tente evitar essas partes. Uma boa posta de atum é quase da cor da carne de cordeiro, e sua carne é firme.

O atum é um peixe muito rico, e precisa de pouco óleo adicional. Ele tem uma textura densa, por isso não o cozinhe demais, ou ele ficará seco como uma posta que passou do ponto. No Japão, o sashimi é feito com fatias bem finas de atum cru, usando peixes excepcionalmente frescos. Fique longe das postas de atum descongeladas – elas parecem chorar.

Bacalhau Seja feito em forma de um simples bolinho ou de um pavê com acabamento impecável (quadrado ou retangular), ou, ainda, servido com um molho clássico, os adoráveis flocos convexos do bacalhau é que são perfeitos. Esse peixe versátil está passando por um momento de popularidade renovada, embora os estoques de bacalhau, que um dia foram abundantes, estejam agora sob a ameaça constante da pesca excessiva. Certamente, os peixes maiores que um dia rendiam postas grossas são cada vez mais raros. Os métodos de pesca podem afetar a qualidade da carne: peixes pescados com rede ou com arrastão podem sofrer ferimentos, enquanto a carne do bacalhau pescado com linha não fica danificada. Compre bacalhau em uma boa peixaria e, se possível, compre de um peixe inteiro, para que possa verificar se a pele mosqueada de cinza e verde-oliva tem aparência brilhante e se a carne está firme, e não flácida. Peça por filés ou postas. Se encontrar tiras de bacalhau mais baratas, use-as para fazer caldo; a carne em si é muito mole, e só serve para moer ou fazer bolinhos.

Brill, linguado-gigante e rodovalho

Agrupei estes três peixes porque eles todos são volumosos e chatos, embora seus sabores e texturas tenham uma leve diferença. Eles podem ser fritos na panela, cozidos em líquido, cozidos no vapor ou grelhados. O rodovalho geralmente é vendido em postas, mas eu prefiro usar filés. Peça ao peixeiro que o corte em filés em vez de postas. Uso espinhas de rodovalho para fazer caldo. O linguado-gigante pode chegar a pesar até 200 quilos. Encontrado em águas muito frias, ele tem um sabor refinado, encorpado. O linguado-gigante da Groenlândia não é o mesmo que o verdadeiro linguado-gigante, nem tão bom. O brill é levemente mais delicado que o rodovalho, mas bem gostoso. Esses três peixes são atualmente cultivados em águas frias, então a oferta e a qualidade são garantidas.

Cavala e sardinha

Embora não sejam relacionados, esses dois peixes têm uma bela pele azul-prateada, são oleosos e podem ser servidos das mesmas maneiras – melhor fritos, quando estão bem frescos, ou grelhados inteiros numa churrasqueira. Adoro cozinhar baby cavalas, que os franceses chamam de *oisettes*; elas ficam melhores simplesmente fritas. As sardinhas frescas também ficam maravilhosas em filés, fritas na panela e depois levemente temperadas em saladas. As escamas das cavalas e das sardinhas são facilmente retiradas com os dedos, sob água corrente fria.

Enguia

As enguias são peixes misteriosos, que começam e terminam sua vida no lânguido Mar dos Sargaços, no meio do Atlântico Norte. É ali que elas são desovadas, e é para lá que voltam para desovar, após um período de vida de cerca de 3 anos, durante o qual elas nadam em estuários de rios. Nos grandes mercados de peixes, tais como o Billingsgate, em Londres, as enguias são mantidas vivas em gavetas de metal. A visão dessas enguias se contorcendo na água é quase surreal. Geralmente, retira-se-lhes a pele assim que são abatidas. Na cozinha, elas podem ser tratadas da mesma maneira que outros peixes de sabor encorpado. Elas também são cada vez mais encontradas defumadas, em casas especializadas. Enguia defumada é deliciosa servida com ovos mexidos, ou em risoto.

Esturjão

Eu incluo este peixe como um detalhe curioso, mas vale muito a pena experimentá-lo, se você o encontrar à venda. Glorioso, o esturjão parece bem primitivo, com uma pele dura, quase como couro, e bonitas barbatanas geométricas. Sua carne é bastante rica, e o sabor lembra um pouco o do bagre americano.

Hadoque

Como o bacalhau, o hadoque tem uma textura maciça, em flocos, e um bom sabor. A pele é de um cinza monótono, com uma marca escura perto das guelras. Trate-o da mesma forma que trataria um bacalhau, embora, como o peixe inteiro raramente pesa mais de 2 quilos, não se consiga tirar uma posta ou filé tão maciço quanto de um bacalhau maior. Se for usar hadoque defumado, compre hadoque Finnan, que são peixes inteiros cortados no centro, curados e defumados naturalmente. Uma dica útil: tire a pele do hadoque defumado logo depois de cozinhar, enquanto ainda estiver quente, assim ela sairá com mais facilidade. Peixes semelhantes ao bacalhau e ao hadoque são merluza (um peixe excelente, muito subestimado), badejo, escamudo, pescada polaca e bacalhau ling.

Linguado e solha Esses populares peixes chatos são os pilares da culinária britânica. O melhor de todos é o soberbo linguado. Infelizmente, o seu preço está se tornando um empecilho ao consumo, e a maior parte dos estoques de linguado é desviada para os restaurantes. A solha-limão, que tem a característica distintiva do mesmo nome em várias línguas, é consideravelmente mais barata e a minha favorita. O linguado fica com sabor melhor se "relaxar" um pouco antes do cozimento — há quem diga que até 3 dias depois da pesca é o ideal — porque se for cozido muito fresco sua carne pode ficar levemente dura. A solha pode ser decepcionantemente insípida, e os exemplares mais jovens podem ser muito magros, com mais pele e espinhas do que carne. Manchas amarelas muito brilhantes na pele são um bom indicador de frescor.

Peixe-galo Este peixe tem o corpo magro e chato mas, diferentemente de um verdadeiro peixe chato, sua cabeça fica no lugar certo, e não espremida para um dos lados. O peixe-galo tem a cabeça enorme, barbatanas superiores de aparência assustadora e baixa proporção entre carne e esqueleto. Você pode se perguntar se vale a pena cozinhá-lo, até que experimente seu sabor divino. Ao natural, o peixe-galo é encontrado nos meses do outono, mas seu cultivo nas águas do Mediterrâneo tem levado a uma oferta mais regular. A cor de sua pele é amarelo-ouro e quanto mais brilhante for o amarelo, mais fresca será a carne. Esse peixe tem uma marca preta redonda na lateral, que tradicionalmente é identificada como a marca do polegar de São Pedro, e por isso é também conhecido como Saint Pierre ou Saint Peter.

Robalo Há alguns anos, meu carro-chefe era um tranche de robalo com a pele crocante e levemente dourada, servido com velouté batido com perfume de baunilha. Ainda adoro cozinhar esse aristocrata do mar, com sua bela pele prateada cintilante, que fica igualmente bom cozido em líquido ou no vapor. O robalo é talvez um dos peixes mais caros — seu preço é geralmente o dobro do preço do bacalhau — mas parece que é apreciado por todos. Os melhores robalos são os silvestres e pescados com linha, mas a demanda levou também ao seu cultivo, especialmente no Mediterrâneo.

Salmão O salmão do Atlântico talvez seja um dos peixes mais populares em todo o mundo. O advento do cultivo comercial do salmão, há mais de 20 anos, fez com que esse "rei" dos peixes ficasse prontamente disponível durante o ano inteiro e, certamente, mais acessível. A maioria das pessoas aprecia seu sabor encorpado e sua textura firme e em lascas, mesmo aquelas que dizem não gostar de peixe. Comparados lado a lado, há uma diferença entre o salmão silvestre e o cultivado. O primeiro é mais magro, tem sabor mais forte, e só é encontrado durante os meses do verão. O meu fornecedor consegue um peixe cultivado superior, que é alimentado com uma dieta mais próxima daquela do encontrado no hábitat natural. Os peixes também são criados em cercados espaçosos, com correntes que os estimulam a nadar e desenvolver músculos. Conseqüentemente, a carne não fica gorda nem pálida, embora eu sempre prefira usar a parte do lombo — mais densa — à da barriga — mais gorda. Ao comprar salmão, escolha os cortes do meio, se quiser um filé mais grosso. Assim, haverá menos risco de cozinhar demais e terminar com uma textura pesada.

Salmonete Boa aparência, sabor, versatilidade e um olhar de flerte – o salmonete tem praticamente tudo a seu favor. Retire as escamas do salmonete em uma bacia de água fria, esfregando as escamas brilhantes com os dedos, para revelar a mais bela pele rosa-perolada. Uma dica útil para cortar em filés é curvar de leve a espinha dorsal para conseguir segurá-lo com mais firmeza. Geralmente, frito os filés e os sirvo quentes, com um molho (ver Molho de Frutas Cítricas e Manjericão, página 175), ou frios, como entrada — modo em que ficam particularmente bons em parceria com sardinhas. Às vezes, uso o fígado para fazer um molho. O salmonete se deteriora com facilidade, por isso, sempre o compre em peixarias confiáveis.

Sargo Existem várias formas, tamanhos, cores e nomes de sargos. Para aumentar a confusão, os cardápios geralmente se referem ao peixe por seu nome em francês. Então, vou explicar o que quero dizer quando me refiro aos sargos. A minha estrela é o sargo real, que chamamos de dorade royale, também conhecido como dourada. Os sargos vermelhos são chamados de dourade (ou *dorade*) pelos franceses, enquanto o sargo apreciado pelos chefs orientais é o sargo preto ou *dorade grise*. O cultivo da *dorade royale* tem feito com que os estoques agora sejam mais certos. Assim como deve ser feito com muitos outros peixes, é necessário retirar as escamas dos sargos antes de cozinhá-los. Para isso, use as costas de uma faca, raspando no sentido do rabo para a cabeça, e enxágüe com freqüência.

Tamboril A textura firme, macia e quase leitosa do tamboril dá prazer de cozinhar. Eu compro apenas o rabo do tamboril; sua cabeça monstruosa corresponde a quase a metade do peso do peixe, e poucos peixeiros se dão o trabalho de colocá-la à mostra. A pele do rabo pode ser um pouco difícil de tirar; então, peça ao peixeiro que lhe faça esse favor. Tamboril é ideal para marinar antes de cozinhar (página 40).

Truta As trutas são peixes ósseos de carne rosada e suculenta, que combina melhor com métodos simples de cocção, como a grelha ou a panela. As oportunidades de comer trutas frescas do riacho estão se tornando cada vez mais raras – a maioria das trutas encontradas à venda é especialmente cultivada em criadouros de peixes. Conseqüentemente, as trutas são sempre fáceis de se obter, e geralmente estão muito frescas.

Mesmo as trutas mais frescas ainda possuem um muco viscoso na pele. Se você tiver a sorte de consegui-las diretamente da rede, a melhor forma de cozinhá-las é au bleu – fritura em panela quente com temperos e apenas um pouco de óleo, depois finalizada com um pouco de manteiga e algumas gotas de limão.

Vermelho A palavra "vermelho" parece ser usada de maneira bem ampla pelos peixeiros, para designar qualquer peixe bonito de pele rosada que nada em climas tropicais. Entretanto, como eles são todos cozidos e servidos de maneiras semelhantes, talvez isso não tenha muita importância. Outros nomes que você pode encontrar para o vermelho são cioba e caranha. O vermelho fornece refeições muito boas e sua carne encorpada e saborosa combina bem com molhos de sabor forte, o que o torna perfeito para pratos festivos.

Crustáceos e outros frutos do mar

Moluscos: ostras, mexilhões, amêijoas e vieiras

Há duas espécies principais de ostras: as européias (belons, em francês) e as do Pacífico. O preço das ostras varia de acordo com o tamanho. O sistema de numeração britânico é levemente diferente do francês. As número 1 britânicas são as maiores, com peso de 120 gramas ou mais, diminuindo até as de número 5, com aproximadamente 55 gramas. A classificação francesa de ostras também envolve descrições: *fines*, *speciales* e *claires* (que são engordadas para realçar a cor e o sabor). A numeração começa em 000 (número 1 do Reino Unido) e vai até 00, 0, 1, 2 e 3.

Gosto de usar as melhores vieiras (as verdadeiras coquilles St. Jacques), apanhadas com as mãos por mergulhadores na costa oeste da Escócia, e eu mesmo as abro. Realmente vale a pena comprar as mais frescas e de melhor qualidade possível. Vieiras que foram congeladas soltam água na panela. Por que gastar dinheiro com água?

Crustáceos: caranguejo, lagosta, camarão

Eu compro crustáceos vivos, de fornecedores ao redor da costa britânica. As melhores lagostas e lagostins são encontradas nas águas claras e frias da Escócia, embora em muitas ocasiões eu use lagostas canadenses, se as espécies nativas estiverem escassas. O motivo para compro crustáceos vivos é que sua carne estraga muito rapidamente depois de mortos. Meus métodos são rápidos e humanitários (ver páginas 35 e 36).

Compre sempre crustáceos que sejam pesados para seu tamanho; a concha pode representar mais de três quartos do peso (você pode usá-las para fazer caldo). As lagostas e os caranguejos frescos são vendidos com as patas presas com elásticos, para evitar que eles ataquem não só seres humanos, mas também uns aos outros. É melhor comprá-los antes que comecem a soltar a concha velha; então, observe se as conchas têm depósitos ásperos e se as patas estão bem gastas. Os machos podem ter patas maiores, mas acredita-se que a carne das fêmeas é mais doce. Os preços são quase razoáveis nos meses do verão.

Se só conseguir comprar lagostas e caranguejos preparados, preste atenção se as garras e as patas estão bem curvadas embaixo, pois isso indica que estavam em boas condições quando foram abatidos. Muitas vezes as lagostas estão sem uma das garras, e às vezes sem as duas. Isso não se deve ao manuseio descuidado, e sim ao fato de as lagostas brigarem umas com as outras — e a carne principal do corpo ainda estará em perfeitas condições.

Lula

Eu prefiro usar lulas miúdas (lulas baby), porque são as mais macias. Mais uma vez, meus estoques (a espécie européia comum) são locais, embora as importadas também sejam boas, especialmente as das Ilhas Malvinas, que, tecnicamente, ainda são britânicas.

Caviar

O caviar pode ser o mais luxuoso dos alimentos, mas um número cada vez maior de pessoas o consomem, e muitas dessas pessoas querem saber mais sobre como escolhê-lo e usá-lo. Se você vai mesmo gastar muito dinheiro; então, faz sentido compreender como gastá-lo de forma sensata.

O caviar é a ova do esturjão, e é simplesmente salgado para conservação e, então, embalado. Depois de salgado, o caviar pode ser vendido fresco, como está, ou pode ser pasteurizado ou embalado a vácuo, para armazenamento por um período mais longo. O melhor caviar é o tirado do esturjão do Mar Cáspio, que é cercado por terra, tem aproximadamente 1.500 quilômetros de comprimento e faz fronteira com a Rússia ao norte, onde as águas são geladas, indo até as margens mais quentes do Irã, ao sul. Só compro caviar do Cáspio, pescado, conservado e embalado no Irã. Os regulamentos governamentais são mais rigorosos e os agentes são especialmente selecionados. O meu agente, Ramin Rohgar, da Imperial Caviar UK, é hoje um bom amigo e conhece tão bem as minhas exigências que agora ele é quem sugere as melhores qualidades, adequadas aos pratos que sirvo.

Existem quatro variedades principais de caviar, e seu valor depende, principalmente, da raridade. O caviar só é retirado de peixes adultos, de pelo menos 10 anos de idade – alguns esturjões podem chegar aos 100 anos de vida. Depois de pescados, os peixes não podem ser devolvidos à água para produzirem mais ovas.

Em se tratando de raridade, o campeão é o caviar beluga, com sua textura delicada, sua cor cinza prateada e seu sabor cremoso, quase amanteigado. O caviar imperial, produzido apenas pelo esturjão Caraburun albino, tem cor dourada brilhante e um sabor suave. O osietra é popular entre os aficionados por caviar, por sua textura firme (ele é especialmente bom para ser servido como guarnição). A variedade de caviar mais amplamente disponível é o sevruga, e é esse que costumo usar em pratos e molhos.

O caviar é muito delicado e sensível ao aumento de temperatura, e só deve ser comprado de um fornecedor confiável, para se garantir a alta qualidade. Verifique se as ovas individuais do caviar não estão danificadas ou oleosas e, depois de aberta, mantenha a lata bem refrigerada — e consuma o produto dentro de poucos dias.

Gosto de usar caviar em vários molhos, acrescentando-o e mexendo pouco antes de servir (ver Espaguete com Crème Fraîche e Caviar, página 137); envolto em crème fraîche batido (maravilhoso como recheio de batatinhas para canapés); ou em formato de pequenas quenelles (página 219), como guarnição.

Calculando as quantidades

No restaurante, meus pratos costumam ser leves, e as porções, precisas. Não aceito a idéia de fazer pratos repletos de comida. Como todos os nossos peixes são servidos muito bem cortados e aparados, podemos ser bem exatos no cálculo das quantidades. Com os crustáceos, normalmente é possível calcular por número.

PEIXES

Peixe inteiro Quando se compra um peixe inteiro, limpo mas com a cabeça, pode-se esperar perder cerca da metade do peso com o corte e a retirada da pele. Peixes inteiros menores, tais como a truta ou um robalo pequeno, pesam de 300 a 400 gramas, e é suficiente um peixe por pessoa. Para os peixes chatos, tais como o linguado, calcule um peixe inteiro, de aproximadamente 300 a 340 gramas, por pessoa.

Peixe cortado em filés Para peixes brancos firmes, reserve de 120 a 150 gramas de peso limpo por pessoa. Se estiver comprando peixe limpo e cortado, com pele, a pele representa pouco menos de um quarto do peso. Assim, um pedaço de 150 gramas pesará aproximadamente 120 gramas depois de retirada a pele. Um pedaço de peixe de 500 gramas serve 4 pessoas. Quando estiver servindo peixes mais encorpados, como o atum ou o salmão, calcule um pouco menos por pessoa. Para salmão defumado cortado em fatias finas ou gravalax, prepare cerca de 100 gramas por pessoa.

CRUSTÁCEOS E OUTROS FRUTOS DO MAR

Lagosta Uma lagosta de aproximadamente 700 gramas na concha serve 2 pessoas, como entrada. Uma de 400 a 500 gramas é suficiente para um prato principal individual.

Lagostim Geralmente faço 5 como entrada, mas se estiver usando camarões menores, do Atlântico, serão necessários 10 a 12 por pessoa

Lula Uma lula crua pesando 175 gramas serve 1 pessoa, como entrada. Como prato principal, calcule duas do mesmo tamanho ou uma maior, de aproximadamente 300 gramas, por pessoa.

Mexilhão Os mexilhões são vendidos por peso ou volume: 500 gramas (o equivalente a aproximadamente meio litro) equivalem a mais ou menos 16 mexilhões, que é a quantidade certa para uma pessoa; uma embalagem de 1 litro deve ser suficiente para duas pessoas.

Ostra Geralmente sirvo ostras em porções de 6. Entretanto, se forem envolvidas em massa, como em beignets, por exemplo, calculo 4 por pessoa.

Ouriço-do-mar Calcule de 3 a 4 por pessoa.

Vieira Calcule 3 vieiras por pessoa, como entrada, e de 4 a 5 por pessoa para o prato principal.

Caviar Reserve de 25 a 30 gramas por pessoa, dependendo do seu orçamento.

Equipamentos

A maioria dos peixes que entram na minha cozinha vêm inteiros, frescos e brilhando. Isso significa que é possível verificar guelras, olhos e pele com cuidado antes de começar a prepará-los. A carne crua de peixe é macia, e se danifica com facilidade; e os crustáceos podem ser difíceis de limpar e manusear. Assim, utensílios e equipamentos específicos são essenciais para a sua preparação. Facas muito bem afiadas são imprescindíveis para cortar a carne macia, deixando extremidades retas e bem aparadas, e para retirar a pele de maneira rápida e limpa. Habilidade e técnica são necessárias para preparar peixes, e não uma mão pesada. Por exemplo, quando se trata de produzir filés bem cortados e sem pele, segurar a faca no ângulo correto é mais importante do que fazer pressão na lâmina.

Afiador de facas Afie todas as suas facas regularmente com um afiador de aço. Antes de cortar a pele, os ossos e os filés dos peixes, esfregue ambos os lados da faca que vai usar no amolador, para cima e para baixo, por aproximadamente uma dúzia de vezes. Você deve fazer isso sempre – só leva alguns segundos. Além disso, dependendo do quanto você usa as facas, leve-as ocasionalmente para esmerilar. Você pode conseguir isso com seu peixeiro ou açougueiro, uma vez que eles mandam suas facas para um profissional de esmerilagem aproximadamente uma vez a cada 15 dias.

Agulha de lardear Ocasionalmente, uma receita pede que tiras de um peixe como o salmão sejam introduzidas na carne de peixes brancos firmes — uma técnica chamada de "lardear". Para fazer isso, você precisa de uma agulha de lardear comprida, com um gancho ou fecho em uma das extremidades, para fixar a tira de peixe.

Escamador Muitos peixes têm escamas que podem ser removidas facilmente com os dedos sob água corrente fria, mas outros precisam de um tratamento mais agressivo. Para esses, uso as costas de uma faca pesada, esfregando-a neles a partir do rabo em direção à cabeça. Antes de começar, coloque o peixe em um saco plástico grande e trabalhe dentro do saco, para evitar que "voem" escamas para todos os lados. Se você prepara peixe fresco freqüentemente, talvez seja válido investir em um escamador de peixe apropriado. Os peixes que precisam ter as escamas retiradas dessa forma são, entre outros, os sargos e o vermelho.

Estilete Os chefs possuem facas muito afiadas – mais afiadas que as de qualquer mortal. Então, para cortar a pele dos peixes em casa, recomendo que se use um estilete muito bem afiado, ou um bisturi.

Facas Um olhar sobre minha coleção de facas revela uma variedade de comprimentos, formatos e tamanhos — desde facas compridas de 25 centímetros, finas e flexíveis, até facas resistentes de 5 centímetros, para ostras. Com exceção daquelas usadas para abrir conchas duras, as facas, em sua maioria, devem ser bem flexíveis, o que permite que elas entortem levemente para alcançar o ângulo correto, passando entre a pele e a carne. Ao comprar uma faca para fazer filés, pressione a lâmina sobre uma superfície dura para flexioná-la (retire-a da embalagem, se necessário). Certifique-se de que o cabo é confortável para segurar e se encaixa bem na sua mão. Uma faca de cozinha de lâmina pesada tem muitos usos — serve, inclusive, para cortar ossos — e, usada do lado contrário, serve para retirar as escamas dos peixes.

Outros equipamentos Além de utensílios e equipamentos específicos, você precisará de outros itens para preparar pratos com peixe, tais como um processador de alimentos potente para fazer uma pasta com a carne do peixe, peneiras de metal para coar os caldos e molhos, uma peneira plana com espátula para esfregar peixe cru para fazer musselines finas, pegadores para virar o peixe ao grelhar ou fritar por imersão e, é claro, uma espátula flexível para peixe.

Panelas e *steamers* Uma frigideira ou panela para saltear de fundo grosso é essencial para dourar de maneira uniforme. O ideal é escolher uma com cabo de metal, que pode ser colocada no forno por alguns minutos para terminar o processo de assar na panela. Uma panela de grelhar de ferro fundido com fundo ondulado e grosso é perfeita para grelhar postas ou filés grossos de peixe. Um caldeirão para peixe é útil para cozinhar peixes grandes inteiros, tais como o salmão, embora embrulhar em folha de alumínio e assar seja igualmente eficaz. Um steamer grande de metal é útil, mas, para cozinhar no vapor, é possível também usar cestas de bambu, que podem ser empilhadas umas sobre as outras. Elas são encontradas em supermercados orientais; são baratas, eficazes e duram muitos anos. Certifique-se de que elas se encaixam na sua maior caçarola..

Pinças ou alicates Alguns peixes possuem minúsculas espinhas na carne, que não são removidas quando os ossos são retirados. Passando os dedos por um filé, no sentido contrário ao das fibras da carne, é possível sentir as pontas finas dessas espinhas. Se a carne for macia, às vezes é possível puxar as espinhas com as unhas; do contrário, use um par de pinças grandes ou um alicate pequeno para extraí-las.

Tábua para cortar Uma tábua grande, de madeira ou de plástico, é essencial. Antes de cortar, coloque a tábua sobre um pano limpo é úmido, para evitar que ela escorregue. Lave bem a tábua cada vez que a usar, primeiro esfregando em água corrente fria para retirar os odores de peixe, depois esfregando bem em água quente com sabão. Enxágüe, seque bem e coloque-a em pé, encostada na parede, para ventilar. Isso não apenas é mais higiênico, mas também evita que o cheiro do peixe fique impregnado.

Um cozinheiro de peixe bem equipado possui (sentido horário, a partir de cima): escumadeira, espátula para peixe, colher grande, concha, quebrador de lagosta, barbante de cozinha, cestas de bambu para cozimento no vapor, pilão, facas, afiador de aço, dois tipos de alicates, faca para ostra, frigideiras e panelas para saltear, peneira, tudo sobre uma tábua para cortar.

Preparando

DUAS VEZES AO DIA, PEIXES E CRUSTÁCEOS SÃO ENTREGUES NAS MINHAS COZINHAS, BEM ENCAIXOTADOS MAS AINDA INTEIROS, UMA VEZ QUE É MAIS FÁCIL AVALIAR O FRESCOR E A QUALIDADE DOS FRUTOS DO MAR DESSA MANEIRA – E PREFIRO CORTÁ-LOS E PREPARÁ-LOS EU MESMO. CONSEQÜENTEMENTE, MEUS CHEFS E EU NOS TORNAMOS TÃO HÁBEIS PARA CORTAR E PREPARAR PEIXES – E ABRIR CRUSTÁCEOS – QUANTO OS PEIXEIROS MAIS EXPERIENTES.

PREPARAR E CORTAR PEIXES SÃO ATIVIDADES QUE REQUEREM CERTA HABILIDADE E PRECISÃO. ESSAS TAREFAS SE TORNAM MAIS FÁCEIS COM A PRÁTICA, MAS, PARA COMEÇAR, AJUDA TER UM CONHECIMENTO BÁSICO DA ESTRUTURA ÓSSEA DOS PEIXES ROLIÇOS E CHATOS, E DO "LAYOUT" INTERNO DOS CRUSTÁCEOS. A MAIORIA DOS PEIXES TEM UMA COLUNA ESPINHAL CENTRAL, MAS NEM TODOS TÊM "COSTELAS" COMPRIDAS. NOS PEIXES ROLIÇOS, A COLUNA FICA AO LONGO DA PARTE SUPERIOR DO CORPO, COM AS

peixes e crustáceos

BARBATANAS DOS LADOS. OS PEIXES CHATOS SÃO MERAMENTE PEIXES ROLIÇOS QUE PARECEM TER SIDO ACHATADOSS; ENTÃO, A COLUNA FICA NO CENTRO. CONVENIENTEMENTE, AS MARCAS NA PELE INDICAM ONDE O OSSO CENTRAL FICA LOCALIZADO; ENTÃO, VOCÊ PODE CALCULAR ONDE FAZER O PRIMEIRO CORTE – LOGO ABAIXO DA CABEÇA.

AO PREPARAR PEIXES, DEVE-SE PRIMEIRO RETIRAR AS ESCAMAS, DEPOIS CORTAR, TIRAR AS ESPINHAS, TIRAR A PELE E APARAR.

AO PREPARAR CRUSTÁCEOS PARA COZINHAR OU COMER CRUS, AS CONCHAS DEVEM PRIMEIRO SER LIMPAS, SE NECESSÁRIO. ENTÃO SÃO ABERTAS ANTES DE SE REMOVER AS VÍSCERAS. O SUCO DAS OSTRAS CRUAS – ASSIM COMO DE MEXILHÕES, LAGOSTAS E CARANGUEJOS COZIDOS – DEVE SER RESERVADO PARA SER USADO EM CALDOS E MOLHOS. ESPINHAS E CONCHAS PODEM SER USADAS PARA FAZER CALDOS (PÁGINAS 58 E 59).

Preparando peixes

O PRIMEIRO PASSO PARA PREPARAR PEIXES É RETIRAR AS ESCAMAS, SE NECESSÁRIO (OU, ENTÃO, PEÇA AO PEIXEIRO QUE FAÇA ISSO PARA VOCÊ). ANTES DE COMEÇAR A CORTAR, TENHA À MÃO O EQUIPAMENTO CORRETO: UMA FACA DE LÂMINA FINA DE 20 CENTÍMETROS (AFIADA COM UM AFIADOR DE AÇO) E UMA TÁBUA PARA CORTAR GRANDE E GROSSA, COLOCADA SOBRE UM PANO ÚMIDO, PARA FICAR ESTÁVEL.

CORTANDO FILÉS DE PEIXES ROLIÇOS

É possível tirar duas metades de filés grandes de um peixe roliço. Alguns livros recomendam tirar as vísceras antes, mas eu prefiro deixá-las, para que o peixe fique firme para trabalhar. Corto um lado primeiro, então retiro as vísceras antes de virar para cortar o outro lado. Deixe a cabeça do peixe enquanto estiver cortando. Se ele for pequeno, como a tainha ou a cavala, entorte-o levemente para firmar a carne, facilitando o corte.

1 Deite o peixe de lado e faça um corte diagonal atrás da cabeça. Com a extremidade do rabo voltada na sua direção, faça uma incisão na pele de um lado da coluna, cortando da cabeça até o rabo. Comece a cortar o filé com movimentos curtos, como que varrendo. Você deve conseguir escutar o barulho da faca arranhando as espinhas.

2 Quando chegar à extremidade do rabo, vire o peixe repita o processo, para retirar o filé do outro lado.

CORTANDO FILÉS DE PEIXES CHATOS

Um peixe chato grande rende quatro quartos de filés – dois de cada lado. Entretanto, peixes muito grandes, tais como o rodovalho, rendem mais porções.

1 Corte ao redor da cabeça e das guelras primeiro, sem removê-las. Verifique na pele a linha que corre pelo centro do peixe e corresponde à espinha dorsal. Começando pela extremidade da cabeça, use a ponta da faca para cortar a carne até os ossos de um lado da espinha, até o rabo.

2 Corte a carne em movimentos curtos, esfregando a lâmina da faca nas espinhas. Gire o peixe e tire o quarto de filé do outro lado da coluna, desta vez começando pela extremidade do rabo. Vire o peixe e repita o processo do outro lado. Os peixes chatos não possuem espinhas pequenas, mas você terá que aparar as espinhas das barbatanas das laterais dos filés.

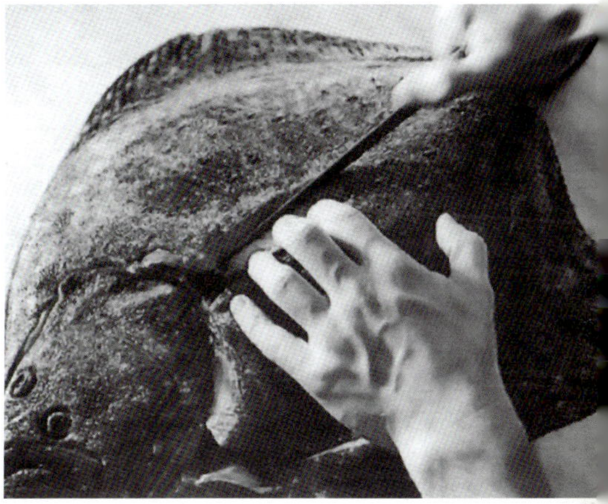

CORTANDO FILÉS DE SALMÃO

A carne macia do salmão pode se despedaçar se for manuseada demais. Por isso, cortamos o salmão inteiro apenas de um lado, o que significa que não há necessidade de virar o peixe para tirar o segundo filé.

1 Comece cortando um lado do salmão, da mesma maneira indicada para outros peixes roliços.

2 Em vez de virar o peixe cortado pela metade, abra-o como um livro e corte o esqueleto do lado de cima.

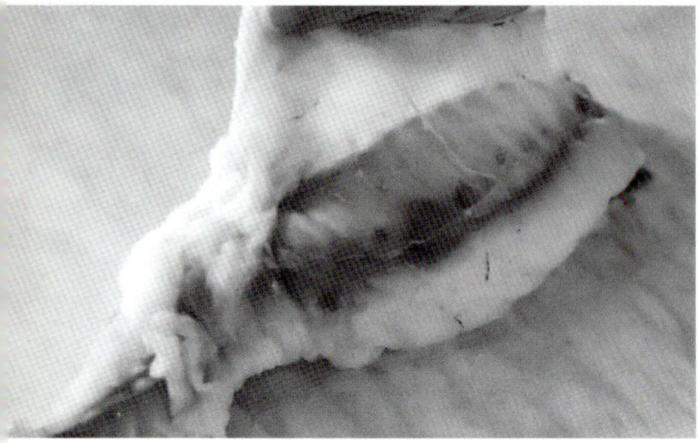

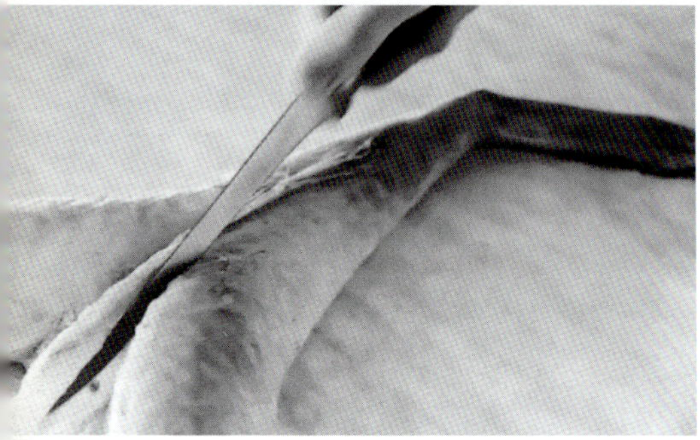

PREPARANDO TAMBORIL

Geralmente, os tamboris são vendidos apenas como rabos. Eles são fáceis de cortar, pois têm apenas um osso central que pode ser retirado com a ponta de uma faca afiada. Freqüentemente, o peixeiro já vende o tamboril sem a pele, mas você terá que retirar a membrana cinza e levemente elástica que fica grudada na carne (caso contrário, os filés ficarão enrolados durante o cozimento). Antes de cozinhar, enrolo os filés bem apertados em plástico-filme e deixo-os na geladeira de um dia para o outro, para ficarem firmes. Os filés assim preparados podem ser então cortados em medalhões grossos (geralmente faço isso depois de cozinhar); aparados para virarem postas; ou então podem ser deitados um ao lado do outro, em direções opostas, amarrados uns aos outros com barbante de cozinha e assados juntos no forno.

1 Com uma faca afiada de lâmina curta, corte a fina membrana cinza, levantando-a enquanto corta. Tome cuidado para não cortar a carne que está embaixo.

2 Usando uma faca de corte afiada, corte a carne do osso central em dois filés compridos.

RETIRANDO A PELE DE PEIXES

Nem todos os peixes são iguais, e ao longo dos anos a experiência me ensinou que é preciso considerar suas diferenças. As escamas do salmonete, por exemplo, têm que ser retiradas em uma bacia de água fria, com os dedos, pois elas são moles e a pele rosada e delicada se danifica facilmente. O linguado-gigante e o esturjão têm a pele mais grossa que a do salmonete — parecida com couro e difícil de cortar —, mas sua carne é mais macia e as espinhas são mais finas. O robalo tem a pele delicada, e tanto o robalo quanto a tainha têm espinhas dorsais que podem se soltar, fazendo a faca escorregar. Prefiro tirar a pele de todos os filés logo acima da "linha de sangue" – a camada fina e marrom-escura entre a pele e a carne. Coloque o filé com a pele virada para baixo na tábua de cortar e o rabo voltado na sua direção. Na extremidade do rabo, faça um pequeno corte na carne até a pele, e segure a pele da extremidade do rabo com os dedos da outra mão. Segurando a faca com a lâmina em um ângulo de 45 graus entre a pele e a carne, levante-a um pouco na direção da outra extremidade, até que haja pele suficiente para segurar com firmeza. Movimente a faca de lado a lado sob a carne e logo acima da pele, em direção à extremidade da cabeça. Apare as laterais do filé, para deixá-lo retinho

APARANDO PEIXE PARA COZINHAR

Existem poucas coisas melhores que um belo peixe fresco simplesmente cozido, com ou sem osso, com toda sua naturalidade. Mas também encontro muito prazer em aparar os peixes para deixá-los com formatos uniformes. O peixe assim não só tem uma aparência melhor, mas também cozinha de maneira mais uniforme. Embora possa parecer um desperdício cortar a extremidade de uma barbatana, isso significa que a parte mais grossa do filé pode ser cozida de modo a atingir a perfeição. As aparas são reservadas para serem usadas em outras situações. Nada é desperdiçado na minha cozinha. Uma vez cortado o peixe, e as espinhas e a pele retiradas, ele pode ser modelado em formatos uniformes, como pedaços retangulares, medalhões ou diamantes.

Salmão, robalo, rodovalho e linguado-gigante podem ser cortados em pedaços uniformes, de cerca de 120 gramas cada. Se deixar pele nos pedaços, faça marcas nela com a ponta da faca, para que fique crocante e bonita. Filés de tainha podem receber marcas mais casuais — 3 ou 4 delas. Para cozinhar pedaços de peixe no vapor, embrulhe-os primeiro em plástico-filme, depois coloque na geladeira para a carne "assentar". O mesmo vale para filés de tamboril, especialmente se você tem a intenção de assar pequenos rabos de tamboril inteiros. Também é possível aparar uma mistura de filés de peixes diferentes em pequenos diamantes e servi-los como um *medley* de peixes.

1 Com a ponta de uma faca afiada, corte as bordas "enrugadas" dos filés de peixe, para dar-lhes um formato uniforme.

2 Para marcar a pele do peixe e obter uma aparência bonita e crocante, use a ponta de uma faca afiada, um bisturi ou um estilete para fazer cortes próximos e uniformes, deixando uma pequena borda.

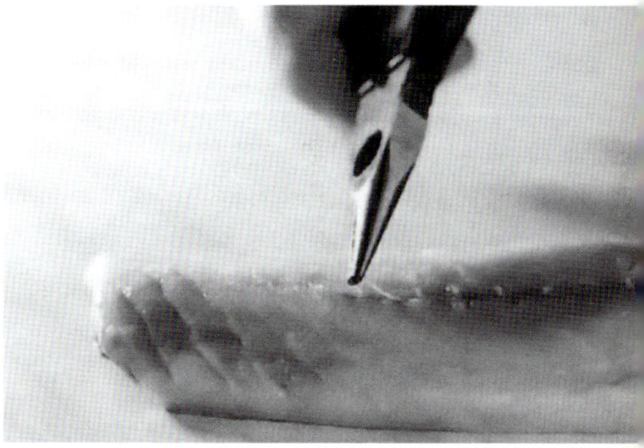

RETIRANDO ESPINHAS

Espinhas "inesperadas" podem pôr a perder um filé de peixe com a pele perfeitamente retirada, por isso é importante retirá-las com o máximo de cuidado possível.

Procure as espinhas passando as pontas dos dedos levemente por toda a extensão do filé, na direção oposta à da fibra. Use as unhas, pinça ou alicate para retirar qualquer espinha que encontrar.

Preparando moluscos e crustáceos

PREPARAR O PEIXE VOCÊ MESMO, EM VEZ DE PEDIR PARA O PEIXEIRO FAZÊ-LO, ASSEGURA QUE O PEIXE ESTÁ NO PONTO ALTO DO FRESCOR E CHEIO DE SABOR. E NÃO É PRECISO FICAR TENSO PARA REALIZAR ESSA TAREFA EM CASA PORQUE, ASSIM COMO COM O PROCESSO DE CORTE DO PEIXE, ELA TAMBÉM SE TORNA MAIS FÁCIL COM A PRÁTICA.

VIEIRAS

As vieiras apanhadas com a mão por mergulhadores são mais limpas e roliças do que as arrastadas mecanicamente. Vieiras cujas conchas já se apresentem abertas estão mortas – e não é certo que estejam frescas.

1 Por segurança, você pode enrolar a mão de apoio em uma toalha ou pano. Insira uma faca pequena de lâmina grossa entre as conchas, perto do músculo da articulação e empurre-a para cima com força, para quebrar a articulação. Quebre a concha plana e descarte-a.

2 Você verá a concha plana, um coral laranja (as ovas), as vísceras pretas e um grande músculo branco-perolado. Passe a faca por baixo da concha plana (que pode conter areia) e levante-a gentilmente, soltando todo o tecido mole e desconectando o músculo pequeno onde ele se junta com a concha. Descarte a concha plana e as vísceras pretas.

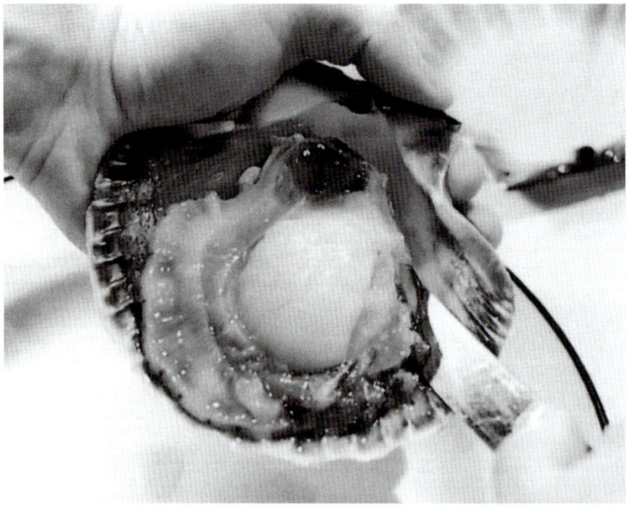

3 Eu uso o músculo branco principal e descarto o músculo menor, mais firme. Entretanto, esse músculo pequeno é perfeitamente comestível; então, pode ser que você não queira desperdiçá-lo e pode usá-lo para dar sabor a caldos ou molhos. Também costumo retirar o coral mas, novamente, ele pode ser consumido, se desejar (às vezes deixo o coral secar de um dia para o outro no forno bem baixo, até ficar quebradiço, e depois o transformo em pó para usar como tempero para molhos e risotos).

Lave bem cada vieira e enxugue-a de leve, com papel-toalha; depois coloque-a ereta, para tomar formato; cubra com plástico-filme. Deixe na geladeira por 24 horas, para permitir que a carne fique firme e que o excesso de umidade seque um pouco. Vieiras bem frescas podem ser mantidas na geladeira por uns 2 dias.

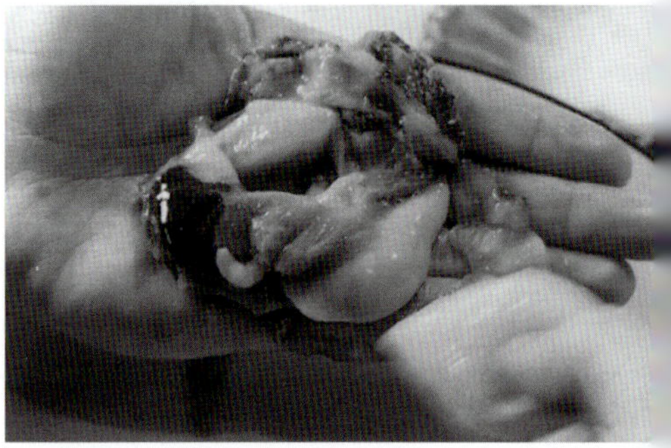

OSTRAS

Os tipos de ostras que mais comumente encontro são as européias (ou belon) e as do Pacífico. As européias têm conchas mais lisas e são um pouco mais difíceis de abrir; então, talvez seja melhor começar com as mais ásperas, as do Pacífico. Para prepará-las você vai precisar de uma faca para ostra, pequena e afiada, e um pano grosso ou uma toalha limpa. Sempre descarte as ostras cujas conchas já estejam abertas. Quando for abrir ostras, trabalhe sobre uma tigela, para poder coletar os sucos para usar em uma sopa ou um molho.

Para servi-las frescas na concha, simplesmente vire as ostras para apresentar o lado arredondado predominante, e sirva as conchas sobre gelo picado ou sal-gema. Se você tem a intenção de cozinhar as ostras em líquido ou fazer beignets (página 107), armazene-as em seu suco em um recipiente de plástico, na geladeira, e use dentro de algumas horas.

1 Segure a ostra com firmeza, com o lado arredondado para baixo. Enrole o polegar – ou a mão inteira, se preferir – em um pano ou toalha. Usando uma faca para ostra, empurre a ponta da lâmina, lenta porém firmemente, pela borda da articulação superior entre as conchas. Não cutuque, ou pedaços de concha entrarão na ostra. Assim que a articulação se quebrar, puxe a concha superior, coletando o suco na concha inferior. Corte o músculo preso à concha superior e descarte a concha superior.

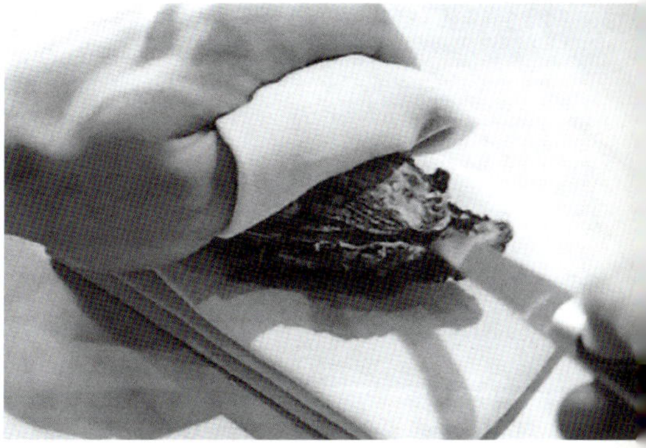

2 Deslize a faca sob a ostra para cortar o músculo que a prende à concha inferior. Verifique se não caíram pedacinhos minúsculos de concha dentro e retire qualquer espuma, se houver. Nunca lave as ostras em água, pois isso diminui o seu sabor. Se precisar enxaguar fragmentos de concha ou areia, faça isso usando o suco das ostras.

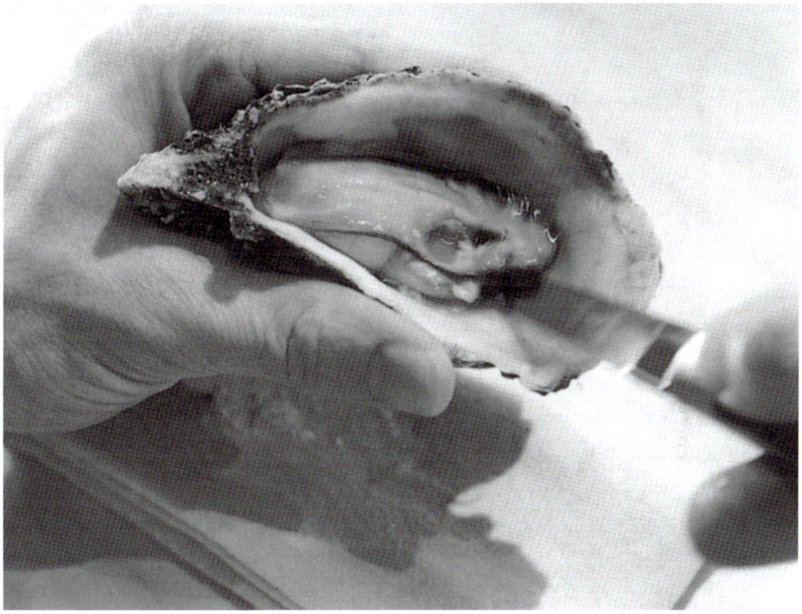

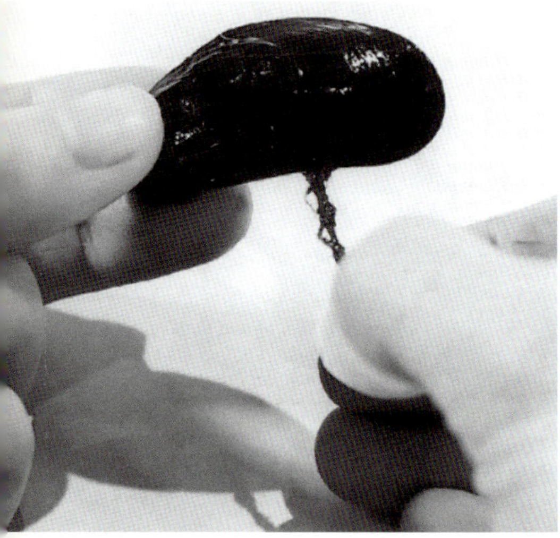

VÔNGOLES E MEXILHÕES

Vôngoles frescos aparecem ocasionalmente nas peixarias, enquanto os mexilhões são mais comumente encontrados, freqüentemente vendidos em redes. Diferentemente das vieiras e das ostras, tanto os vôngoles como os mexilhões são abertos no vapor e retirados das conchas depois de cozidos.

Verifique se há pequenos "bigodes" (filamentos parecidos com linhas) nas conchas, e arranque-os com os dedos. Esfregue bem sob água corrente fria, descartando aqueles que estiverem abertos ou com as conchas rachadas ou quebradas. Cozinhe-os de acordo com a sua receita ou por alguns minutos em um pouco de vinho branco temperado com cebola e ervas. Uma vez cozidos, as conchas devem abrir. Descarte as que não abrirem. A menos que pretenda servi-los na concha, quebre metade das conchas e tire o vôngole ou o mexilhão de dentro. Retenha o líquido do cozimento e use-o para completar a receita.

CAMARÕES, LAGOSTINS E CAMARÃO DE ÁGUA DOCE

Embora variem em tamanho, eles têm formatos similares e podem ser preparados da mesma maneira.

1 Puxe a cabeça, separando-a do corpo, e descarte-a (ou pode reservar as cabeças com as conchas para fazer caldos, se desejar). Retire as patas e descasque as conchas. Apertar a casca do corpo de um camarão antes de descascar faz com que fique mais solta e mais fácil de remover. Lagostins e camarões de água doce, que têm cascas mais duras que os camarões, podem precisar de um corte para abrir a parte de baixo da casca antes de ser retirada. Nesse caso, use uma tesoura para cortar a casca.

2 Camarões maiores e lagostins têm uma tripa ao longo da parte traseira, que deve ser retirada com a ponta de uma faca afiada. Se e tripa for de difícil visualização, corte um pouco da carne até que ela seja revelada. Seque os crustáceos assim preparados levemente com papel-toalha e empilhe-os de maneira uniforme em um recipiente pequeno, coberto com plástico-filme. Mantenha-os na geladeira até o momento de usar.

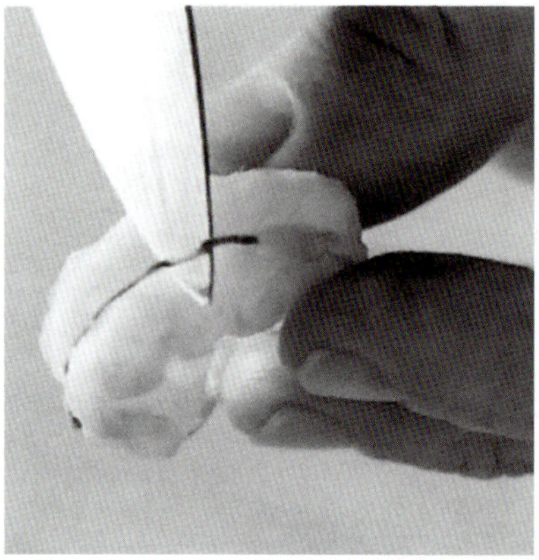

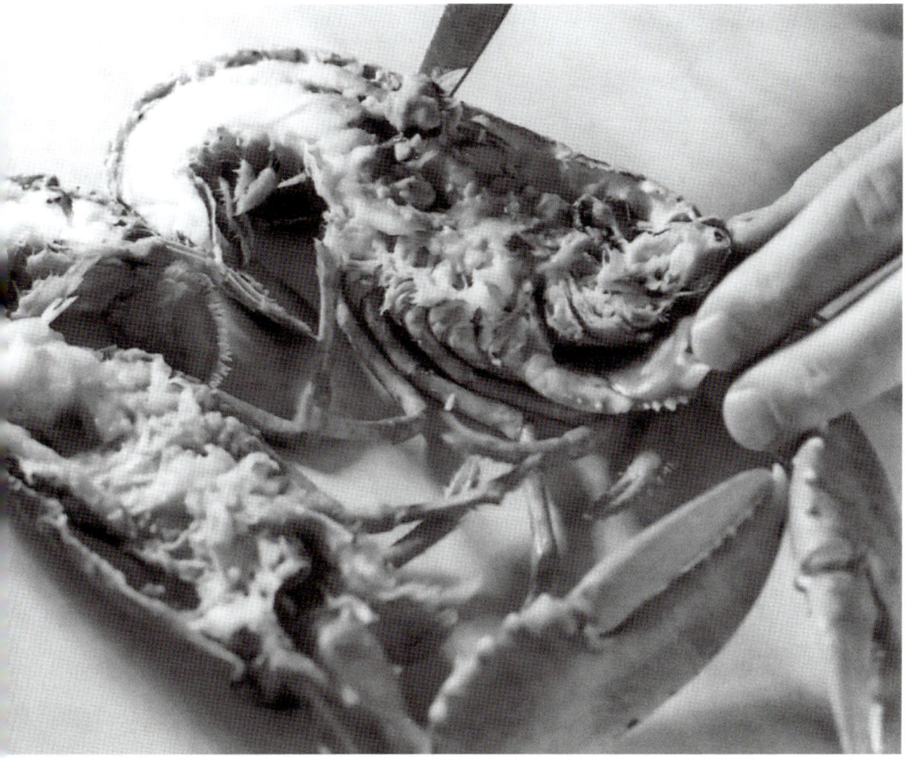

LAGOSTAS

Muitas das receitas deste livro pedem lagostas cozidas, que compro na peixaria. Melhor ainda: é possível encontrar rabos de lagosta grandes já preparados. Entretanto, pode haver ocasiões em que você vai precisar cozinhar uma lagosta viva, e pode ser um desafio prepará-la pela primeira vez. Existem métodos humanitários para assegurar que o menor sofrimento possível seja causado. Ao comprar uma lagosta, certifique-se de que ela seja pesada em relação ao tamanho de sua concha. Certifique-se também de que as patas estejam presas com elásticos fortes, e segure-a com firmeza e determinação. Grupos de proteção aos animais sugerem que se faça a lagosta ficar com sono antes de abatê-la, colocando-a no freezer a uma temperatura de -20°C por aproximadamente 2 horas (isto é, no modo de congelamento rápido). A lagosta começará a hibernar, e então poderá ser abatida de maneira humanitária. Enrole-a em uma toalha e coloque-a de barriga para baixo sobre uma tábua. Atrás da cabeça, você verá uma cruz. Enfie a ponta de uma faca grande e afiada nessa cruz, de maneira rápida e firme, para matar a lagosta instantaneamente.

1 Para preparar a lagosta crua ou cozida, puxe a cabeça, separando-a do corpo, e use apenas a carne do rabo e das patas ou, se estiver preparando lagostas inteiras, separe a concha em duas partes a partir do centro. Retire o pequeno estômago e o intestino, e descarte-os. Retire a massa esverdeada (o fígado) e o coral verde (as ovas). Ambos podem ser usados em molhos. Lagostins mergulhados em coral de lagosta e fritos na panela ficam com uma gloriosa cor rosa-alaranjada. Se não puder usar o coral imediatamente, simplesmente congele-o em um pequeno recipiente, para uma outra ocasião. Retire as patas da lagosta.

2 Para retirar a carne das patas da lagosta cozida, primeiro quebre a garra superior, virando-a para trás, depois puxe o "osso" transparente. Use uma faca afiada de lâmina grossa para rachar a parte superior de cada garra; então, torça a faca levemente para quebrar a garra em duas partes. A carne, então, pode ser retirada inteira. Reserve as cascas para fazer caldo. Se a lagosta não estiver cozida, primeiro branqueie as patas e conchas por aproximadamente 30 segundos em água fervente ou court-bouillon (página 58). Retire e deixe até esfriar o suficiente para manusear. A carne ficará mais fácil de ser retirada.

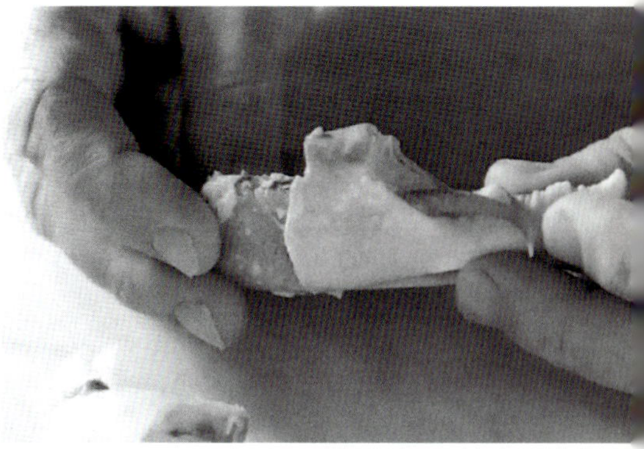

CARANGUEJOS

Se forem comprados vivos, verifique se as patas estão fortemente amarradas; então, abata e cozinhe os caranguejos antes do preparo. Se tiver que abatê-los você mesmo, fure os nervos principais atrás dos olhos e, então, mergulhe-os em água fervente ou court-bouillon (página 58). Deixe por 15 minutos para cada 500 gramas. Retire e deixe esfriar (um caranguejo de 1,5 quilo rende 285 gramas de carne branca e 130 gramas de carne escura).

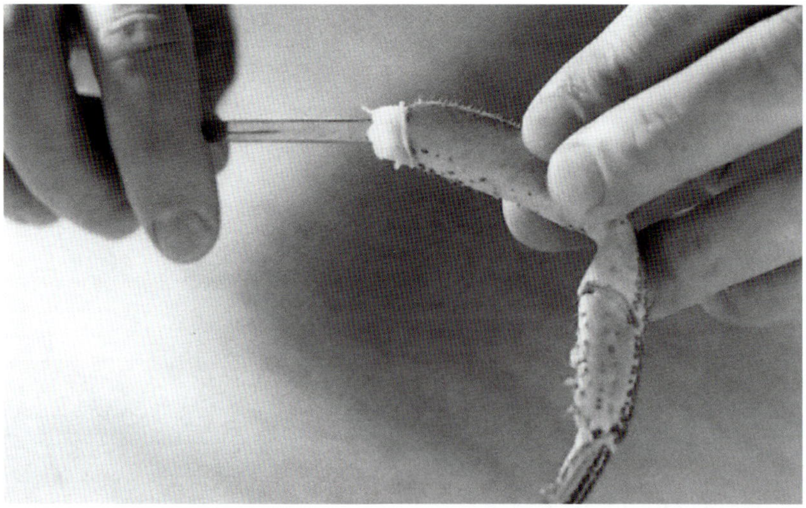

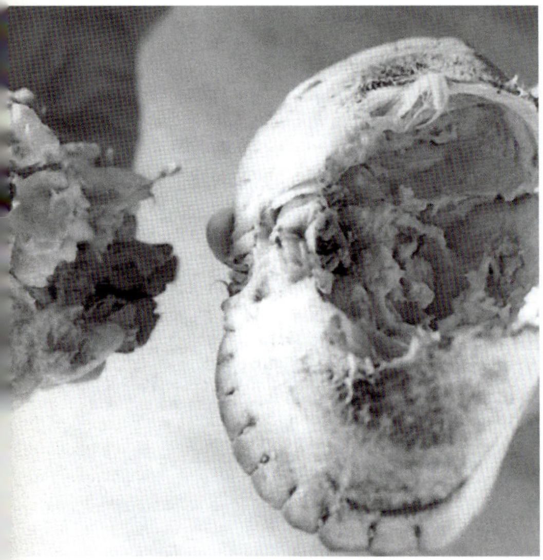

1 Deite o caranguejo de costas e retire, torcendo, as patas e as garras. Segure a casca áspera e pálida da barriga perto dos olhos e puxe – ela deve sair inteira. Se necessário, dê uma pancada firme na frente do caranguejo, sobre uma tábua, para soltar a concha do corpo. Na parte interna, você verá uma pequena bolsa e "dedos" compridos, cinzentos e peludos (as brânquias). Retire-os e descarte-os. Raspe a carne da concha do corpo e das patas, mantendo a carne branca separada da escura. A carne escura é macia, quase líquida, a carne branca é fibrosa e tem um tom rosado.

2 Se as patas menores forem grandes o suficiente, é possível tirar a carne delas com um espeto ou uma agulha.

3 Corte ao meio a concha pálida da barriga e use um espeto comprido e fino para tirar o máximo de carne branca que conseguir encontrar, rachando a concha toda vez que chegar a uma nova cavidade. Abra as patas (as duas maiores e as várias outras menores), batendo com um pequeno martelo, e puxe a carne com um espeto. Se quiser servir a carne do caranguejo na concha, apare-a, usando um pequeno martelo para bater ao longo da tênue linha visível ao redor da parte de baixo da concha.

OURIÇOS-DO-MAR

Se, por acaso, você conseguir encontrar ouriços-do-mar à venda, descobrirá que eles são bem fáceis de preparar. A parte comestível são as lingüetas macias, cor de coral, que ficam no seu interior. Elas podem ser comidas cruas ou usadas para temperar manteiga (página 74), que pode ser, depois, derretida em ovos mexidos ou massas, ou então acrescentada a um molho velouté.

1 Segure o ouriço com o bico circular para cima. Usando uma tesoura de cozinha, empurre a ponta para dentro da concha e corte ao redor do bico. Retire o bico e descarte; então, escorra o líquido.

2 Você verá vários corais cor-de-laranja, ou lingüetas, dentro do ouriço-do-mar. Com o cabo de uma colher de chá, puxe delicadamente as lingüetas macias e coloque-as em um prato. Limpe-as com a ponta de uma faca, retirando qualquer substância escura.

LULA

Uma coisa que pode parecer um desafio à primeira vista é, na verdade, bem simples de fazer. A lula é formada de duas partes principais: a cabeça e os tentáculos, e o corpo. Se você tiver muitas lulas com bolsas de tinta, congele as bolsas para usar posteriormente em risotos ou molhos.

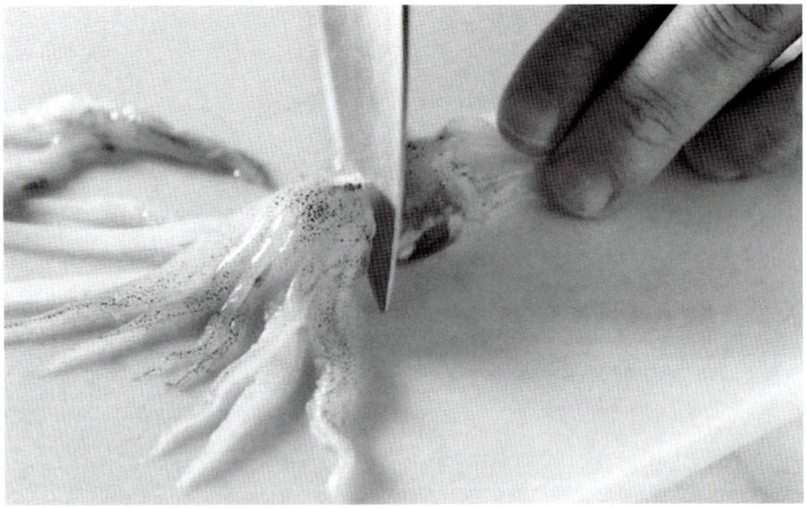

1 Primeiro, separe a cabeça (com os tentáculos anexos) do corpo. Corte os tentáculos juntos, logo abaixo dos olhos. Descarte a cabeça.

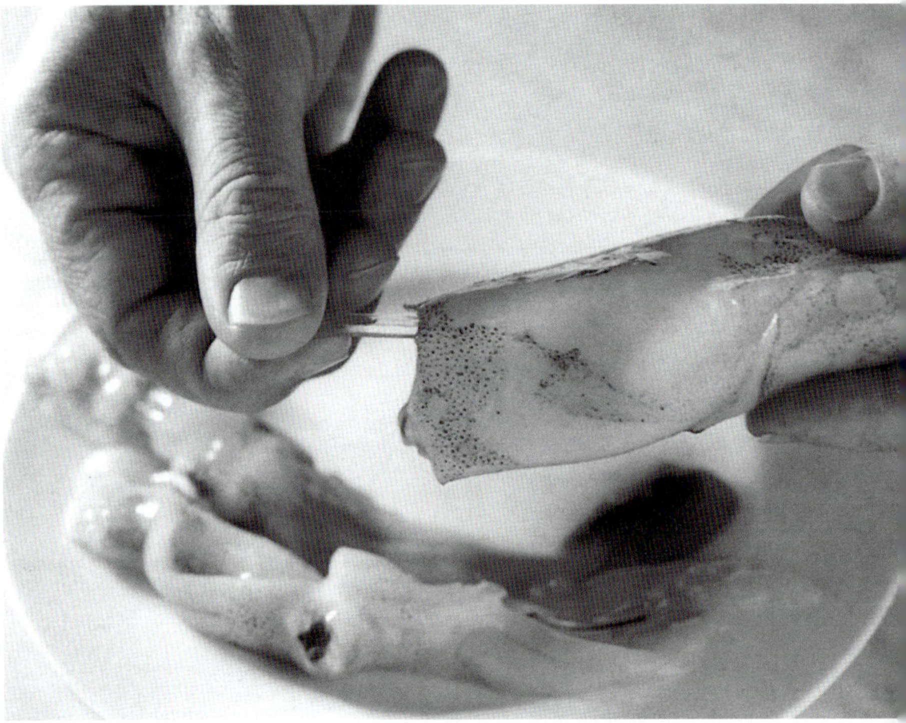

2 As "abas" laterais do corpo são comestíveis; então, você pode retirá-las primeiro. No restaurante, entretanto, nós as descartamos. Retire o tubo transparente interno, o tecido mole branco (ovas) e a bolsa de tinta cinza-prateada, e descarte-os. Lave a parte interna do tubo do corpo e retire a pele escura, esfregando com os dedos sob água corrente fria. Ele pode ser deixado inteiro ou cortado em anéis. Os tentáculos devem ser usados também.

Ervas e temperos para peixes

NÃO EXISTEM REGRAS RÍGIDAS E ESTÁVEIS PARA A COMBINAÇÃO DE PEIXES COM ERVAS E TEMPEROS. NA VERDADE, PEIXES DE SABOR ENCORPADO E TEXTURA FIRME PEDEM UMA GAMA DE COMBINAÇÕES INOVADORAS DE SABORES. TENHA EM MENTE QUE ALGUNS PEIXES, TAIS COMO A SOLHA E O RODOVALHO, PRECISAM DE APENAS UMA PITADA DE TEMPERO E ERVAS MAIS LEVES, PARA FAZER JUSTIÇA A SEUS SUTIS E DELICADOS SABORES. UM POUCO DE INFORMAÇÃO PODE EVITAR ERROS IMPAGÁVEIS.

ERVAS

Ervas e temperos dão cor e apelo visual aos peixes, bem como sabor. Alguns temperos dão à carne um tom dourado pálido, enquanto ramos e folhas de ervas aromáticas podem ser intercalados entre os filés ou inseridos em peixes inteiros, para dar um contraste na cor. Salsa, cerefólio, cebolinha e estragão são, talvez, as ervas clássicas para peixes, usadas não apenas para temperar, mas também como saborosas guarnições. Elas geralmente formam o centro ao redor do qual eu tempero molhos e caldos. Por exemplo, gosto de refogar filés de rodovalho com uma mistura simples de cerefólio e cebolinha.

O manjericão é outro dos meus favoritos. Gosto de fritar as folhas jovens em imersão, como guarnição. Às vezes, envolvo pontas de alecrim nas folhas maiores e as uso espetadas em filés grossos de bacalhau. Faço o mesmo com ramos de tomilho, envolvendo-os em folhas de sálvia e colocando-as dentro de tamboril ou rodovalho miúdo inteiro. Os dois peixes temperados dessa maneira são excelentes pratos de churrasco. Para um tipo diferente de tempero, amasso talos de erva-cidreira e faço uma infusão com azeite para vinagrete, para servir com lagosta ou camarões grandes.

O louro é uma erva essencial para caldos no meu bouquet garni, juntamente com tomilho, talos de salsa, aipo e alho-poró e, à vezes, funcho.

FAZENDO UM BOUQUET GARNI FRESCO

Você pode fazer um bouquet garni simples, amarrando um punhado de ervas frescas juntas com barbante de cozinha. Como alternativa, experimente este método, que usa as duas folhas externas de um alho-poró grande para "embrulhar" as ervas.

1 alho-poró grande
½ talo de aipo pequeno
1 ramo de tomilho fresco
alguns talos de salsa
1 folha de louro
½ colher de chá de pimenta-do-reino em grãos
½ colher de chá de pimenta-do-reino branca em grãos
6 sementes de coentro
barbante de cozinha para amarrar

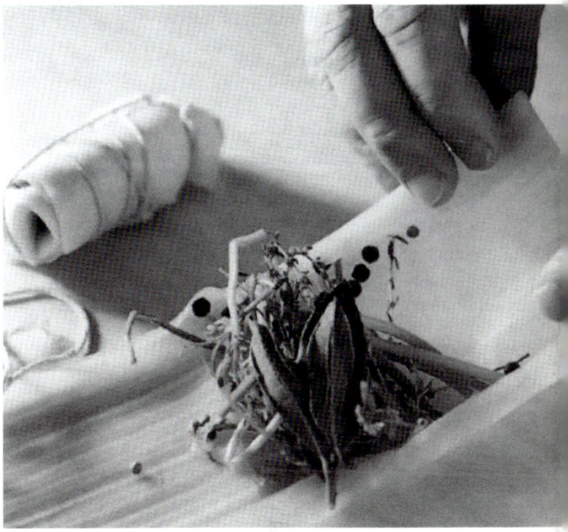

Descasque as duas folhas externas do alho-poró e abra-as em uma camada dupla. Reserve a parte interna para outro uso. Coloque o aipo, o tomilho, os talos de salsa e a folha de louro dentro das folhas de alho-poró. Com uma colher, acrescente as pimentas e as sementes de coentro. Dobre as pontas e as laterais do alho-poró e enrole, formando uma trouxa. Passe o barbante em volta e amarre, prendendo bem.

TEMPEROS

Geralmente, uso temperos aromáticos, sem o picante da pimenta chilli, assim como um pouco de suco de gengibre, um bonito anis-estrelado, uma colher de chá de sementes de coentro, ou uma pitada de curry leve ou de pó de cinco especiarias. Em particular, meu favorito é o tempero com açafrão. Simplesmente pique ou amasse alguns bons pistilos de açafrão (de preferência espanhol) e misture com sal marinho refinado. Salpique sobre o peixe imediatamente antes de fritá-lo na panela. Isso dá não apenas sabor ao peixe, mas cor também. Experimente com filés de salmonete, para produzir um contraste estonteante entre a pele rosada e a carne dourada.

Uma seleção desses condimentos pode ser misturada e armazenada em um moedor de pimenta, para dar vida rapidamente a pratos de peixe. A seguir, ofereço duas misturas para você experimentar.

MIX DE PIMENTAS CHINÊS

As sementes de mostarda amarela são picantes; então, use-as com cuidado, de acordo com seu gosto. Essa mistura de condimentos fica especialmente boa com atum, e é um elemento essencial para o Atum com Crosta Condimentada e Salada de Endívia, da página 184.

30 g de frutos de pimenta-da-jamaica
30 g de sementes de mostarda amarela
30 g de sementes de mostarda preta
30 g de pimenta-de-sichuan em grãos

MIX AROMÁTICO DE PIMENTAS

Esta mistura de condimentos multiuso será um útil complemento em sua cozinha. É muito boa para ser usada com carnes, e também com peixes.

30 g de pimenta-do-reino branca em grãos
30 g de pimenta-do-reino em grãos
20 g de sementes de coentro
3 anises-estrelados quebrados em pedaços
1 colher de sopa de sementes de funcho
1 colher de sopa de cravos inteiros
½ noz-moscada ralada

MARINANDO

Para mim, pode haver várias razões para marinar peixes, mas certamente não será para amaciar uma carne dura. Os peixes não precisam disso. O principal objetivo de marinar é acrescentar sabor. Até mesmo uns poucos minutos em uma marinada leve transmitem para a carne a essência dos óleos, das ervas e dos condimentos. A marinada também relaxa a textura do peixe e ajuda a extrair a água, fazendo com que a carne fique mais fácil de assar. Certamente isso dá certo com o tamboril e com as lulas, nos quais eu primeiro faço marcas cruzadas. Finalmente, marinar prolonga o tempo de armazenagem dos peixes.

MARINADA BÁSICA

200 ml de azeite de boa qualidade
1 colher de chá de sementes de coentro levemente amassadas
4 tiras finas de casca de limão ou de lima
1 folha de louro
1 ramo de alecrim fresco
1 ramo de estragão fresco
1 ramo de tomilho fresco ou tomilho-limão
1 colher de chá de suco de lima
1 colher de chá de vinagre balsâmico
1 colher de chá de Mix Aromático de Pimentas (à esquerda), grosseiramente moído

Note que não há acréscimo de sal neste estágio. Você pode temperar o peixe imediatamente antes de cozinhar. Para variar, você pode acrescentar também quaisquer dos seguintes ingredientes: pimenta-rosa em grãos levemente amassada; uma boa pitada de pistilos de açafrão amassados; capim-limão fresco, amassado e em infusão com um pouco de azeite quente; ou vinagre de xerez em vez de vinagre balsâmico.

PEIXES ADEQUADOS PARA MARINAR

Salmonete, tamboril, salmão, sardinha, cavala, sargo preto, dourada, atum, vieiras, lula, peixe-galo, lagostim e lagosta — todos ficam excelentes quando são marinados antes do cozimento.

Diferentes tipos de peixes e frutos do mar podem ser marinados por períodos de tempo diferentes, mas em geral a maioria pode ser deixada de 1 a 2 dias. Todos os peixes devem ser preparados e cortados com antecedência e, então, colocados em um prato plano ou outro recipiente adequado, coberto com plástico-filme, e deixados na geladeira para marinar. Se a geladeira estiver cheia, você pode fazer a marinada em um saco grosso de polietileno bem amarrado, para tomar menos espaço.

COZINHANDO PEIXE MARINADO

Peixe marinado é bem mais fácil de manusear que peixe cru, e você descobrirá que o tempo de cocção pode diminuir em cerca de um terço. Também fica mais fácil identificar o "cuisson" (ver página 44). Para fritar peixes que foram marinados, preaqueça uma frigideira antiaderente até que uma boa onda estável de calor emane dela (espalme a mão sobre a frigideira, a uma distância segura, para testar). Não há necessidade de acrescentar óleo, pois a marinada já contém o suficiente para evitar que o peixe grude.

Cozinhando

PEIXE É COMIDA DE PREPARO RÁPIDO POR EXCELÊNCIA. OS TEMPOS DE COCÇÃO SÃO MEDIDOS EM MINUTOS EM VEZ DE HORAS E, UMA VEZ ESTANDO COZIDO, ELE FICARÁ MACIO. NÃO HÁ NECESSIDADE DE COCÇÃO LENTA E PROLONGADA PARA AMACIAR FIBRAS DURAS, COMO OCORRE COM AS CARNES (A ÚNICA EXCEÇÃO É A LULA, SOBRE A QUAL FALAREMOS ADIANTE). HÁ VÁRIAS TÉCNICAS PARA COZINHAR PEIXES E, NAS PÁGINAS SEGUINTES, DESTACO OS SETE MÉTODOS QUE MAIS USO. TODOS ELES SÃO RÁPIDOS E SIMPLES, E GARANTEM QUE O PEIXE FIQUE ÚMIDO E MACIO. NOS MOMENTOS APROPRIADOS, INDICO AS MELHORES VARIEDADES DE PEIXE PARA CADA MÉTODO.

ASSADO DE PANELA, UMA COMBINAÇÃO DE COCÇÃO NO FOGÃO E NO FORNO, PRODUZ FILÉS SUCULENTOS DE

peixe, simplesmente

PEIXE COM UMA DELICIOSA SUPERFÍCIE CARAMELIZADA. PARA REFOGAR, UM LÍQUIDO TEMPERADO É ACRESCENTADO PARA O ESTÁGIO DO FORNO, PARA FORMAR UM MOLHO RICO, BRILHANTE. O GRELHADO PODE SER FEITO EM UMA GRELHA ONDULADA OU SOB UM DOURADOR, OU AINDA AO AR LIVRE, SOBRE CARVÃO, MARINANDO OU REGANDO O PEIXE PARA OBTER UM RESULTADO SABOROSO. COZINHAR EM LÍQUIDO RETÉM OS SABORES NATURAIS DO PEIXE, ASSIM COMO O COZIMENTO NO VAPOR E NO MICROONDAS, E COM TODOS ESSES TRÊS MÉTODOS SIMPLES DE COCÇÃO, O PEIXE FICA ÚMIDO E MACIO. JÁ O PEIXE FRITO POR IMERSÃO, COBERTO COM UMA MASSA OU COM OVO E FARINHA DE ROSCA, FICA CROCANTE E IRRESISTÍVEL.

Procurando pelo cuisson

O PONTO EM QUE O PEIXE ESTÁ COZIDO É CHAMADO, PELOS CHEFS, DE "CUISSON" – É QUANDO ELE ESTÁ NO PONTO, MAS NÃO COZIDO DEMAIS. ENCONTRAR O CUISSON É FÁCIL, SE VOCÊ SEGUIR SEUS SENTIDOS DE VISÃO, TATO E OLFATO.

VISÃO Preste atenção no ponto em que a carne passa de transparente para opaca. Às vezes há um leve tom rosado na carne, dependendo da espécie. Com o salmão, o cuisson é atingido quando a carne passa de um tom rosado forte para um tom mais claro.

TATO O peixe fica mais firme enquanto cozinha: a carne de peixe crua é elástica ao toque, e a carne passada do ponto fica dura. O peixe que atingiu o cuisson perfeito deve ser levemente flexível ao toque, indicando que ainda está úmido por dentro.

TEXTURA O peixe cozido geralmente tem uma consistência de lascas, bem encorpada. Você deve conseguir separar levemente uma lasca ou duas.

OLFATO O peixe cozido ao ponto perfeito tem um cheiro deliciosamente apetitoso e certamente tem aroma mais encorpado que o peixe cru.

Um outro ponto para ter em mente quando for julgar o cuisson: o peixe continua a cozinhar depois de ser retirado da panela, devido ao calor residual dentro dele. Então, sempre deixe-o descansar por alguns minutos antes de servir.

Assando na panela e fritando

FREQÜENTEMENTE FAÇO PEIXE ASSADO DE PANELA, FRITANDO-O PRIMEIRO NO FOGÃO. DEPOIS DE DOURÁ-LO DOS DOIS LADOS, TERMINO O COZIMENTO NO FORNO MODERADO, GERALMENTE POR APROXIMADAMENTE 5 MINUTOS, DEPENDENDO DA ESPESSURA DO PEIXE. ISSO FACILITA O CONTROLE DO PROCESSO DE COCÇÃO. PARA QUANTIDADES MENORES, VOCÊ PODE ACHAR QUE NÃO VALE A PENA LIGAR O FORNO; ENTÃO, PODE CONTINUAR E TERMINAR O COZIMENTO NO FOGÃO MESMO.

Para obter os melhores resultados, use uma frigideira de aço inoxidável de alta qualidade e fundo grosso, com revestimento antiaderente. Aqueça bem a frigideira em fogo médio e alto antes de acrescentar o óleo. Depois que tiver certeza de que ela está quente, acrescente um pouco de azeite e aqueça-o bem antes de colocar o peixe. A temperatura alta carameliza as proteínas do peixe e doura lindamente a carne, e isso acentua o sabor (se o peixe tiver sido marinado em mistura à base de óleo, não há necessidade de aquecer óleo extra). O processo de dourar é apenas uma questão de minutos; então, não saia de perto da panela depois de colocar o peixe, ou ele ficará queimado rapidamente.

Os peixes que são servidos com pele, como o robalo, a tainha ou o salmão, devem ser sempre cozidos primeiro com o lado da pele para baixo, para dar a ela tempo de ficar crocante. Cerca de noventa por cento do tempo de cozimento é feito desse lado. O restante, do outro lado, é contado em segundos – apenas o suficiente para dar cor a esse lado. Para peixes sem pele, você pode dividir o tempo em partes iguais entre os dois lados. Depois, se foi finalizar o cozimento no forno, transfira a frigideira para o forno preaquecido. Para isso, você precisará de uma frigideira com cabo que possa ir ao forno.

MELHORES VARIEDADES PARA ASSAR EM PANELA

Filés finos de qualquer tipo de peixe, a maioria dos crustáceos (particularmente as vieiras), com exceção de ostras, e lulas.

DICA DO CHEF

TEMPERE O PEIXE COM SAL IMEDIATAMENTE ANTES DE COLOCÁ-LO NA PANELA – SE COLOCAR O SAL COM MUITA ANTECEDÊNCIA, ELE PRODUZIRÁ LÍQUIDOS NA SUPERFÍCIE E A CARNE NÃO FICARÁ TÃO BEM CARAMELIZADA NEM DOURADA..

Grelhando e fazendo churrasco

SE FEITAS DE MANEIRA CORRETA, GRELHAR E FAZER CHURRASCO SÃO MANEIRAS DELICIOSAS DE COZINHAR PEIXE, EMBORA SEJA EXTREMAMENTE FÁCIL QUEIMAR A SUPERFÍCIE DO PEIXE ANTES QUE A PARTE INTERNA ESTEJA COZIDA E SUCULENTA. EM UMA COZINHA MOVIMENTADA DE RESTAURANTE, O RISCO DE ERRAR É ESPECIALMENTE ALTO, MAS PARA FAZER EM CASA, ONDE A SITUAÇÃO É MAIS CALMA, GRELHAR E FAZER CHURRASCO SÃO MÉTODOS DE COCÇÃO BASTANTE VIÁVEIS.

As grelhas de fundo ondulado são as melhores para grelhar peixes. É fácil encontrá-las em boas lojas de utensílios de cozinha e também podem ser compradas pelo correio. Escolha uma a base grossa e sólida, que segura bem o calor. Aqueça a grelha vazia devagar, até sentir uma onda de calor estável levantando. Usando papel-toalha embebido com óleo, unte levemente a grelha quente. Coloque nela um filé de peixe ou um peixe inteiro limpo, pressionando-o sobre os sulcos da grelha, e deixe cozinhar por aproximadamente 3 minutos, sem mexer no peixe. Isso ajuda a deixá-lo com as listras características da grelha, e evita que grude.

Se preferir usar uma grelha do tipo dourador, preaqueça-a até ficar bem quente, depois abaixe o fogo para médio antes de colocar o peixe. Unte levemente as barras da grelha, se quiser, com papel-toalha embebido com óleo.

Para grelhar peixe na churrasqueira, certifique-se de que as chamas já baixaram bem, até as brasas ardentes, e que você quase não consiga enxergá-las: você deve sentir um calor gostoso e uniforme levantando. Se estiver usando carvão de verdade (e não uma churrasqueira elétrica ou a gás), espere de 30 a 45 minutos até atingir esse estágio. Use pegadores para virar o peixe, e deixe-o dourar uniformemente dos dois lados.

Filés de tamboril, inteiros ou cortados em pedaços, ficam maravilhosos assados ao ar livre, especialmente quando espetados com alecrim ou tomilho. Se desejar, coloque algumas ervas ou ramos aromáticos sobre as cinzas, para transmitir mais sabor. Deixe o peixe marinar primeiro em um molho com óleo e regue-o com freqüência durante o cozimento. Você também pode borrifar vinho, uma cerveja leve ou água sobre o peixe durante o cozimento, para mantê-lo úmido.

MELHORES VARIEDADES PARA GRELHAR E FAZER CHURRASCO

Peixes oleosos firmes, como o salmão, a truta, a cavala e o esturjão, com pele. O churrasco é especialmente adequado para camarões e lagostins com casca, sardinhas frescas limpas (use uma daquelas grades para peixe em forma de roda para grelhar vários ao mesmo tempo) e cubos de tamboril ou de atum, que podem ser enfiados em espetinhos de madeira. Deixe os espetos de molho em água fria por meia hora antes de assar, para que a madeira não queime.

DICA DO CHEF

AS BARRAS DA GRELHA DETERMINAM A APARÊNCIA QUE O PEIXE PRONTO TERÁ; ENTÃO, CERTIFIQUE-SE DE QUE ELAS TENHAM UM PADRÃO BONITO E DE QUE ESTEJAM PRÓXIMAS O BASTANTE PARA SEGURAR PEIXES OU CRUSTÁCEOS PEQUENOS. QUANDO FIZER CHURRASCO, UMA GRELHA ESPECIAL PARA PEIXES TAMBÉM SERÁ ÚTIL SE NÃO QUISER QUEBRAR A CARNE, POIS VIRAR PEIXE GRELHADO PODE SER UMA OPERAÇÃO DELICADA.

Cozimento em líquido

MINHA MANEIRA PREFERIDA DE COZINHAR PEIXE É EM COURT-BOUILLON (PÁGINA 58). REALMENTE SINTO QUE ESSE MÉTODO FAZ JUS AOS SABORES NATURAIS E À TEXTURA MACIA DOS PEIXES. TAMBÉM É UMA MANEIRA MUITO CONVENIENTE DE COZINHAR E SERVIR, POIS VOCÊ PODE COZINHAR A GUARNIÇÃO COM O PEIXE, AO MESMO TEMPO, E SERVIR AMBOS, SEM PERDER O CALOR E SEM CORRER O RISCO DE COZINHAR DEMAIS O PEIXE.

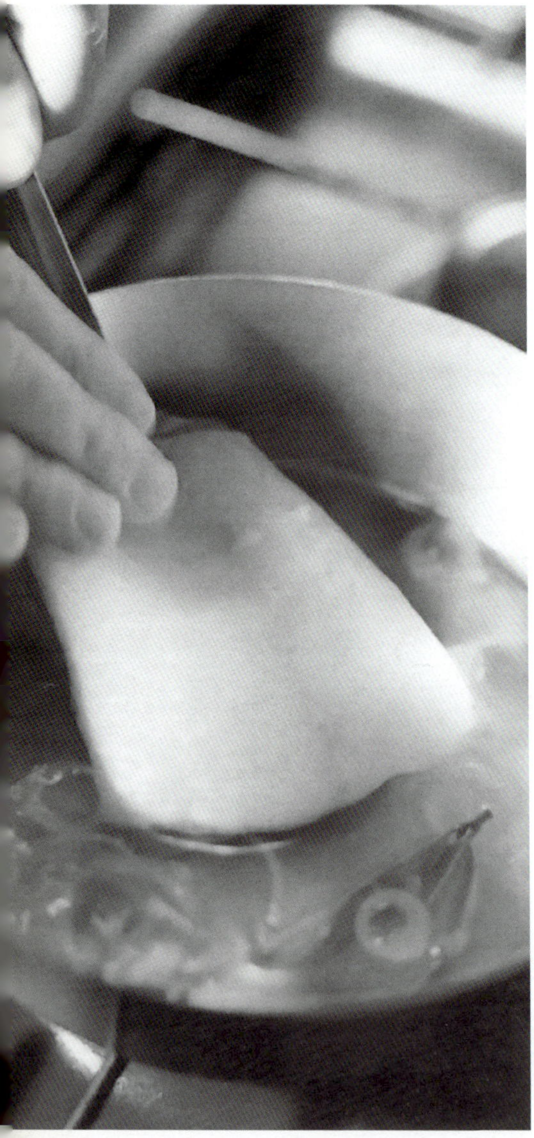

Encha pela metade uma panela rasa com court-bouillon e espere ferver. Abaixe bem o fogo, para uma fervura leve – apenas bolhas ocasionais devem aparecer na superfície. Coloque nesse líquido os filés ou pedaços de peixe preparados e deixe cozinhar por aproximadamente 5 minutos, ou até que a carne fique firme. Depois de cozido, simplesmente cubra o peixe com papel-manteiga e mantenha-o quente, no forno baixo, até o momento de servir. Entretanto, não deixe por muito tempo, ou a carne cozinhará demais.

MELHORES VARIEDADES PARA COZINHAR

Tamboril, linguado-gigante, rodovalho, bacalhau e salmão — todos podem ser servidos com o caldo do cozimento. Simplesmente retire o peixe da panela e ferva o caldo até reduzir pela metade. Acrescente alguns ramos de estragão para fazer infusão no líquido e finalize com um pouco de mostarda granulada, creme de leite e dill fresco picado.

A lagosta pode ser levemente cozida, depois deixe-a esfriar no líquido de cozimento (isso completa o processo de cozimento bem lentamente). Vieiras, ostras, mexilhões e amêijoas podem ser cozidos com ou sem a casca. Use o líquido do cozimento como base para uma sopa leve.

DICA DO CHEF

VOCÊ PODE VARIAR O LÍQUIDO DO COZIMENTO, DEPENDENDO DO PEIXE E DA RECEITA. POR EXEMPLO, O TAMBORIL, A ARRAIA E O PEIXE-GALO FICAM MARAVILHOSOS COZIDOS EM UM COURT-BOUILLON (PÁGINA 58) TEMPERADO E COLORIDO COM AÇAFRÃO. O COURT-BOUILLON PODE, ENTÃO, SER REDUZIDO EM UMA PANELA GRANDE E RASA, E USADO COMO BASE PARA UM MOLHO DE ACOMPANHAMENTO. RODOVALHO FICA EXCELENTE COZIDO EM COURT-BOUILLON COM VINHO TINTO: O VINHO MANCHA A CARNE, CONTRASTANDO COM A COR DA CARNE CREMOSA POR DENTRO.

Brasear

ESTE MÉTODO PODE ENVOLVER DOIS COZIMENTOS – PRIMEIRAMENTE NO FOGÃO E, ENTÃO, COM LÍQUIDO, NO FORNO – OU APENAS O COZIMENTO NO FORNO, DEPENDENDO DA ESPESSURA DO PEIXE. REGAR FREQÜENTEMENTE O PEIXE ENQUANTO O CALDO VAI REDUZINDO DEIXA A PARTE SUPERIOR COM UM BRILHO SEDUTOR. VOCÊ PRECISARÁ USAR UMA FRIGIDEIRA DE METAL DE FUNDO GROSSO COM CABO RESISTENTE AO CALOR. AS DE FERRO FUNDIDO SÃO IDEAIS PARA BRASEAR.

1 Para brasear combinando fogão e forno: seguindo as instruções para assado de panela (página 45), caramelize rapidamente a parte externa do peixe em uma panela quente, no fogão.

2 Quando o peixe ficar dourado, acrescente caldo de peixe suficiente para cobri-lo até a metade.

3 Salpique com manteiga e transfira para o forno em temperatura média, sem cobrir, para brasear. Deixe cozinhar por alguns minutos, regando o peixe com o líquido da panela uma vez ou duas, usando uma colher (não há necessidade de virar o peixe). Esse processo é fundamental para evitar que a parte superior do peixe fique seca, mas não significa que você pode descuidar dele.

MELHORES VARIEDADES PARA BRASEAR

Filés grossos de peixe-galo, rodovalho, bacalhau, brill e tamboril, assim como a maioria dos peixes inteiros, especialmente linguados maiores, peixe-galo, vermelho e robalos menores.

DICA DO CHEF

PARA FAZER UM MOLHO RÁPIDO, RETIRE O PEIXE DA PANELA, ACRESCENTE UM POUCO DE VINHO BRANCO, MEXA E DEIXE REDUZIR. DEPOIS, COLOQUE UM POUCO DE MANTEIGA E UM POUCO DE CREME. TEMPERE E, ENTÃO, DESPEJE SOBRE O PEIXE..

Fritura por imersão

PEDAÇOS PEQUENOS DE PEIXE E CRUSTÁCEOS SÃO PERFEITOS PARA ESTE MÉTODO TRADICIONAL E DELICIOSO DE COCÇÃO. MERGULHE OS FRUTOS DO MAR EM UMA MASSA BATIDA (VER BEIGNETS DE OSTRAS NA PÁGINA 107) OU CUBRA-OS COM OVO E FARINHA DE ROSCA (FEITA DE FARELO DE BRIOCHE SEM AÇÚCAR, FARELO DE FATIAS DE PÃO FINAS E SECAS, OU FARELO DE PALITOS GRISSINI), DEPOIS COLOQUE-OS COM CUIDADO EM ÓLEO QUENTE E FRITE ATÉ OS PEDAÇOS FICAREM MARAVILHOSAMENTE CROCANTES E DOURADOS.

Use óleos leves para fritar por imersão, tais como o de amendoim ou o de girassol. Embora os óleos vegetais mistos e o óleo de milho sejam bons para fritura em altas temperaturas, o sabor deles é bem pesado, o que os torna adequados para batatas, mas não para peixes. O azeite puro (não-extravirgem) é bom para fritar pequenas quantidades por imersão, mas ele queima em temperaturas muito altas, por isso não é adequado para fritar grandes quantidades.

O peixe deve ser cortado em pedaços de espessura uniforme, mas não grossos demais, ou o lado de fora pode ficar seco antes que o lado de dentro fique macio. Recomendo uma espessura de, no máximo, 3 centímetros. Mergulhe primeiro em farinha temperada e retire o excesso. Depois coloque em um recipiente raso com ovo batido, para cobri-lo completamente, e escorra bem. Finalmente, coloque em um recipiente raso com farinha de rosca, e tire o excesso. Você pode repetir o processo uma segunda vez, para uma cobertura mais grossa. Eu prefiro apenas uma camada leve e crocante.

É importante que o óleo esteja bem quente (aproximadamente 180 a 190°C) e os pedaços cobertos de peixe devem ser colocados com cuidado, para selar a cobertura. Se o peixe for muito grosso ou precisar de cozimento mais longo, cozinhe a parte externa primeiro por aproximadamente um minuto, tire do óleo com uma escumadeira, abaixe o fogo para que a temperatura do óleo atinja 160°C e cozinhe por mais 3 a 5 minutos. Em geral, os pedaços de peixe ficam melhores fritos a 180°C por aproximadamente 2 a 3 minutos. Reaqueça o óleo entre as frituras. Um termômetro de fritura é útil, ou, melhor ainda, uma panela de fritura com termostato, para controle.

DICA DE SEGURANÇA

NUNCA DEIXE UMA PANELA DE FRITURA POR IMERSÃO SEM SUPERVISÃO, NEM MESMO PARA ATENDER O TELEFONE, A MENOS QUE O MODELO QUE ESTIVER USANDO TENHA UM TERMOSTATO EMBUTIDO.

MELHORES VARIEDADES PARA FRITAR POR IMERSÃO

Filés finos de peixes brancos, anéis de lula, vieiras (cortadas ao meio), lagostins ou camarões grandes sem casca, cavalas e sardinhas miúdas. Evite usar peixes mais encorpados, tais como o salmão ou o tamboril.

Folhas de ervas também ficam boas fritas por imersão, e formam uma guarnição vistosa; salsa, manjericão, cerefólio ou sálvia, todas são adequadas. Use folhas grandes e planas e certifique-se de que estejam completamente secas. Coloque-as no óleo quente usando uma cesta de fritura e frite por aproximadamente um minuto, depois seque-as em papel-toalha.

DICA DO CHEF

PARA EVITAR QUE O OVO FIQUE CHEIO DE FARINHA DE ROSCA E QUE A FARINHA FIQUE EMPAPADA, TRABALHE TODOS OS PEDAÇOS DE PEIXE AO MESMO TEMPO, EM CADA ESTÁGIO – COLOQUE TODOS NA FARINHA DE ROSCA AO MESMO TEMPO, DEPOIS MERGULHE TODOS NO OVO, LIMPE OS DEDOS E CUBRA TODOS COM A FARINHA.

Cozinhando no vapor

ESTE É UM PROCESSO RÁPIDO, QUE DÁ UM RESULTADO LEVE E ÚMIDO. O OBJETIVO DE COZINHAR NO VAPOR É MANTER A DELICADEZA DA CARNE DO PEIXE, MAS, COMO ELA SE QUEBRA COM FACILIDADE, É NECESSÁRIO MUITO CUIDADO. NA VERDADE, COZINHAR NO VAPOR PODE SER MAIS COMPLICADO DO QUE FAZER ASSADO DE PANELA, UMA VEZ QUE O PEIXE É COZIDO BEM RAPIDAMENTE E, POR ISSO, REQUER MUITA ATENÇÃO. ENTRETANTO, COM O COZIMENTO NO VAPOR É MAIS FÁCIL JULGAR O CUISSON DO QUE COM OUTROS MÉTODOS DE COCÇÃO.

Em minha cozinha, uso um *steamer* grande de aço inoxidável mas, para uso doméstico, sugiro que você invista em uma torre de cestas de bambu chinesas. Elas têm preço bem razoável e são encontradas em empórios de comida chinesa e em algumas lojas de utensílios para cozinha. Além de cozinhar no vapor, você pode usá-las para requentar uma refeição completa ou vários pratos ao mesmo tempo. Preste atenção na água que fica embaixo. Para um cozimento no vapor simples, você pode acrescentar talos de salsa amassados, condimentos inteiros, folhas de louro, cebolas fatiadas, cenoura e funcho. Você também pode acrescentar vinho ao líquido, ou suco de limão e tiras da casca. Use qualquer tempero que julgar apropriado para o peixe que cozinha levemente acima do líquido.

Coloque água ou um caldo leve em uma panela e deixe ferver. Coloque o peixe ou os crustáceos em um prato refratário ou, como aqui, no *steamer*, sobre uma cama de algas frescas. Tempere levemente. Cubra o *steamer* e coloque-o sobre a panela. Deixe cozinhar no vapor por 5 a 10 minutos, dependendo da espessura do peixe.

MELHORES VARIEDADES PARA COZINHAR NO VAPOR

A maioria dos peixes, especialmente bacalhau grosso, filés de badejo e outros peixes brancos. Atualmente, meu preferido é a cavalinha (cavala baby, que os franceses chamam de *oisette*). Você pode envolver o peixe primeiro em outros alimentos para dar cor assim como sabor. Tente envolver bacalhau em espinafre ou folhas de acelga, ou filés de peixe-galo em conchas de pimentão assado e sem a pele. Para reter a umidade, ajuda colocar o peixe para cozinhar no vapor, envolto em papel-manteiga ou folha de alumínio, ou alga. Entre os crustáceos para cozinhar no vapor estão vieiras (soltas e limpas com antecedência e depois deixadas em suas conchas), coquillage (uma gloriosa coleção de crustáceos, tais como amêijoas, vôngoles e conchas) e ostras, que se abrem com o vapor. Tenha cuidado ao retirar o peixe do vapor, para não derramar seu delicioso suco.

DICA DO CHEF

TEMPERE O PEIXE DUAS VEZES: IMEDIATAMENTE ANTES DE COZINHÁ-LO NO VAPOR, NORMALMENTE, E NOVAMENTE DEPOIS DE COZINHAR.

Cozinhando no forno de microondas

UMA COZINHA DE RESTAURANTE RARAMENTE PRECISA DE UM FORNO DE MICROONDAS, UMA VEZ QUE HÁ STEAMERS OU FRIGIDEIRAS EM CONSTANTE ATIVIDADE PARA COZINHAR PEIXES RAPIDAMENTE. EM CASA, ENTRETANTO, O FORNO DE MICROONDAS É CONVENIENTE PARA COZINHAR PEIXES, E DÁ A ELES UMA TEXTURA SIMILAR À ADQUIRIDA NO COZIMENTO EM LÍQUIDO OU NO VAPOR. O FORNO DE MICROONDAS FUNCIONA AQUECENDO E COZINHANDO O ALIMENTO DE DENTRO PARA FORA, MAS UM MODELO CONVENCIONAL NÃO CONSEGUE DOURAR A COMIDA – PARA ISSO, VOCÊ PRECISARÁ DE UM PRATO ESPECIAL PARA DOURAR OU DE UM FORNO DE MICROONDAS QUE TENHA ESSA FUNÇÃO.

Os fornos de microondas são ideais para peixes, uma vez que os peixes simplesmente cozinham em seus próprios sucos. Certifique-se de que a peça tenha tamanho uniforme e coloque a parte mais grossa do peixe ou dos pedaços de peixe no centro do prato. O prato deve ser refratário e livre de metal. Tempere o peixe ou coloque levemente alguns condimentos; então, pincele com uma pequena quantidade de azeite, ou cubra com plástico-filme, papel-manteiga não metálico ou papel resistente a gordura, e cozinhe pelo tempo recomendado. Não é possível estimar exatamente o tempo, uma vez que os fornos de microondas têm diferentes potências (de 500 a 1.000 watts ou mais).

MELHORES VARIEDADES PARA COZINHAR NO FORNO DE MICROONDAS

Todos os peixes podem ser preparados no forno de microondas, mas algumas variedades de crustáceos, tais como vieiras, cozinham tão rapidamente no fogo que não vale a pena usar o forno de microondas para elas.

DICA DO CHEF

O FORNO DE MICROONDAS TAMBÉM É ÚTIL PARA FAZER CALDOS DE PEIXE. CORTE AS ESPINHAS, VEGETAIS E OUTROS INGREDIENTES, COLOQUE TUDO EM UMA TIGELA REFRATÁRIA GRANDE, DE VIDRO, E CUBRA COM ÁGUA FRIA. CUBRA COM PLÁSTICO-FILME DOBRADO MUITO LEVEMENTE EM UMA DAS EXTREMIDADES PARA DEIXAR UM POUQUINHO DE VAPOR ESCAPAR DURANTE O COZIMENTO. LIGUE O FORNO DE MICROONDAS NA POTÊNCIA MÁXIMA E AQUEÇA POR 15 A 20 MINUTOS. O FORNO DE MICROONDAS DESLIGA SOZINHO, ENTÃO NÃO HÁ RISCO DE O CALDO FERVER ATÉ SECAR. COE O CALDO E COLOQUE-O NOVAMENTE NO FORNO, SEM COBRIR. COZINHE POR MAIS 10 MINUTOS, APROXIMADAMENTE, PARA REDUZIR.

2

Receitas

Caldos e molhos

Caldos

COURT-BOUILLON

Este caldo leve de legumes com vinho branco e limão é ótimo para cozinhar peixes, dando-lhes uma textura molhadinha e um sabor encorpado. O court-bouillon pode ser reutilizado até três vezes, mas resista à tentação de usar a sobra do court-bouillon como base para sopas e molhos, pois ele é muito ácido. Você pode fazer receitas de court-bouillon e congelar para usar posteriormente. Congele o caldo concentrado em dois blocos de 500 mililitros. Depois de congelados, retire das fôrmas e armazene cada bloco separadamente em um saco para freezer. Lembre-se de etiquetá-los e datá-los. O caldo sem sal pode ser conservado por até um mês.

INGREDIENTES

(para aproximadamente 2 litros)

4 alhos-porós grosseiramente picados
4 cenouras grosseiramente picadas
2 talos de aipo grosseiramente picados
3 cebolas grosseiramente picadas
3 échalotes médias grosseiramente picadas
1 bulbo de funcho picado
6 dentes de alho com casca
1 ramo grande de: tomilho fresco, estragão, manjericão e salsa, amarrados
¼ colher de chá de pimenta-do-reino branca em grãos
25 g de sal-gema
2 limões fatiados
4 anises-estrelados
400 ml de vinho branco seco

1 Coloque os alhos-porós, as cenouras, o aipo, as cebolas, as échalotes, o funcho, o alho e as ervas em um caldeirão ou em uma caçarola. Cubra com 2,5 litros de água fria e deixe ferver.
2 Acrescente a pimenta, o sal, as fatias de limão e os anises-estrelados. Acrescente o vinho e deixe ferver novamente. Abaixe o fogo e ferva em fogo brando por aproximadamente 30 minutos.
3 Cubra um escorredor com um pedaço grande de musselina molhada e coloque sobre uma tigela funda ou jarra. Coe o court-bouillon no escorredor e descarte os legumes, as ervas, os outros temperos e o limão. Guarde na geladeira, coberto, e use em até 3 dias, ou congele em blocos de 500 mililitros ou de 1 litro e use em até 1 mês.

CALDO DE PEIXE

Um bom caldo de peixe depende da qualidade das espinhas de peixe usadas para fazê-lo; então, peça ao peixeiro para guardar as melhores para você. Espinhas de rodovalho e de linguado têm um bom sabor e são de coloração adequadamente leve, enquanto as espinhas de alguns outros peixes, tais como a cavala e o arenque, geralmente são muito oleosas. As espinhas de um rodovalho médio devem ser suficientes. Espinhas de hadoque ou de merluza também servem, ou você pode usar uma mistura delas. Você pode também usar a cabeça de um peixe grande, mas lembre-se de tirar os olhos e as guelras, lavar qualquer traço de sangue e cortar a cabeça ao meio. Evite usar pele de peixe, sempre que possível. Não se coloca sal nos caldos – isso vem mais tarde, quando eles serão usados em receitas. Existem muitas maneiras de variar o sabor de um caldo de peixe básico. Uma das mais simples é acrescentar aproximadamente 250 gramas de pedaços de bacon defumado, incluindo o couro e o osso. O bacon dá um sabor especial, levemente defumado.

INGREDIENTES

(para aproximadamente 1,5 litro)

1 alho-poró médio picado
1 cebola média picada
1 talo de aipo picado
½ bulbo de funcho picado
2 dentes de alho com casca
100 ml de azeite (não-extravirgem)
aproximadamente 1,5 kg de espinhas e cabeça de peixe branco, limpas e grosseiramente picadas
300 ml de vinho branco seco
2 ramos de cada: tomilho fresco e salsa, amarrados
½ limão fatiado
¼ colher de chá de pimenta-do-reino branca em grãos

1 Coloque o alho-poró, a cebola, o aipo, o funcho e o alho em um caldeirão ou em uma caçarola grande. Acrescente o azeite e leve ao fogo até que os legumes comecem a chiar. Abafe levemente os legumes em fogo brando, cobertos, por aproximadamente 15 minutos, até ficarem macios.
2 Acrescente as espinhas e a cabeça, e o vinho; mexa e cozinhe até que quase todo o líquido evapore. Coloque 2 litros de água fria e acrescente as ervas, o limão e a pimenta. Deixe

Ingredientes para o caldo de salmão e laranja.

ferver, tirando a espuma da superfície com uma colher grande.

3 Abaixe o fogo e deixe ferver em fogo brando, sem cobrir, por 20 minutos — não mais que isso. Retire do fogo e deixe descansar por aproximadamente 10 minutos.

4 Forre um escorredor grande com musselina molhada e coloque sobre uma tigela grande. Coe cuidadosamente o líquido pela musselina, retirando as espinhas grandes com uma escumadeira primeiro. Se não for usar o caldo imediatamente, deixe-o esfriar e coloque-o na geladeira. Use em até 3 dias, ou congele em blocos de 500 mililitros ou de 1 litro e use em até um mês. Para obter um sabor mais concentrado, você pode ferver o caldo para reduzi-lo até cerca de 1 litro.

CALDO DE SALMÃO E LARANJA

Siga a receita de Caldo de Peixe (ao lado), mas use apenas espinhas de salmão — inclusive uma cabeça limpa e cortada —, e substitua o vinho por suco de laranja espremida na hora. Antes de fazer o caldo, asse as espinhas de salmão no forno preaquecido a 200°C por 15 a 20 minutos. Isso dá um bom sabor, e tem a vantagem adicional de evitar a formação de espuma durante a fervura.

NAGE DE LEGUMES (CALDO DE LEGUMES À LA NAGE)

Este é um dos meus caldos preferidos, porque é muito leve e neutro. Depois de cozidos, deixe os legumes flutuarem no líquido por 24 horas antes de coar, fazendo assim uma infusão na nage com seus sabores sutis.

INGREDIENTES

(para aproximadamente 1,5 litro)

3 cebolas grosseiramente picadas
1 alho-poró grosseiramente picado
2 talos de aipo grosseiramente picados
6 cenouras grosseiramente picadas
1 cabeça de alho cortada ao meio
1 limão cortado em 6 partes
¼ colher de chá de pimenta-do-reino branca em grãos
¼ colher de chá de pimenta-rosa em grãos
1 folha de louro
4 anises-estrelados
1 ramo de cada: estragão fresco, manjericão, coentro, tomilho, salsa e cerefólio, amarrados
200 ml de vinho branco seco

1 Coloque as cebolas, o alho-poró, o aipo e as cenouras em um caldeirão ou em uma caçarola grande. Acrescente o alho, o limão, as pimentas, a folha de louro e os anises-estrelados. Cubra com 2 litros de água fria. Deixe ferver, abaixe o fogo e ferva em fogo brando por 10 minutos.

2 Retire do fogo e coloque as ervas no líquido. Acrescente o vinho e mexa. Reserve para esfriar.

3 Quando estiver frio, transfira o caldo para uma jarra grande ou tigela. Cubra e deixe na geladeira por aproximadamente 24 horas.

4 No dia seguinte, coe em um escorredor forrado com musselina, dentro de uma jarra ou tigela. Descarte os legumes, as ervas e os demais temperos. Mantenha na geladeira e use em até 3 dias, ou congele em blocos de 500 mililitros ou 1 litro e use em até 1 mês.

CALDO DE FRANGO

Você pode ficar surpreso por encontrar uma receita de caldo de carne em um livro de culinária de frutos do mar, mas carnes leves e peixes combinam muito bem. Frango com camarão, e bacon com peixe defumado, são duas boas combinações que me vêm à cabeça. Por essa razão, freqüentemente uso caldo de frango com sopas e molhos de peixe.

INGREDIENTES

(para aproximadamente 2 litros)

2 kg de carcaças de frango cruas grosseiramente picadas
3 talos de aipo grosseiramente picados
2 alhos-porós grosseiramente picados
2 cebolas grosseiramente picadas
2 cenouras grandes grosseiramente picadas
½ cabeça de alho com casca
1 ramo grande de tomilho fresco
20 g de sal-gema

1 Coloque as carcaças de frango em um caldeirão ou em uma caçarola grande e cubra com 4 litros de água fria. Deixe ferver, retirando a espuma da superfície com uma escumadeira.

2 Acrescente o aipo, o alho-poró, as cebolas e as cenouras, juntamente com o alho, o tomilho e o sal. Leve para ferver novamente e deixe em fogo brando por aproximadamente 3 horas, retirando a espuma quando necessário.

3 Forre um escorredor com musselina e coe o caldo, passando para uma tigela grande. Descarte os ossos, os vegetais e as ervas (para o caldo ficar mais forte, coloque o líquido novamente na panela e ferva até reduzir pela metade).

4 Deixe esfriar, coloque na geladeira e use em até 3 dias, ou congele em blocos de 500 mililitros ou de 1 litro e use em até 1 mês.

CALDO DOURADO DE FRANGO

Algumas receitas pedem um caldo escuro de frango. Para isso, primeiro asse os ossos de frango em forno preaquecido a 200°C por aproximadamente 15 a 20 minutos, virando-os uma vez ou duas, até que fiquem com um tom dourado-escuro, depois prossiga com a receita acima.

Nage de legumes.

Molhos

VELOUTÉ DE PEIXE COM CREME

Um bom molho multiuso pode ser usado como base para um molho mais encorpado, ou servido como um molho clássico de peixe. Ele transforma a mais simples das refeições, como um filé de peixe grelhado com batatinhas Jersey Royal, em um verdadeiro espetáculo.

INGREDIENTES

(para aproximadamente 500 ml)

15 g de manteiga
4 échalotes cortadas em fatias finas
250 ml de vinho branco seco
250 ml de Noilly Prat ou outro vermute seco
500 ml de Caldo de Peixe (páginas 58 e 59)
250 ml de creme de leite
250 ml de creme de leite light
sal marinho e pimenta-do-reino moída na hora

1 Aqueça a manteiga em uma caçarola grande. Acrescente as échalotes, mexa e frite levemente por aproximadamente 15 minutos, até ficarem macias, mas não douradas. Acrescente o vinho e o vermute, espere ferver e ferva por aproximadamente 7 minutos, ou até reduzir pela metade.

2 Acrescente o caldo e deixe ferver novamente, mexendo. Continue fervendo até reduzir pela metade. Acrescente os cremes e deixe ferver levemente. Ferva em fogo brando até ficar com uma consistência de creme. Tempere com sal e pimenta.

3 Coe o molho em uma peneira fina, passando-o para uma jarra ou tigela. O molho deve estar liso e brilhante. Use-o imediatamente, ou deixe na geladeira por até 2 dias. Você pode congelar o molho em porções individuais por até 1 mês. Derreta vagarosamente em uma caçarola, ou no forno microondas em potência baixa.

VELOUTÉ DE PEIXE SEM CREME

Como todos os bons chefs, orgulho-me de fazer molhos memoráveis que são engrossados da maneira tradicional, fervendo para reduzir o líquido. Mas acho que certas ocasiões pedem por um velouté menos encorpado, com muito menos (ou nenhum) creme. Você deverá achar esta versão útil para pratos de jantares mais simples, ou para servir com pratos de peixe para crianças.

INGREDIENTES

(para aproximadamente 750 ml)

500 ml de Caldo de Peixe (páginas 58 e 59)
250 ml de leite
50 g de manteiga
2 colheres de sopa rasas de farinha de trigo
1 colher de sopa de creme de leite (opcional)
sal marinho e pimenta-do-reino moída na hora

1 Coloque o caldo e o leite em uma caçarola. Deixe ferver, tomando cuidado para o leite não derramar. Retire do fogo e coloque em uma jarra.

2 Em uma caçarola de fundo grosso, aqueça a manteiga até começar a chiar. Mexendo, acrescente a farinha de trigo, e cozinhe em fogo bem baixo até que a mistura se transforme em uma pasta dourada — de 3 a 5 minutos.

3 Acrescente o caldo com o leite, aos poucos, misturando-o à pasta com uma colher de pau. Tome cuidado para misturar bem cada porção de caldo até ficar homogêneo e cremoso antes de colocar mais, para evitar a formação de pelotas.

4 Quando todo o líquido tiver sido acrescentado, deixe ferver em fogo brando por um minuto ou dois. Mexendo, acrescente o creme, se estiver usando; então, tempere e sirva. Se estiver fazendo o caldo com antecedência, cubra-o com papel resistente a gordura, para evitar a formação de película na superfície, e mantenha-o aquecido.

MOLHO DE SALSA

Para fazer molho de salsa, branqueie aproximadamente 6 colheres de sopa de salsa fresca picada, faça um purê, e acrescente-o ao velouté logo antes de servir. Esse molho combina particularmente bem com hadoque defumado e purê cremoso.

MOLHO THERMIDOR

Uma variação do molho velouté sem creme, este molho é famoso por combinar bem com lagosta, embora fique igualmente bom com échalotes fritas. *Thermidor* era o nome do décimo primeiro mês do calendário da Revolução Francesa. Não sei por que aquele episódio é associado com lagostas luxuosas, mas pelo menos agora você sabe parte da história.

INGREDIENTES

(para aproximadamente 300 ml)

Velouté de Peixe sem Creme (página ao lado) feito com 100 ml de Caldo de Peixe (páginas 58 e 59), 100 ml de leite, 20 g de manteiga e 2 colheres de sopa de farinha de trigo
50 g de manteiga
50 g de échalotes picadas
100 ml de vinho branco seco
200 ml de Caldo de Peixe (páginas 58 e 59)
100 ml de creme de leite
2 colheres de sopa de mostarda de Dijon
sal marinho e pimenta-do-reino moída na hora
2 bolinhas pequenas de manteiga congelada para finalizar

1 Faça o velouté de peixe sem creme. Reserve.

2 Em uma caçarola média de fundo grosso, derreta a manteiga. Abafe levemente as échalotes, por 10 minutos ou até ficarem macias, mas não douradas. Acrescente o vinho e deixe ferver. Cozinhe, sem tampa, até que quase todo o líquido evapore.

3 Acrescente o caldo de peixe e ferva até reduzir em dois terços. Mexendo, acrescente o velouté de peixe e deixe ferver novamente. Ferva em fogo brando por 5 minutos.

4 Misture o creme e deixe ferver novamente. Acrescente a mostarda, mexa e tempere, se necessário.

5 Antes de servir, acrescente as bolinhas de manteiga congeladas e bata com um batedor (fouet) para dar um tom brilhante ao molho.

MOLHO SAUTERNES SIMPLES

Este molho é realmente muito fácil de fazer, especialmente se você tiver um pouco de caldo de peixe sobrando, ou um bloco pequeno dele congelado no freezer. Peixe e vinho branco doce combinam muito bem, e este molho simples fica excelente com linguado ou rodovalho. Mantenha sempre um pacote de manteiga no congelador para usar nesta receita e em outros molhos que pedem manteiga congelada.

INGREDIENTES

(para aproximadamente 300 ml)

150 ml de Sauternes ou outro vinho de sobremesa (vinho doce)
150 ml de Caldo de Peixe (páginas 58 e 59)
50 g de manteiga sem sal congelada cortada em cubos
sal marinho e pimenta-do-reino branca moída na hora

1 Ferva o vinho em uma caçarola pequena até reduzir pela metade (devem restar, aproximadamente, 4 colheres de sopa). Acrescente o caldo e ferva novamente até reduzir pela metade.

2 Batendo com um batedor (fouet) pequeno, acrescente gradualmente os cubos de manteiga congelada até que o molho fique homogêneo e brilhante. Tempere e retire do fogo.

3 Deixe esfriar por alguns minutos, mexendo uma vez ou duas, depois sirva.

MOLHO CLARET

Esta receita deve ser uma completa surpresa para a turma da cozinha simples – um molho de peixe feito com caldo de frango, caldo de peixe e vinho tinto. Acredite: fica uma maravilha com salmão, tainha e atum grelhado, assim como com outros peixes de sabor encorpado.

INGREDIENTES

(para aproximadamente 400 ml)

350 ml de Claret ou outro vinho tinto
200 ml de Caldo Dourado de Frango (página 61)
300 ml de Caldo de Peixe (páginas 58 e 59)
2 échalotes pequenas bem picadas
50 g de cogumelos champignon picados
1 bouquet garni fresco (página 39)
100 ml de creme de leite
200 g de manteiga congelada cortada em cubos
sal marinho e pimenta-do-reino moída na hora

1 Coloque o vinho, o caldo de frango dourado e o caldo de peixe em uma caçarola grande. Acrescente as échalotes, os cogumelos e o bouquet garni, e deixe ferver. Ferva em fogo brando, sem tampa, até que o líquido reduza em cerca de dois terços.

2 Retire o bouquet garni e, mexendo, acrescente o creme. Deixe ferver novamente por alguns segundos.

3 Coe o líquido em uma peneira sobre uma tigela. Coloque o líquido coado novamente na caçarola e deixe ferver em fogo brando por aproximadamente 5 minutos.

4 Batendo com um batedor (fouet)

pequeno, acrescente gradualmente os cubos de manteiga congelada até que o molho fique homogêneo e brilhante. Tempere e sirva quente. Se estiver fazendo o molho com antecedência, cubra-o com papel-manteiga, plástico-filme ou papel resistente a gordura, para evitar a formação de uma película na superfície, e mantenha-o aquecido.

MOLHO CLÁSSICO AMANTEIGADO DE CHAMPANHE

A manteiga é usada para engrossar e encorpar este molho, mas tem sabor leve e delicado. Use manteiga sem sal (preferencialmente holandesa ou da Normandia) para obter o melhor sabor. Para obter um molho amanteigado tinto, substitua o vinagre champanhe e o champanhe por vinagre de vinho tinto e vinho tinto fino.

INGREDIENTES

(para 500 ml)

1 échalote média picada
4 colheres de sopa de vinagre champanhe
1 ramo de cada: tomilho fresco e estragão
200 ml de champanhe ou outro bom vinho branco seco espumante
250 g de manteiga congelada cortada em cubos
1 colher de sopa de creme de leite
sal marinho e pimenta-do-reino branca moída na hora

1 Coloque a échalote, o vinagre, o tomilho e o estragão em uma caçarola. Deixe cozinhar levemente por aproximadamente 5 minutos, ou até que a échalote fique macia e o vinagre reduzido a um xarope. Coloque o champanhe e cozinhe em fogo brando, sem tampa, até reduzir pela metade. Retire as ervas.
2 Batendo com um batedor (fouet), acrescente gradualmente os cubos de manteiga congelada, em fogo brando. Certifique-se de que cada pedaço de manteiga esteja bem derretido antes de acrescentar o próximo, e de que o molho não ferva, ou ele coalhará.
3 Quando toda a manteiga tiver sido incorporada, acrescente o creme e então tempere a gosto. Para ficar mais cremoso, passe o molho por uma peneira, esfregando com as costas de uma concha ou de uma colher de pau. Sirva morno. Se necessário, mexa ocasionalmente para evitar a formação de uma película na superfície.

HOLLANDAISE COM AZEITE

Minha versão deste clássico molho francês para peixe é feita ao estilo mediterrâneo, usando azeite no lugar de manteiga derretida, ou uma mistura dos dois. Os ovos batidos até uma consistência cremosa de zabaione formam uma base mais firme para o molho e minimizam o risco de coalhar. Use um azeite puro mais leve para o molho, em vez de azeite extravirgem pesado, ou até mesmo misture a metade da quantidade de óleo de girassol ou amendoim. Reduzir o vinagre para obter uma quantidade tão pequena é impraticável. Em vez disso, simplesmente ferva o conteúdo de uma garrafa pequena de um bom vinagre de vinho branco até reduzir pela metade, deixe esfriar e coloque de volta na garrafa.

INGREDIENTES

(para aproximadamente 300 ml)

6 sementes de coentro bem amassadas
3 gemas de ovo
200 ml de azeite leve aquecido
2 colheres de sopa de vinagre de vinho branco reduzido (ver introdução da receita)
algumas gotas de suco fresco de limão
uma pitada generosa de pimenta-de-caiena
sal marinho e pimenta-do-reino moída na hora

1 Coloque as sementes de coentro amassadas, as gemas de ovo e 1 colher de sopa de água morna em uma tigela refratária (que encaixe confortavelmente na caçarola). Coloque um pouco de água na caçarola e aqueça, fervendo levemente. Coloque a tigela em cima.
2 Bata a mistura de gemas de ovo com um batedor do tipo fouet ou mixer elétrico portátil, até que fiquem com um tom dourado-pálido cremoso, e a mistura deixe um rastro firme quando o batedor for levantado. Retire a tigela do fogo e continue batendo por aproximadamente 3 minutos até que a mistura esfrie. Acrescente vagarosamente o azeite aquecido – comece mergulhando uma colher de sopa no azeite e deixando o azeite pingar devagar da ponta da colher. Continue batendo enquanto incorpora gradualmente o azeite. À medida que a mistura for engrossando, acrescente mais azeite, aos poucos – mas →

Da frente para trás: Molho Maltaise, Hollandaise de Sementes de Mostarda e Hortelã, Hollandaise com Azeite.

resista à tentação de colocar muito de uma vez só. (Se parecer que a mistura pode começar a coalhar, não entre em pânico: acrescente uma gota ou duas de água fria e bata novamente.)

3 Quando todo o azeite tiver sido acrescentado, junte o vinagre reduzido e o suco de limão, batendo. Tempere com pimenta-de-caiena, sal e pimenta-do-reino. Sirva morno. Se estiver fazendo o molho um pouco antes de servir, coloque com uma colher em uma garrafa a vácuo de boca larga, para manter aquecido.

HOLLANDAISE CLÁSSICO

Simplesmente substitua o azeite por 200 ml de manteiga clarificada (página 218).

HOLLANDAISE DE SEMENTES DE MOSTARDA E HORTELÃ

Esta versão do hollandaise é temperada com uma vibrante combinação de mostarda picante com hortelã geladinha, o que o torna um acompanhamento diferente para peixes grelhados.

INGREDIENTES

(para aproximadamente 300 ml)

300 ml de Hollandaise com Azeite (página 64)
2 colheres de sopa de mostarda granulada
1 colher de sopa de hortelã fresca bem picada
sal marinho e pimenta-do-reino moída na hora

1 Faça o Molho Hollandaise.

2 Mexendo, acrescente ao molho a mostarda e a hortelã picada. Pode ser que você queira afinar o molho levemente, acrescentando a ele um pouco de água morna. Tempere e sirva imediatamente.

MOLHO MUSSELINE

Esse é um molho Hollandaise mais espumante e mais cremoso; fica especialmente bom com delicados linguados ou robalo.

INGREDIENTES

(para aproximadamente 300 ml)

300 ml de Hollandaise Clássico (à esquerda)
100 ml de creme batido
algumas gotas de suco fresco de limão
sal marinho e pimenta-do-reino moída na hora

1 Faça o Molho Hollandaise clássico e mantenha-o aquecido.

2 Bata o creme até ficar em ponto de picos moles. Coloque-o delicadamente no molho morno. Mexendo, acrescente o suco de limão e tempere a gosto. Sirva imediatamente.

MOLHO MALTAISE

O sabor da laranja combina bem com peixes mais encorpados, como o salmão, ou até mesmo com lagostas.

INGREDIENTES

(para aproximadamente 300 ml)

300 ml de Hollandaise com Azeite (página 64)
casca ralada de uma laranja vermelha
100 ml de suco fresco de laranja vermelha
sal marinho e pimenta-do-reino moída na hora

1 Faça o Molho Hollandaise mantenha-o aquecido.

2 Coloque a casca e o suco da laranja em uma caçarola. Deixe ferver até reduzir a aproximadamente 3 colheres de sopa. Batendo sempre, acrescente o líquido ao molho. Verifique o tempero e sirva.

MOLHO MAIONESE DE MOSTARDA

Como um Molho Hollandaise, "maionese" é como chamamos um molho emulsificado de óleo e "água" (ovos) mantido em suspensão com temperos granulados. Use um batedor (fouet) para misturar todos os ingredientes, e tome o cuidado de acrescentar o óleo vagarosamente, para que a maionese fique firme.

INGREDIENTES

(para aproximadamente 300 ml)

2 gemas de ovo
1 colher de chá de vinagre de vinho branco
1 colher de chá de mostarda inglesa em pó
300 ml de óleo de amendoim
sal marinho e pimenta-do-reino moída na hora

1 Coloque as gemas de ovo, o vinagre e a mostarda em uma tigela. Tempere bem e ponha a tigela sobre um pano úmido. Bata bem, até ficar homogêneo e cremoso.

2 Mergulhe uma colher de chá no óleo e deixe gotejar uma vez ou duas o óleo da ponta da colher dentro das gemas. Bata a mistura com força, à medida que vai acrescentando o óleo.

3 Repita várias vezes, acrescentando

o óleo aos poucos. Então, aumente gradualmente a quantidade de óleo, certificando-se de que a parte acrescentada esteja bem incorporada antes de acrescentar mais. Isso assegura a produção de uma maionese grossa. Se a sua maionese coalhar, simplesmente bata mais uma gema de ovo com uma pitada de sal, de pimenta e de mostarda em uma tigela separada e depois, batendo sempre, acrescente a mistura coalhada a essa mistura extra de gema – ela deverá emulsificar.

4 Depois que o óleo for acrescentado, misture uma colher de sopa ou duas de água fria, para estabilizar a emulsão. Verifique o tempero e sirva. A maionese pode ser mantida em um recipiente fechado, na geladeira, por até uma semana.

AÏOLI

Não há meias-medidas com um bom aïoli. Trata-se de um molho com muito alho, se for feito da maneira tradicional. E com menos alho, se você não for muito fã. Mas preste atenção, porque ainda assim terá um cheiro forte.

INGREDIENTES

(para aproximadamente 300 ml)

300 ml de Maionese de Mostarda (na página ao lado)
10 dentes de alho fresco
1 colher de chá de sal
uma pitada de pistilos de açafrão
pimenta-do-reino moída na hora

1 Faça a maionese de mostarda.

2 Descasque o alho, ponha um dente por vez sobre uma tábua de cortar e, colcando a lâmina de uma faca grossa deitada por cima dele, faça pressão para baixo com o punho sobre a faca – e a casca sairá com facilidade.

3 Pique o alho grosseiramente e salpique-o com sal. Com a ponta da faca, amasse todo o alho até virar uma polpa fina.

4 Batendo, junte o alho à maionese, amassando e acrescentando o açafrão enquanto mistura. Tempere com pimenta e sirva.

MOLHO TÁRTARO

Este molho sempre fica bom com peixe crocante frito por imersão, e esta é minha receita predileta, porque é uma versão bem delicada da original. Se preferir um sabor forte de molho tártaro, simplesmente dobre a quantidade dos ingredientes picados.

INGREDIENTES

(para 300 ml)

300 ml de Maionese de Mostarda (na página ao lado)
1 colher de chá de pepino picado
1 colher de chá de alcaparras picadas
1 colher de chá de azeitonas verdes sem caroço picadas
1 colher de chá de azeitonas pretas sem caroço picadas
1 colher de chá de salsa fresca picada
sal marinho e pimenta-do-reino moída na hora

1 Faça a maionese de mostarda.

2 Mexendo, acrescente todos os ingredientes picados. Verifique o tempero e sirva imediatamente.

MOLHO RÉMOULADE

Rémoulade fica bom com salmão ou cavala, e também fica sensacional com bolinhos de peixe – os meus favoritos.

INGREDIENTES

(para aproximadamente 300 ml)

300 ml de Maionese de Mostarda (na página ao lado)
25 g de pepinos picados
25 g de alcaparras picadas
1 filé de anchova picado
1 colher de chá de mostarda de Dijon
1 colher de chá de cerefólio fresco picado
1 colher de chá de salsa fresca picada
1 colher de chá de estragão fresco picado
sal marinho e pimenta moída na hora

1 Faça a maionese de mostarda.

2 Misture todos os outros ingredientes ao molho, mexendo bem. Verifique o tempero e sirva.

SABAYON DE PIMENTÃO VERMELHO

Este é um molho de manteiga de um convidativo tom rosa-avermelhado, para servir em churrascos e piqueniques. Fica especialmente bom com peixes do Mediterrâneo ou peixes tropicais.

INGREDIENTES

(para aproximadamente 400 ml)

2 pimentões vermelhos grandes bem picados
70 g de manteiga gelada cortada em cubos
1 ramo de cada: tomilho fresco e estragão
200 ml de Nage de Legumes (página 61)
3 gemas de ovo
sal marinho e pimenta-do-reino moída na hora

1 Aqueça os pimentões e um quarto da manteiga em uma panela, até que comecem a chiar. Acrescente o tomilho e o estragão. Cozinhe em fogo brando, mexendo uma vez ou duas, por um minuto. Então, acrescente a Nage de Legumes e continue a cozinhar em fogo brando por aproximadamente 10 minutos, sem tampa, até que os pimentões fiquem macios.

2 Retire as ervas e coloque a mistura no processador. Processe até que fique homogênea e cremosa, depois passe por uma peneira, esfregando com as costas de uma concha ou de uma colher de pau. Deixe esfriar até a temperatura ambiente. Enquanto isso, resfrie uma tigela.

3 Coloque o purê de pimentão na tigela gelada e, batendo, acrescente as gemas (a baixa temperatura da tigela evita que as gemas talhem). Coloque a tigela sobre uma panela de água fervente em fogo brando, certificando-se de que a tigela não entre em contato com a água. Usando um batedor fouet ou um mixer elétrico portátil, bata até que a mistura fique grossa e cremosa e deixe um rastro quando o batedor for levantado.

4 Batendo sempre, acrescente gradualmente o restante da manteiga gelada cortada em cubos, até que o molho fique homogêneo e cremoso. Verifique o tempero e sirva imediatamente.

MOLHO DE MANGA

Manga: essa delícia de fruta fica particularmente gostosa com peixe assado na brasa, salmão grelhado ou lagosta e lagostins cozidos. Faça muitas receitas desse molho, especialmente durante os meses do verão, para servir ao ar livre, em piqueniques ou churrascos.

INGREDIENTES

(para aproximadamente 500 ml)

2 mangas pequenas maduras picadas
3 colheres de sopa de conhaque
1 colher de sopa de pimenta-do-reino verde em conserva, escorrida
uma pitada generosa de curry em pó
300 ml de Caldo de Peixe (páginas 58 e 59)
200 ml de creme de leite
100 g de iogurte natural
1 colher de chá de salsa fresca picada
sal marinho e pimenta-do-reino moída na hora

1 Coloque as mangas, o conhaque, a pimenta e o curry em uma caçarola. Cozinhe em fogo brando por aproximadamente 3 minutos, ou até que fiquem levemente macias. Acrescente o caldo de peixe e deixe ferver. Ferva em fogo brando por aproximadamente 20 minutos, mexendo de vez em quando. Acrescente o creme e deixe ferver levemente outra vez, mexendo sempre, e ferva em fogo brando por 3 minutos. Retire do fogo.

2 Coloque a mistura no processador, acrescente o iogurte e o creme de leite e processe até ficar homogênea e cremosa, raspando as laterais do recipiente uma vez ou duas.

3 Passe a mistura por uma peneira, sobre uma caçarola, esfregando com as costas de uma concha ou de uma colher de pau. Verifique o tempero e, mexendo, acrescente a salsa. Aqueça novamente em fogo brando, mas não deixe ferver; e, então, sirva. Como alternativa, deixe esfriar e transfira para um pote com tampa de rosca para servir frio. Este molho pode ser mantido na geladeira por até uma semana; mas não pode ser congelado.

MOLHO AMÉRICAINE

Este é o molho de lagosta por excelência, infalível quando se trata de elevar às alturas até mesmo os mais simples peixes grelhados ou cozidos. Também pode ser servido com frango ou frutos do mar grelhados. Esta receita é boa para fazer depois de um banquete de lagosta, pois o molho usa as cabeças e as conchas.

INGREDIENTES

(para aproximadamente 500 ml)

conchas e cabeças de 2 lagostas médias
1 colher de sopa de azeite
1 cebola média bem picada
2 cenouras bem picadas
1 dente de alho grande amassado
2 colheres de chá de conhaque
200 ml de Noilly Prat ou outro vermute seco
1 colher de sopa de farinha de trigo
300 ml de Caldo de Peixe (páginas 58 e 59)
3 tomates italianos, sem pele e sem sementes, picados
1 bouquet garni fresco grande (página 39)
100 ml de creme de leite
uma pitada generosa de pimenta-de-caiena
sal marinho e pimenta-do-reino moída na hora

1 Corte as cabeças das lagostas ao meio e retire a parte interna mole, deixando os corais verdes, se os encontrar.

Lave bem as cabeças e as conchas, e corte as conchas, se forem grandes.

2 Aqueça o azeite em uma caçarola grande. Salteie as conchas por aproximadamente 5 minutos. Acrescente a cebola, as cenouras e o alho, e salteie levemente por mais 5 minutos, mexendo de vez em quando. Acrescente o conhaque, mexa e deixe cozinhar por um minuto, até evaporar. Acrescente o vermute e ferva em fogo brando, até reduzir pela metade.

3 Salpique a farinha de trigo e misture bem. Acrescente o caldo e deixe ferver. Mexendo, acrescente os tomates picados e o bouquet garni. Junte os corais de lagosta também, se os tiver. Deixe ferver novamente, mexendo sempre. Cozinhe em fogo brando, sem tampa, por 15 a 20 minutos, ou até reduzir pela metade. Retire do fogo.

4 Coe em uma peneira e coloque de volta na caçarola, descartando as conchas, os legumes e o bouquet garni. Acrescente o creme e deixe ferver novamente. Cozinhe em fogo brando por aproximadamente 5 minutos, até reduzir um pouco. Tempere com pimenta-de-caiena, sal e pimenta-do-reino, e sirva.

MOLHO GAZPACHO

Este molho de tomate simples, mas forte, dá um sabor picante a peixes grelhados e saladas de frutos do mar.

INGREDIENTES

(para aproximadamente 300 ml)

500 g de tomates cereja maduros
2 colheres de sopa de creme de leite
50 g de manteiga cortada em cubos
2 colheres de sopa de azeite
sal marinho e pimenta-do-reino moída na hora

1 Coloque os tomates no processador ou no liquidificador, e bata até obter um purê homogêneo. Passe por uma peneira apoiada sobre uma caçarola.

2 Ferva o purê de tomate em fogo brando, até reduzir pela metade. Mexendo, acrescente o creme, a manteiga em cubos e o azeite.

3 Coloque o molho de volta no processador ou no liquidificador e bata novamente. Passe pela peneira mais uma vez. Tempere a gosto e sirva em temperatura ambiente.

MOLHO VIERGE

Este refrescante molho de coentro e manjericão fica excelente servido com peixes substanciais suculentos, como filés de salmonete e atum assado de panela, e também pode ser usado como molho aromático para vieiras frescas.

INGREDIENTES

(para aproximadamente 150 ml)

50 ml de azeite extravirgem
1 échalote pequena picada
2 colheres de sopa de suco fresco de limão
6 sementes de coentro
1 tomate maduro, sem pele e sem sementes, cortado em cubinhos (opcional)
6 folhas grandes de manjericão fresco picadas
6 folhas grandes de coentro fresco picadas
½ colher de chá de vinagre balsâmico
sal marinho e pimenta-do-reino moída na hora

1 Em uma caçarola pequena, aqueça 2 colheres de chá do azeite e frite levemente a échalote por 10 minutos, ou até ficar macia. Acrescente o azeite restante e o suco de limão, e aqueça novamente em fogo brando.

2 Amasse as sementes de coentro no pilão, e acrescente-os à panela junto com o tomate, se estiver usando, o manjericão e o coentro picados e o vinagre balsâmico. Tempere a gosto e misture bem. Deixe em infusão por pelo menos 5 minutos antes de servir.

MOLHO GRIBICHE

Descubro cada vez mais usos para este molho. Ele fica particularmente bom em combinação com muitas variedades de peixe grelhado, como a tainha, por exemplo.

INGREDIENTES

(para aproximadamente 300 ml)

2 ovos cozidos duros cortados ao meio
1 échalote pequena picada
100 g de pepinos bem escorridos e picados
100 g de alcaparras pequenas bem escorridas
2 colheres de chá de vinagre xerez
1 colher de sopa de salsa fresca picada
200 ml de azeite extravirgem
sal marinho e pimenta-do-reino moída na hora

1 Esfregue os ovos contra uma peneira de metal, sobre uma tigela. Junte a eles a échalote, os pepinos, as alcaparras, o vinagre e a salsa.

2 Batendo sempre, acrescente gradualmente o azeite e, então, tempere a →

gosto. O molho pode ser conservado na geladeira por 3 dias.

HARISSA FRESCO

Eu acrescento este molho ao Rouille (na página ao lado), molho picante tradicionalmente servido com bouillabaise de peixe. Harissa também fica bom misturado com massas quentes com creme de leite, e servido com filés de peixe assados de panela ou grelhados. Use pimentas chillies vermelhas roliças, e não as chillies pequenas, finas e muito picantes. Congele o que sobrar do harissa em uma fôrma para gelo – isso facilita a remoção apenas da quantidade necessária de cada vez.

INGREDIENTES

(para 300 ml)

4 pimentas chillies vermelhas frescas
1 pimentão vermelho grande
uma pitada de pistilos de açafrão
1 colher de chá de sementes de coentro amassadas
1 colher de chá de purê de tomate
sal marinho e pimenta-do-reino moída na hora

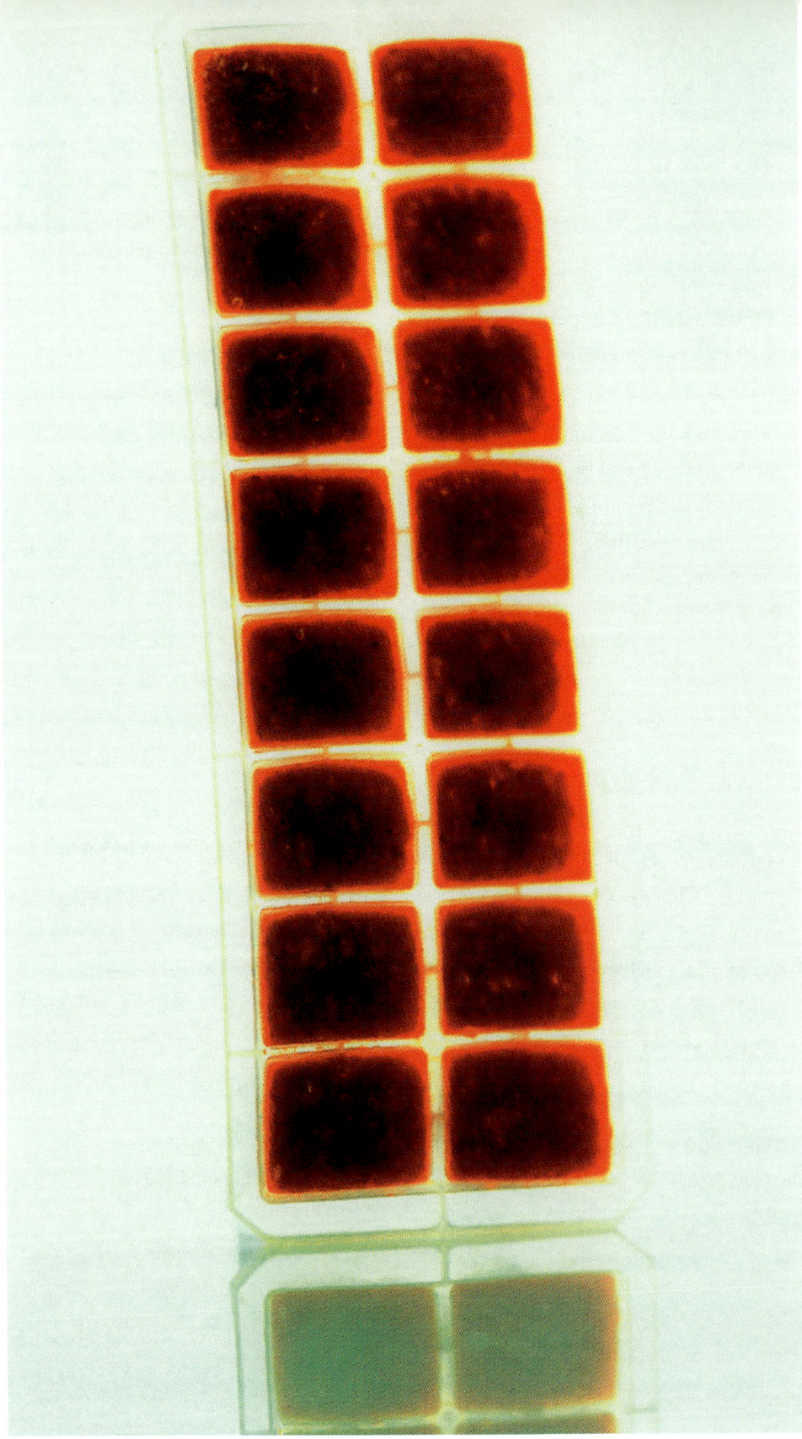

Harissa fresco congelado em uma fôrma de gelo.

1 Divida as pimentas chillies ao meio, retire as sementes e descarte os talos. Descasque o pimentão vermelho usando um descascador de legumes com lâmina móvel. Descarte o miolo e as sementes, e, então, pique o pimentão grosseiramente.

2 Coloque as pimentas, o pimentão vermelho, o açafrão, as sementes de coentro amassadas e o purê de tomate em um processador ou liquidificador. Tempere a gosto e, depois, bata até ficar homogêneo, raspando as laterais do recipiente uma vez ou duas.

3 Coloque a mistura em um pote pequeno com tampa de rosca e guarde na geladeira por até 3 dias, ou congele por até 2 meses.

ROUILLE

Os franceses usam este molho mediterrâneo de chilli e alho em sopas de peixe, para acentuar o sabor. Ele também pode ser colocado sobre pequenas rodelas crocantes de baguete, para flutuar em sopas de peixe, tais como a bouillabaisse. O rouille é feito de maneira similar à maionese, com acréscimo de farelo de pão fresco. Você vai precisar de um pouco de harissa fresco para esta receita.

INGREDIENTES

(para aproximadamente 300 ml)

25 g de farelo de pão branco fresco
3 colheres de sopa de Caldo de Peixe (páginas 58 e 59) aquecido
1 pimenta chilli vermelha grande fresca sem sementes picada
2 dentes de alho picados
1 gema de ovo
1 colher de chá de Harissa Fresco (na página ao lado)
200 ml de azeite
sal marinho e pimenta-do-reino moída na hora

1 Em uma tigela, mergulhe o farelo de pão no caldo morno e deixe por 5 minutos.

2 Com uma colher, coloque o farelo de pão no processador e acrescente a pimenta chilli, o alho, a gema, o harissa e um pouco de tempero. Bata até que a mistura fique cremosa, raspando as laterais do recipiente quando necessário.

3 Com as lâminas ainda girando em velocidade bem baixa, acrescente o azeite bem devagar, deixando escorrer apenas um fio. Não tenha pressa, para que a mistura não talhe.

4 Quando o azeite estiver bem misturado e o molho estiver com uma vibrante cor rosa-avermelhada e com a consistência de uma maionese grossa, verifique o tempero. Com uma colher, coloque em um pote com tampa de rosca e guarde na geladeira por até uma semana.

GELÉIA DE PIMENTA CHILLI

Chame de geléia, de picles ou de condimento – este molho maravilhoso tem vários nomes diferentes, em razão de seus usos variados. Faça uma receita e guarde na geladeira, para usar com variados pratos de peixe – atualmente, o que mais gosto é de servi-la com tempurá de peixe — e quem sabe quais outros usos posso encontrar para esta geléia! Geléia de chilli também é um ótimo presente; então, aumente a quantidade proporcionalmente e distribua potes aos amigos.

INGREDIENTES

(para aproximadamente 100 ml)

6 pimentas chillies vermelhas grandes, roliças, sem sementes (para um sabor mais suave), picadas
1 cebola roxa pequena cortada em fatias finas
1 dente de alho grande cortado em fatias finas
4 cebolinhas verdes picadas
um cubo de 3 cm de gengibre fresco, sem casca, cortado em fatias finas
1 colher de sopa de azeite
1 colher de chá de açúcar refinado
2 colheres de chá de vinagre xerez
2 colheres de chá de molho de ostra
sal marinho e pimenta-do-reino moída na hora

1 Coloque em uma caçarola as pimentas chillies, a cebola roxa, o alho, as cebolinhas, o gengibre, o azeite e o açúcar refinado. Aqueça levemente até que comecem a chiar. Cozinhe em fogo brando por aproximadamente 10 minutos, mexendo de vez em quando, até que os ingredientes comecem a caramelizar.

2 Acrescente o vinagre, mexa para deglaçar, e deixe borbulhar até evaporar. Acrescente o molho de ostra e cozinhe por mais 3 ou 4 minutos. Tempere e, então, deixe esfriar; depois coloque em um pote com tampa de rosca. Mantenha na geladeira por até uma semana, ou congele por até 6 semanas.

Geléia de pimenta chilli.

Manteigas e pastas

VOCÊ NÃO PRECISA TER TODO O TRABALHO DE FAZER UM MOLHO APENAS PARA COBRIR UM SIMPLES FILÉ DE PEIXE, ESPECIALMENTE OS DE PEIXES DE SABOR FORTE, COMO O SALMÃO, O SALMONETE E O ATUM. EM VEZ DISSO, ACRESCENTE CONDIMENTOS A UMA MANTEIGA SEM SAL DE BOA QUALIDADE E SIRVA-A EM FORMA DE BOLINHAS OU DE DELICADAS QUENELLES. DEPOIS DE BATER E HOMOGENEIZAR A MISTURA DE MANTEIGA, COLOQUE-A, COM UMA COLHER, SOBRE UM PEDAÇO GRANDE DE PLÁSTICO-FILME, E ENROLE-A EM FORMATO DE SALSICHA, ATÉ FICAR BEM LISA. APERTE BEM E COLOQUE NA GELADEIRA.

COMO ALTERNATIVA, COLOQUE A MANTEIGA TEMPERADA EM UM SACO DE CONFEITEIRO COM BICO E FAÇA PEQUENAS FORMAS SOBRE PLÁSTICO-FILME OU PAPEL-MANTEIGA. MAIS UMA VEZ, DEIXE NA GELADEIRA ATÉ FICAR FIRME. VOCÊ PODE CONGELAR MANTEIGA CONDIMENTADA POR ATÉ UM MÊS.

MANTEIGA DE ANCHOVAS

Use duas latas de 50 g de anchovas para esta manteiga condimentada de sabor forte.

INGREDIENTES

(para 8 a 10)

100 g de filés de anchova em óleo escorridos e enxutos
200 g de manteiga sem sal em temperatura ambiente
pimenta-do-reino moída na hora

Coloque os filés de anchova e a manteiga no processador. Bata até ficar homogêneo, raspando as laterais do recipiente com uma espátula uma vez ou duas. Tempere com pimenta, a gosto.

MANTEIGA DE ALHO E ERVAS

A quantidade de alho que você vai usar – entre 5 e 10 dentes – dependerá inteiramente de seu gosto pessoal.

INGREDIENTES

(para 8 a 10)

5 a 10 dentes de alho descascados e amassados
1 colher de chá de cada: estragão, salsa de folha lisa e alecrim, frescos e picados
200 g de manteiga sem sal em temperatura ambiente
sal marinho e pimenta-do-reino moída na hora

Misture o alho amassado com o estragão, a salsa e o alecrim. Com uma colher de pau, incorpore a manteiga. Como alternativa, bata o alho e as ervas no processador, e acrescente gradualmente a manteiga. Tempere a gosto com sal e pimenta.

MANTEIGA DE CHURRASCO

Essa receita dá mais certo quando a manteiga condimentada não está mole demais. Ela é boa para passar nos frutos do mar quando estiver fazendo um churrasco com carvão ao ar livre.

INGREDIENTES

(para 8 a 10)

1 colher de chá de Geléia de Pimenta Chilli (página 71) ou molho pronto de chilli suave
2 colheres de chá de mel fino
1 colher de sopa de suco de limão
25 g de folhas de hortelã fresca picadas
200 g de manteiga sem sal em temperatura ambiente
sal marinho e pimenta-do-reino moída na hora

Misture a geléia de pimenta chilli ou o molho pronto de chilli com o mel, o suco de limão e a hortelã picada. Mexendo com uma colher de pau, acrescente gradualmente a manteiga. Tempere a gosto com sal e pimenta.

MANTEIGA DE PÁPRICA

Use apenas páprica fresca para fazer esta manteiga, pois a páprica seca dá muito pouco sabor e pouca cor.

INGREDIENTES

(para 8 a 10)

200 g de manteiga sem sal, em temperatura ambiente + uma generosa bolinha extra
1 cebola pequena cortada em fatias finas
1 colher de chá cheia de páprica
sal marinho e pimenta-do-reino moída na hora

Derreta a bolinha de manteiga em uma caçarola pequena. Frite a cebola levemente por 5 minutos, ou até ficar macia, mas não dourada. Mexendo, acrescente a páprica e cozinhe apenas por alguns segundos. Retire do fogo e deixe esfriar até atingir a temperatura ambiente. Bata com a manteiga, temperando a gosto, até ficar homogênea.

MANTEIGA DE ROQUEFORT

Esta manteiga de queijo encorpada fica excelente servida com vários peixes de sabor encorpado, especialmente o linguado-gigante. Não há necessidade de acrescentar sal, uma vez que o queijo é salgado.

INGREDIENTES

(para 8 a 10)

150 g de roquefort, sem casca, em temperatura ambiente
150 g de manteiga sem sal, em temperatura ambiente
pimenta-do-reino moída na hora

Bata o queijo e a manteiga juntos até a mistura ficar homogênea, usando uma colher de pau. Tempere com pimenta, a gosto.

Da esquerda para a direita: manteiga de salsa clássica, manteiga de roquefort, manteiga de alho e ervas.

MANTEIGA DE SALSA CLÁSSICA

Uma mistura de salsas frescas de folha lisa e de folha crespa dá um sabor melhor do que usar apenas uma variedade. Esta manteiga combina bem com peixes chatos delicados, como o linguado, e também fica boa com robalo e bacalhau.

INGREDIENTES
(para 8 a 10)

75 g de salsa de folha lisa fresca bem picada
75 g de salsa de folha crespa fresca bem picada
200 g de manteiga sem sal, em temperatura ambiente
sal marinho e pimenta-do-reino moída na hora

Com uma colher de pau, bata as salsas picadas e a manteiga mole. Tempere a gosto, com sal e pimenta.

MANTEIGA DE OURIÇO-DO-MAR

Se você conseguir encontrar ouriços-do-mar, eles ficam maravilhosos nesta manteiga condimentada, que é também uma delícia misturada levemente a ovos mexidos, acrescentada ao molho velouté, ou misturada a massas frescas cozidas.

INGREDIENTES
(para 8 a 10)

3 ou 4 ouriços-do-mar preparados (página 37)
200 g de manteiga sem sal, em temperatura ambiente

Limpe com cuidado todos os detritos das lingüetas do ouriço-do-mar e passe-as por uma peneira fina, esfregando com as costas de uma colher de pau. Bata o purê resultante com a manteiga mole.

MIX DE ESPECIARIAS E CHILLI

Uso esta mistura condimentada como tempero em pasta — assim como um cozinheiro indiano usa uma pasta de curry — para realçar molhos, ou cuscuz, por exemplo. Esta receita rende o suficiente para encher um pote de geléia de tamanho padrão. Guarde tudo na geladeira, ou dê uma porção desta delícia de presente a um amigo cozinheiro.

INGREDIENTES
(para aproximadamente 300 ml)

2 pimentões vermelhos grosseiramente picados
1 pimentão amarelo grosseiramente picado
6 dentes de alho grandes grosseiramente picados
50 g de gengibre descascado e grosseiramente picado
2 pimentas chillies vermelhas frescas suaves sem sementes
1 colher de chá de sementes de cominho
¼ colher de chá de sementes de coentro
3 anises-estrelados quebrados
1 colher de chá de curry em pó suave
2 pitadas generosas de noz-moscada
2 colheres de sopa de óleo de girassol + um pouco para cobrir

1 Coloque os pimentões, o alho, o gengibre e as pimentas chillies no processador. Bata até se formar uma pasta bem homogênea, raspando as laterais do recipiente uma vez ou duas.
2 Coloque as sementes de cominho, as sementes de coentro e os pedaços de anis-estrelado em um moedor elétrico de temperos ou em um pilão. Moa ou soque até virar um pó o mais fino possível. Misture com o curry em pó e a noz-moscada.
3 Aqueça as 2 colheres de sopa de óleo em uma frigideira e frite a pasta de pimentões, mexendo, por 1 minuto. Misture os temperos moídos e cozinhe em fogo brando por 3 minutos, mexendo uma vez ou duas.
4 Com uma colher, coloque em um pote com tampa de rosca e cubra a superfície com uma camada fina de óleo de girassol. Deixe esfriar, depois tampe e guarde na geladeira por até 10 dias.

TAPENADE

Esta pasta aromática de alcaparras e azeitonas nos saúda originalmente da Provença, onde ela é servida, como aperitivo, sobre pães ou torradas. Uso minha receita como um condimento multiuso: espalhado sobre filés grelhados de peixe ou como molho para croûtes (torradas ou tiras crocantes de vegetais).

INGREDIENTES

(para aproximadamente 200 ml)

uma lata de 50 g de filés de anchova em óleo, bem escorridos
200 g de azeitonas pretas sem caroço
2 colheres de sopa de alcaparras escorridas
1 dente de alho amassado
1 colher de sopa de azeite extravirgem
azeite para cobrir

Simplesmente bata todos os ingredientes juntos no processador, até a mistura ficar homogênea. Com uma colher, coloque em um pote com tampa de rosca, cubra a superfície com uma fina camada de azeite e feche bem. A tapenade pode ser mantida na geladeira por aproximadamente uma semana.

PESTO FRESCO

Uso pesto fresco freqüentemente, para guarnecer peixes assados de panela, às vezes afinando-o com água ou vinagrete e colocando-o em uma bisnaga. Certifique-se de que os pignoli estejam absolutamente frescos, pois pignoli passados podem estragar o pesto, e desperdiçar uma grande quantidade de azeitonas e manjericão bons. Os puristas usariam um pilão, mas eu sugiro usar um processador, uma vez que esta receita tem uma consistência de molho fino.

INGREDIENTES

(para aproximadamente 300 ml)

50 g de pignoli
50 g de dentes de alho grosseiramente picados
50 g de queijo parmesão ralado na hora, bem fino
30 g de folhas de manjericão frescas
120 ml de azeite extravirgem

1 Coloque os pignoli, o alho e o queijo parmesão no processador, e bata até obter uma mistura esfarelada fina.
2 Com o processador ainda ligado, coloque as folhas de manjericão na máquina, pela abertura superior. Acrescente o azeite devagar, deixando escorrer apenas um fio, e bata até fica homogêneo e cremoso. Com uma colher, coloque em um pote com tampa de rosca e mantenha na geladeira por até 10 dias.

PURÊ DE MANJERICÃO FRESCO

Este purê dá cor e sabor extraordinários a molhos para peixe – uma idéia muito simples é apresentada na receita de Tagliatelle com Molho de Manjericão e Atum da página 136. Você também pode usá-lo para colorir massa de macarrão (página 132). Nesse caso, acrescente 2 colheres de chá do purê no lugar de um dos ovos.

INGREDIENTES

(para aproximadamente 300 ml)

1 ramo grande de manjericão fresco

1 Retire as folhas do ramo de manjericão. Branqueie-as em água fervente por apenas um minuto; escorra e enxágüe em água corrente fria. Escorra bem novamente e seque-as com papel-toalha.
2 Bata no processador ou no liquidificador, até obter um purê bem fino, raspando as laterais do recipiente uma vez ou duas. Passe o purê por uma peneira, esfregando com as costas de uma concha ou de uma colher de pau.
3 Guarde o purê na geladeira, em um pote bem fechado. Ele dura alguns dias.

Vinagretes

VINAGRETE CLÁSSICO

Às vezes, um simples molho leve é o que basta para ressaltar os sabores sutis de peixes grelhados, assados de panela ou cozidos no vapor. Usado para temperar lascas de peixe e saladas de folhas, ele também o parte integral de uma entrada leve ou prato principal. Minha receita de vinagrete usa vinagre xerez, para dar ao molho uma boa intensidade de sabor. A mistura de vários óleos mantém a consistência leve.

INGREDIENTES

(para 350 ml)

50 ml de vinagre xerez
125 ml de azeite extravirgem
125 ml de azeite
50 ml de óleo de amendoim
1 colher de sopa de suco de limão fresco
sal marinho e pimenta-do-reino moída na hora

Simplesmente bata todos os ingredientes juntos em uma tigela ou jarra, para formar uma emulsão leve. Tempere com uma pitada generosa de sal e outra de pimenta, e sirva. Guarde o vinagrete em um pote com tampa de rosca, e agite antes de usar.

VINAGRETE DE CAPIM-LIMÃO

INGREDIENTES

1 talo de capim-limão fresco
2 colheres de sopa de azeite
350 ml de Vinagrete Clássico (acima)

Divida o talo de capim-limão ao meio, e pique-o muito bem. Aqueça o azeite levemente e acrescente a ele o capim-limão. Deixe em infusão por 3 ou 4 horas. Coe o azeite e misture-o ao vinagrete.

VINAGRETE DE ÉCHALOTE E ERVAS

INGREDIENTES

1 échalote média cortada em fatias finas
1 colher de sopa de ervas frescas picadas (ex.: manjericão, estragão e cerefólio)
350 ml de Vinagrete Clássico (à esquerda)

Misture a échalote com as ervas e acrescente-as ao vinagrete, mexendo.

VINAGRETE DE AVELÃ

Substitua o azeite extravirgem por óleo de avelã na receita de Vinagrete Clássico (à esquerda).

VINAGRETE DE CAVIAR

INGREDIENTES

175 ml de Vinagrete Clássico (à esquerda)
1 colher de sopa de caviar

Faça o vinagrete e bata-o junto com o caviar imediatamente antes de servir.

VINAGRETE CREMOSO

Este vinagrete, enriquecido e engrossado com creme de leite, pode ser usado para temperar saladas de folhas, minilegumes quentes, ou peixes simplesmente cozidos em líquido ou no vapor.

INGREDIENTES

(para 280 ml)

150 ml de azeite extravirgem
50 ml de óleo de amendoim
2 colheres de sopa de vinagre xerez
50 ml de creme de leite
sal marinho e pimenta-do-reino moída na hora

Em uma tigela ou jarra, bata os óleos com o vinagre. Bata levemente o creme, e acrescente-o ao molho. Tempere bem com sal e pimenta, e sirva.

MOLHO CREMOSO DE MOSTARDA

INGREDIENTES

2 colheres de sopa de mostarda em grãos
280 ml de Vinagrete Cremoso (acima)

Simplesmente bata a mostarda com o Vinagrete Cremoso.

VINAGRETE CREMOSO DE DILL E MOSTARDA DOCE

INGREDIENTES

280 ml de Vinagrete Cremoso (acima)
1 colher de sopa de dill fresco
2 colheres de sopa de mostarda com mel ou 4 colheres de sopa de mostarda em grãos

Faça o Vinagrete Cremoso e bata-o com o dill e a mostarda.

Da frente para trás: Vinagrete de Capim-limão, Vinagrete de Échalote e Ervas, Vinagrete Clássico.

Sopas

Sopa Belle-mère

PEIXES E CRUSTÁCEOS SÃO SINÔNIMOS DE SOPAS. ESTE EXEMPLO EM PARTICULAR É UMA ÓTIMA SOPA PARA A FAMÍLIA, QUE FREQÜENTEMENTE APRECIAMOS NOS FINS DE SEMANA. ELA É ESPECIALMENTE ACOLHEDORA EM UM DOMINGO FRIO E ÚMIDO.

INGREDIENTES
(para 4 a 6 pessoas)

1 colher de sopa de azeite
70 g de pancetta ou bacon sem pele e picado
25 g de manteiga
1 cebola cortada em fatias finas
1 batata média descascada e picada
1 litro de Caldo de Frango (página 61) ou Caldo de Peixe (páginas 58 e 59)
200 g de filé de hadoque defumado, sem pele e picado
200 g de filé de bacalhau ou hadoque, sem pele e picado
250 g de milho verde, fresco ou congelado
120 g de camarões descascados cozidos, descongelados, se for o caso
2 colheres de sopa de creme de leite (opcional)
algumas gotas de Tabasco (opcional)
1 colher de sopa de salsa fresca picada
sal marinho e pimenta-do-reino moída na hora

1 Em uma caçarola grande, aqueça o azeite e salteie levemente a pancetta picada ou o bacon por aproximadamente 5 minutos, até ficar crocante, mas não dourado. Escorra o óleo e reserve a pancetta ou bacon em papel-toalha.
2 Derreta a manteiga na mesma caçarola. Acrescente a cebola e a batata e aqueça até que comecem a chiar. Cozinhe-as em fogo brando por aproximadamente 5 minutos, até ficarem macias.
3 Coloque a pancetta novamente na panela, acrescente o caldo e espere ferver. Ferva em fogo brando, sem tampa, por 12 minutos, ou até a batata ficar macia. Mexendo, acrescente os peixes picados e deixe ferver em fogo brando por aproximadamente 5 minutos.
4 Acrescente o milho-verde e os camarões, e cozinhe por mais 3 minutos. A este altura, os peixes devem estar soltando lascas, e a sopa levemente encorpada. Mexendo, acrescente o creme de leite, se estiver usando, e tempere a gosto. Se quiser um sabor picante, acrescente algumas gotas de Tabasco nesse momento. Misture a salsa e sirva.

ALTERNATIVAS:
ESCAMUDO, BADEJO

BEBIDAS RECOMENDADAS:
ÁGUA MINERAL OU UM TISANE LEVE, COMO LINDEN LEAF, VERVAINE OU CHÁ DE FOLHAS VERDES.

Mulligatawny de camarão e manga

CAMARÕES E MANGA SÃO UMA COMBINAÇÃO SURPREENDENTEMENTE BOA. ESTA SOPA FICA BEM COMO UM PRIMEIRO PRATO, POIS VOCÊ PODE PREPARÁ-LA COM ANTECEDÊNCIA E DEPOIS AQUECÊ-LA. VOCÊ PODE USAR TANTO CAMARÕES-TIGRE CRUS OU CAMARÕES DE ÁGUAS FRIAS COZIDOS. CERTIFIQUE-SE DE QUE A MANGA ESTEJA BEM MADURA, PARA ASSEGURAR UM BOM EQUILÍBRIO DE SABORES.

INGREDIENTES

(para 4 a 6 pessoas)

2 colheres de sopa de azeite
2 cenouras médias cortadas em fatias finas
1 cebola pequena cortada em fatias finas
1 alho-poró médio (apenas a parte branca) cortado em fatias finas
1 talo de aipo cortado em fatias finas
1 dente grande de alho amassado
1 batata média descascada e cortada em fatias finas
300 g de camarões-tigre crus ou camarões de águas frias cozidos e descascados
1 colher de chá de curry em pó suave
uma pitada generosa de pistilos de açafrão
300 g de tomate italiano, sem pele e sem sementes, picado
100 g de arroz basmati
1,2 litro de Caldo de Peixe (paginas 58 e 59)
½ manga madura pequena picada
4 colheres de sopa de creme de leite com baixo teor de gordura
sal marinho e pimenta-do-reino moída na hora
2 colheres de chá de salsa fresca picada

1 Em uma caçarola grande, aqueça o azeite e acrescente a cenoura, a cebola, o alho-poró, o aipo, o alho e a batata. Salteie levemente por 5 minutos, até ficarem macios. Pique metade dos camarões e coloque-os na panela juntamente com o curry, os pistilos de açafrão e os tomates picados. Cozinhe por mais 5 minutos.
2 Enquanto isso, coloque 200 mililitros de água em outra caçarola. acrescente o arroz e deixe ferver. Abaixe o fogo, tampe e cozinhe em fogo brando por 10 minutos. Retire do fogo sem erguer a tampa e reserve.
3 Coloque o caldo na panela, com os legumes e os camarões. Deixe ferver; então, abaixe o fogo e cozinhe em fogo brando por 15 minutos. Retire do fogo e espere a sopa esfriar um pouco.
4 Coloque a sopa no processador ou liquidificador e bata até ficar bem homogênea, raspando as laterais do recipiente uma vez ou duas. Passe por uma peneira, esfregando com as costas de uma concha ou de uma colher de pau.
5 Coloque a sopa novamente na panela. Misture o arroz e a manga, e deixe ferver em fogo brando. Enquanto isso, se estiver usando camarões-tigre, corte os camarões restantes ao meio, no sentido do comprimento. Coloque-os na panela. Cozinhe por 3 minutos e, então, acrescente o creme de leite, mexendo. Se a sopa estiver grossa demais, acrescente um pouco de água fervente, para deixá-la mais fina. Tempere e sirva quente, salpicando a salsa por cima.

ALTERNATIVAS:
CARANGUEJOS, VIEIRAS

VINHOS RECOMENDADOS:
CONDRIEU "LA DORIANE", ETIENNE GUIGAL

Sopa de funcho com bacalhau assado de panela

UMA SOPA CREMOSA, PERFUMADA, QUE CONTÉM CUBOS DE BACALHAU FRITO, QUE LHE DÃO MAIS SABOR E TEXTURA. O SABOR PECULIAR DE ANIS DO FUNCHO FICA REALÇADO COM UM TOQUE DE ANIS-ESTRELADO, E CONTRASTA PERFEITAMENTE COM O SABOR DELICADO DO PEIXE. FATIAS DE PÃO DE NOZES QUENTE SÃO UM ACOMPANHAMENTO DELICIOSO.

1 Em uma caçarola grande, aqueça metade do azeite, e salteie levemente a échalote e o funcho com os anises-estrelados, por aproximadamente 10 minutos, até ficarem macios, mas não dourados. Acrescente o vinho e cozinhe por mais 5 minutos aproximadamente, até reduzir bem e ficar quase com consistência de xarope. Coloque o caldo, tempere e deixe ferver. Tampe a panela e abaixe o fogo. Deixe ferver em fogo brando por aproximadamente 25 minutos.

2 Retire os anises-estrelados e acrescente o creme, mexendo. Deixe ferver em fogo brando, sem tampa, por aproximadamente 3 minutos. Coloque no processador e bata até ficar homogêneo. Passe o purê por uma peneira, colocada sobre uma tigela, esfregando com as costas de uma concha ou de uma colher de pau. Coloque-o novamente na panela e tempere a gosto. Mexendo, acrescente o dill. Aqueça a sopa novamente se for necessário, e mantenha-a aquecida.

3 Em uma frigideira antiaderente, aqueça o restante do azeite até que comece a sair fumaça. Cozinhe os cubos de bacalhau, sem mexer, até ficarem dourados na base. Vire-os com cuidado e cozinhe o outro lado por 1 ou 2 minutos, para dourar. Tome cuidado para não cozinhar demais. Tempere levemente o peixe.

4 Com uma concha, coloque a sopa em quatro pratos de sopa aquecidos e, com uma colher, disponha os cubos de bacalhau no centro. Sirva imediatamente.

INGREDIENTES

(para 4 pessoas)

2 colheres de sopa de azeite
1 échalote grande picada
1 bulbo grande de funcho picado
4 anises-estrelados
100 ml de vinho branco seco
1 litro de Caldo de Peixe (páginas 58 e 59)
100 ml de creme de leite
2 colheres de chá de dill fresco picado
200 g de filé de bacalhau, sem pele e cortado em cubos de 1 cm
sal marinho e pimenta-do-reino moída na hora

ALTERNATIVAS:
HADOQUE, MERLUZA, BADEJO

BEBIDAS RECOMENDADAS:
ÁGUA MINERAL, XEREZ MANZANILLA OU UM CHARDONNAY SUAVE, SEM NOTAS DE CARVALHO (POR EXEMPLO, CHABLIS PREMIER CRU)

Sopa italiana de peixe clássica

ESTA SOPA É UMA EXCELENTE REFEIÇÃO, CHEIA DO ESPÍRITO E DA VIVACIDADE DOS ITALIANOS. VOCÊ DEVE ENCONTRAR A MAIORIA DOS PEIXES EM UMA BOA PEIXARIA. SE NÃO CONSEGUIR, SUBSTITUA QUALQUER DOS PEIXES QUE NÃO ESTIVER DISPONÍVEL POR UM PEIXE EQUIVALENTE, OU SIMPLESMENTE DEIXE-O FORA DA RECEITA. A SOPA FICA ÓTIMA SERVIDA COM CROÛTONS FEITOS COM FATIAS DE BAGUETE.

1 Se necessário, retire as escamas e limpe os peixes, depois retire as cabeças, as barbatanas e as guelras, e descarte-as. Pique todos os peixes. Corte as lulas, se não forem muito miúdas. Misture os peixes e as lulas com metade do açafrão e metade do azeite, e reserve.

2 Aqueça uma caçarola grande com água suficiente para cobrir o fundo, e acrescente os mexilhões e vôngoles. Espere ferver, tampe e cozinhe em fogo brando por alguns minutos, até que as conchas se abram. Descarte as conchas que não se abrirem, e reserve as restantes até que estejam suficientemente frias para serem manuseadas. Escorra, reservando o líquido da panela para usar mais tarde. Retire a carne das conchas e reserve. Descarte as conchas.

3 Acrescente o restante do azeite à panela e junte a cebola, o alho, o funcho, o aipo, os tomates e o purê de tomate, e mexa. Aqueça até que comecem a chiar; então, abaixe o fogo. Tampe e cozinhe por aproximadamente 10 minutos, até que os legumes estejam levemente dourados e macios.

4 Amarre a salsa, o tomilho, a sálvia e as folhas de louro com barbante de cozinha e coloque-os na panela. Em seguida, acrescente os peixes e a lula, e cozinhe, mexendo, até adquirirem uma cor leve. Misture o conhaque e cozinhe por mais 2 minutos. Junte o vinho e ferva em fogo brando até que todo o líquido evapore.

5 Acrescente aproximadamente 1,5 litro de água, ou o suficiente para cobrir, e também os mexilhões e os vôngoles com seu líquido reservado na panela. Espere ferver. Tempere e coloque 2 ramos grandes de manjericão. Tampe e deixe ferver em fogo brando por aproximadamente 20 minutos. À medida que o peixe for ficando macio, quebre a carne com uma colher de pau. Retire do fogo e deixe esfriar por aproximadamente 20 minutos.

6 Retire, então, o ramo de ervas, e bata a sopa no processador até ficar homogênea. Você terá que fazer isso por partes. Passe o purê por uma peneira grande colocada sobre uma tigela ou uma caçarola grande, esfregando com as costas de uma concha ou de uma colher de pau. Descarte os detritos de espinhas e de legumes que não passarem pela peneira. Aqueça novamente a sopa e verifique o tempero. Guarneça com algumas folhas de manjericão, e sirva imediatamente.

INGREDIENTES

(para 8 pessoas)

400 g de sardinhas frescas
1 dourada (dorade royale) de aproximadamente 650 g
1 salmonete pequeno
200 g de rabo de tamboril cortado em filés
200 g de lulas miúdas preparadas
2 pitadas de pistilos de açafrão
100 ml de azeite extravirgem
300 g de mexilhões frescos sem as "barbas"
200 g de vôngoles frescos escovados
1 cebola pequena picada
2 dentes de alho grandes picados
2 colheres de sopa de bulbo de funcho picado
1 talo de aipo grande picado
250 g de tomates italianos maduros, sem pele e sem sementes, picados
2 colheres de chá de purê de tomate
ramos de salsa e tomilho frescos
2 folhas frescas de cada: sálvia e louro
4 colheres de chá de conhaque
200 ml de vinho branco seco italiano
ramos de manjericão fresco
sal marinho e pimenta-do-reino moída na hora

VINHO RECOMENDADO:
PINOT GRIGIO

Sopa de mexilhão com coentro

QUANDO OS MEXILHÕES ESTÃO BARATOS E ABUNDANTES, ESTA É UMA SOPA PARA PREPARAR PARA UM ALMOÇO OU JANTAR LEVE, E SERVIR COM LASCAS DE PÃO FRESCO CROCANTE. NÃO HÁ NECESSIDADE DE FAZER CALDO DE PEIXE ANTES, UMA VEZ QUE ELE É PARTE DA RECEITA. UMA MIREPOIX – MISTURA DE LEGUMES PICADINHOS – FAZ INFUSÃO NA SOPA COM SEUS SABORES SUTIS E DELICADOS.

1 Derreta a manteiga em uma caçarola grande. Acrescente a cebola e o vinho, e cozinhe até borbulhar. Coloque os mexilhões, cubra com uma tampa bem encaixada e abaixe o fogo. Cozinhe de 5 a 7 minutos, sacudindo a panela levemente uma vez ou duas, até que as conchas se abram. Descarte os mexilhões que ainda estejam fechados. Escorra em uma tigela e reserve o líquido e os mexilhões separadamente. Quando estiverem frios o suficiente para serem manuseados, retire a carne das conchas e reserve-a. Descarte as conchas e a cebola.

2 Aqueça o azeite na mesma caçarola e acrescente a échalote, a cenoura, o alho-poró, o funcho e o alho (a mirepoix de legumes) juntamente com o tomilho, as sementes de coentro e o açafrão. Tampe e cozinhe em fogo brando por aproximadamente 5 minutos. Junte os tomates e a batata, tampe novamente e abafe por mais 5 minutos. Acrescente o Pernod e cozinhe, sem tampa, por um minuto ou dois, até o líquido evaporar completamente. Coloque o vermute e continue cozinhando até reduzir pela metade.

3 Mexendo sempre, acrescente o líquido dos mexilhões reservado, metade dos mexilhões e 750 ml de água. Tempere levemente. Espere ferver, e cozinhe em fogo brando por 15 minutos. Retire do fogo. Descarte o tomilho, junte o coentro fresco picado e deixe em infusão por aproximadamente 5 minutos.

4 Coloque a mistura no processador e bata até que fique homogênea. Passe-a por uma peneira, transferindo para outra panela, esfregando com as costas de uma concha ou de uma colher de pau (se a sopa parecer grossa demais, adicione um pouco de água para deixá-la mais fina). Acrescente o restante dos mexilhões e aqueça novamente. Verifique o tempero e sirva.

INGREDIENTES

(para 4 pessoas)

25 g de manteiga
3 a 4 fatias de cebola
1 échalote cortada em fatias finas
4 colheres de sopa de vinho branco seco
1 kg de mexilhões frescos, escovados e sem as "barbas"
2 colheres de sopa de azeite de oliva
1 cenoura cortada em cubos pequenos
1 alho-poró (apenas a parte branca) cortado em cubos pequenos
½ bulbo pequeno de funcho cortado em cubos pequenos
2 dentes grandes de alho picados
1 ramo de tomilho fresco
½ colher de chá de sementes de coentro amassadas
uma pitada generosa de pistilos de açafrão
2 tomates italianos médios, sem pele e sem sementes, picados
1 batata pequena descascada e cortada em cubos pequenos
1 colher de sopa de Pernod
100 ml de Noilly Prat ou outro vermute seco
1 colher de sopa de coentro fresco picado
sal marinho e pimenta-do-reino moída na hora

VINHOS RECOMENDADOS:
CHARDONNAY DA CALIFÓRNIA OU DA AUSTRÁLIA

Sopa de camarão-tigre picante

UM SOPA EXÓTICA, CHEIA DOS SABORES DO ORIENTE, ACENTUADA COM PASTA DE HARISSA AROMÁTICA. VOCÊ PODE COMPRAR AÇÚCAR DE PALMEIRA EM LOJAS DE PRODUTOS DE CULINÁRIA ASIÁTICA, MAS SE NÃO CONSEGUIR ENCONTRAR, USE UM AÇÚCAR MASCAVO LEVE PARA SUBSTITUÍ-LO. EU FAÇO MEU PRÓPRIO GENGIBRE EM CONSERVA, COZINHANDO FATIAS FINAS DE GENGIBRE EM GRENADINE (LICOR DE ROMÃ) DE COR ROSA VÍVIDA. ENTRETANTO, VOCÊ PODE USAR GENGIBRE JAPONÊS EM CONSERVA, VENDIDO EM SUPERMERCADOS ORIENTAIS PARA USAR COM SUSHI, SE NÃO TIVER TEMPO DE FAZER O SEU PRÓPRIO. INSISTO EM QUE VOCÊ EXPERIMENTE ESTA SOPA, POIS SEUS CONVIDADOS COM CERTEZA VÃO COMENTAR!

INGREDIENTES

(para 4 a 6 pessoas)

3 talos frescos de capim-limão cortados em fatias finas
1 colher de sopa de azeite
1 dente grande de alho picado
1 colher de chá de Harissa Fresco (página 70)
1 pimenta chilli vermelha fresca grande, sem sementes e cortada em fatias finas
1 pimenta chilli verde fresca grande, sem sementes e cortada em fatias finas
2 colheres de chá de gengibre em conserva
2 colheres de chá de açúcar de palmeira ou açúcar mascavo leve
1 colher de sopa de folhas de coentro fresco picadas
1 litro de Caldo de Frango (página 61)
casca ralada e suco de 2 limas
400 g de camarões-tigre crus descascados
12 pontas de aspargos
2 colheres de sopa de ervilhas
2 colheres de sopa de favas
1 colher de sopa de manjericão fresco picado
sal marinho e pimenta-do-reino moída na hora

1 Enrole o capim-limão em um pequeno pedaço de musselina e amarre-o com barbante de cozinha. Coloque o saquinho de musselina em uma caçarola grande com o azeite, o alho e a harissa. Aqueça até chiar; então, cozinhe em fogo brando por aproximadamente 5 minutos.

2 Acrescente as pimentas chillies, o gengibre, o açúcar e o coentro, e cozinhe por mais 5 minutos. Coloque o caldo e também a casca e o suco de lima. Salpique um pouco de sal para temperar. Deixe ferver e cozinhe em fogo brando por 5 minutos.

3 Coe o caldo, descartando o saquinho de musselina e os temperos, e coloque-o novamente na panela. Acrescente os camarões e, então, deixe ferver. Cozinhe em fogo brando por 2 minutos. Acrescente os aspargos, as ervilhas e as favas e deixe ferver em fogo brando por mais 2 minutos. Ajuste o tempero, se necessário. Salpique o manjericão sobre o caldo e sirva.

VINHO RECOMENDADO:
CÔTE DU LUBÉRON ROSE

Sopa de caranguejo e milho-verde com bolinhos de caranguejo

CARANGUEJO E MILHO-VERDE SÃO PARCEIROS NATURAIS, SEUS SABORES IGUALMENTE INCONFUNDÍVEIS. ESTA SOPA É FEITA AO ESTILO CAJUN: ENGROSSADA COM UM ROUX CLÁSSICO, BEM COZIDA PARA ACENTUAR O SABOR E SERVIDA COM BOLINHOS TEMPERADOS COM CHILLI. CAMARÕES FRESCOS MERECEM MILHO-VERDE FRESCO.

INGREDIENTES

(para 6 pessoas)

1 caranguejo grande cozido
6 espigas de milho
1 litro de Caldo de Frango (página 61)
100 g de manteiga
1 cebola grande picada
50 g de farinha de trigo + 2 colheres de sopa para cobrir os bolinhos
500 ml de leite
3 colheres de sopa de azeite
1 pimenta chilli verde fresca pequena sem semente e bem picada
30 g de farelo de pão fresco
1 clara de ovo pequena levemente batida
½ colher de chá de pimenta chilli em pó suave
ramos de salsa de folha lisa e coentro frescos, para servir
sal marinho e pimenta-do-reino moída na hora

VINHO RECOMENDADO:
SAUVIGNON BLANC DA NOVA ZELÂNDIA

1 Retire cerca de 120 gramas de carne branca do caranguejo e reserve em uma tigela. Retire a carne branca restante, e a escura, e reserve-as em outra tigela.

2 Retire as cascas e os "cabelos" das espigas de milho (e reserve as cascas). Rale os grãos de uma das espigas e, então, pressione-os contra uma peneira pequena para extrair o líquido leitoso. Reserve a polpa e o suco, separadamente. Corte os grãos das outras espigas. Reserve-os.

3 Em uma caçarola grande, misture o caldo, as cascas do milho, o suco de milho reservado e a concha do caranguejo, e deixe ferver. Abaixe o fogo e cozinhe em fogo brando por aproximadamente 15 minutos. Coe o caldo, transferindo-o para uma tigela, e descarte as cascas do milho e a concha.

4 Derreta a manteiga na panela e salteie a cebola por 5 minutos, ou até ficar macia. Mexendo, acrescente os 50 gramas de farinha de trigo. Cozinhe por 2 minutos ou até que o roux fique com uma cor dourado-clara. Gradualmente, coloque o caldo reservado e o leite, e mexa até ficar homogêneo. Tempere e deixe ferver. Mexendo, acrescente os grãos de milho que não foram ralados e as carnes do caranguejo. Ferva em fogo brando por 10 minutos, mexendo de vez em quando.

5 Faça os bolinhos de caranguejo. Em uma caçarola pequena, aqueça 1 colher de chá de azeite e frite levemente a pimenta chilli verde por 2 ou 3 minutos, até ficar macia. Acrescente-a à carne branca do caranguejo, junto com o milho ralado, o farelo de pão, ½ colher de chá de sal, um pouco de pimenta e clara de ovo apenas suficiente para formar uma mistura firme. Enrole umas 6 bolinhas pequenas e role-as em farinha de trigo, para cobri-las por igual.

6 Em uma frigideira pequena, aqueça 2 colheres de sopa do azeite restante e frite os bolinhos por 3 minutos de cada lado, ou até ficarem dourados e firmes. Escorra-os e mantenha-os aquecidos. Limpe a frigideira com papel-toalha. Aqueça nela o restante do azeite com a chilli em pó, até ficar dissolvida. Mantenha aquecido.

7 Bata a sopa no processador até ficar homogênea; passe-a por uma peneira, numa caçarola limpa. Verifique o tempero e deixe ferver em fogo brando. Coloque-a em 6 pratos de sopa aquecidos. Ponha um bolinho no centro, e salpique o azeite com chilli. Guarneça com salsa ou coentro e sirva imediatamente.

Sopa gelada de melão e lagosta

ESTA SOPA DIFERENTE E REFRESCANTE, COM ROBUSTOS PEDAÇOS DE LAGOSTA E LASCAS DE MELÃO QUE PURIFICAM O PALADAR, É POPULAR NO SUL DA FRANÇA. SERVIDA EM PEQUENAS CANECAS COM DELICADAS COLHERES, SERÁ UMA ELEGANTE ENTRADA EM UMA NOITE DE VERÃO. CERTIFIQUE-SE DE USAR MELÕES MADUROS BEM SABOROSOS E DE RESFRIAR BEM A SOPA ANTES DE SERVIR.

INGREDIENTES
(para 6 pessoas)

¼ de melancia pequena madura (de aproximadamente 800 g), sem sementes e cortada em cubos pequenos
2 melões maduros, sem sementes e cortados em cubos pequenos
10 g de folhas de manjericão fresco grosseiramente picadas + folhas pequenas para guarnecer
casca ralada e suco de 1 lima
1 colher de chá de Pernod
100 ml de suco de laranja feito na hora
200 g de carne de lagosta cozida cortada em pequenos pedaços
1 colher de sopa de Vinagrete Clássico (página 76)

1 Em uma tigela grande, misture a melancia, o melão, o manjericão, a casca de lima, o Pernod e o suco de laranja. Mexa bem. Cubra e deixe na geladeira por pelo menos 6 horas, ou de um dia para o outro, se possível.

2 Reserve algumas lascas de melão e bata as frutas e o líquido gelados no processador; então, passe por uma peneira, esfregando com as costas de uma concha ou de uma colher de pau. Coloque no freezer por pelo menos meia hora, enquanto prepara a lagosta, ou deixe na geladeira de um dia para o outro.

3 Misture a lagosta com o vinagrete e deixe marinar por meia hora.

4 Com uma colher, distribua a lagosta em seis tigelas. Misture o suco de lima com a sopa de melão e melancia, e coloque sobre a lagosta. Guarneça com as folhas frescas de manjericão e lascas de melão, e sirva imediatamente.

ALTERNATIVAS:
LAGOSTINS COZIDOS, CAMARÕES-TIGRE

VINHOS RECOMENDADOS:
VINHO DO PORTO BRANCO GELADO OU PINOT BLANC

Sopa pistou com camarões

ESTA SOPA COLORIDA COMBINA ESPECIALMENTE COM UM ALMOÇO LEVE COM OS AMIGOS. OS CAMARÕES A TORNAM POPULAR, MAS, PARA UMA MUDANÇA SUTIL DE SABOR, VOCÊ PODE USAR PEQUENAS LASCAS DE TAMBORIL. A SOPA É UMA BOA OPÇÃO PARA O INVERNO, PORÉM PODE SER FACILMENTE TRANSFORMADA EM UM PRATO DE VERÃO, SE NÃO USARMOS O BACON, O REPOLHO E OS COGUMELOS.

INGREDIENTES

(para 4 a 6 pessoas)

18 lagostins ou camarões-tigre crus
2 colheres de sopa de azeite
1 batata pequena descascada e cortada em cubos pequenos
2 cenouras médias cortadas em cubos pequenos
1 abobrinha média cortada em cubos pequenos
1 alho-poró médio cortado em fatias finas
1 cebola pequena cortada em fatias finas
1 dente grande de alho amassado
100 g de bacon defumado, sem a pele e cortado em tiras finas
100 g de feijão-branco cozido
100 g de cogumelos silvestres fatiados (de preferência os de cor clara)
1 litro de Caldo de Frango (página 61), Caldo de Peixe (páginas 58 e 59) ou Nage de Legumes (página 61)
100 g de repolho verde bem picado
3 a 4 folhas grandes de manjericão fresco bem picado
2 a 4 colheres de chá de Pesto Fresco (página 75)
sal marinho e pimenta-do-reino moída na hora

1 Descasque os lagostins ou os camarões, e reserve-os. Em uma caçarola grande, aqueça o azeite e acrescente a batata, a cenoura, a abobrinha, o alho-poró, a cebola, o alho e o bacon. Frite levemente por 10 minutos, mexendo de vez em quando. Acrescente os feijões e os cogumelos e cozinhe por 5 minutos. Mexendo, acrescente o caldo, tempere e deixe ferver. Abaixe o fogo e cozinhe em fogo brando por 10 minutos.

2 Enquanto isso, branqueie o repolho em um pouco de água fervente por não mais que um minuto. Escorra e esfrie em água fria, e reserve-o.

3 Acrescente os lagostins ou camarões à sopa fervente e cozinhe por 2 minutos. Mexendo sempre, acrescente o repolho e as folhas de manjericão. Aqueça novamente apenas até o ponto de fervura, e verifique o tempero.

4 Para servir, use duas colheres de chá para dar formato de quenelles ao pesto. Com uma concha, coloque a sopa em tigelas aquecidas e ponha uma quenelle no centro de cada uma delas.

ALTERNATIVA:
TAMBORIL

BEBIDA RECOMENDADA:
UMA CERVEJA LEVE, BEM GELADA

Entradas

Escabeche de sardinhas

OS ESPANHÓIS E OS MEXICANOS TÊM UMA MANEIRA DE MARINAR PEIXES EM UM MOLHO TEMPERADO IMEDIATAMENTE DEPOIS DE COZINHAR. O PEIXE É BANHADO EM MOLHO DE VINAGRE BALSÂMICO E AZEITE, ABSORVENDO OS SABORES DO AÇAFRÃO, DO COENTRO E DO ANIS-ESTRELADO. O PRATO É, ENTÃO, SERVIDO EM TEMPERATURA AMBIENTE, PARA APROVEITAR O MÁXIMO DE TODOS OS SEUS MARAVILHOSOS SABORES.

INGREDIENTES
(para 4 pessoas)

6 sardinhas de 300 g, inteiras ou cortadas em filés, com pele
100 ml de azeite
1 échalote grande cortada em fatias finas
1 cenoura média cortada em fatias finas
½ colher de chá de sementes de coentro levemente amassadas
1 anis-estrelado
uma pitada generosa de pistilos de açafrão
1 colher de chá de vinagre de vinho branco
1 colher de chá de vinagre balsâmico
salsa fresca picada, para guarnecer
sal marinho e pimenta-do-reino moída na hora

1 Esta receita é mais fácil de fazer com simples filés de sardinha. Entretanto, se você desejar servir o peixe como filés-borboleta, peça ao peixeiro que tire apenas as vísceras e limpe os peixes normalmente. Retire as cabeças e barbatanas. Corte o peixe, abrindo-o pelo lado da barriga e coloque-o aberto sobre uma tábua, com a carne para baixo. Pressione firmemente a espinha dorsal, depois vire o peixe e retire o esqueleto inteiro com os dedos, cortando o rabo (deixe o rabo, se preferir). O esqueleto deve sair com facilidade. Se for usar filés, apare as bordas e tire todas as espinhas que encontrar. Tempere o peixe. Aqueça uma panela antiaderente até começar a sair fumaça; então, acrescente 2 colheres de sopa do azeite e aqueça novamente. Frite os peixes, com a pele para baixo, por aproximadamente 2 minutos. Vire-os e frite por mais 2 minutos, ou até que estejam cozidos. Transfira-os para um prato de servir e deixe esfriar.

2 Limpe a panela e aqueça metade do azeite restante. Salteie levemente a échalote e a cenoura com o coentro, o anis-estrelado e o açafrão, por aproximadamente 5 minutos, ou até que fiquem macios.

3 Acrescente os dois vinagres e o restante do azeite. Deixe ferver e verifique o tempero. Com uma colher, coloque sobre os peixes, prestando atenção para que fiquem igualmente cobertos. Deixe esfriar até ficar em temperatura ambiente. Antes de servir, salpique com um pouco de salsa picada.

ALTERNATIVA:
SALMONETE

VINHOS RECOMENDADOS:
RIESLING DA ALSÁCIA OU CASSIS PROVENÇAL BRANCO

Brandade de bacalhau salgado caseiro

BACALHAU SALGADO CASEIRO TEM AROMA MAIS DOCE QUE A FORTE VERSÃO PRONTA. PODE SER PREPARADO COMO O BACALHAU FRESCO – COZIDO EM LÍQUIDO, NO VAPOR OU FRITO NA PANELA – MAS EVITE GRELHAR, POIS A CARNE GERALMENTE FICA DURA. ELE TAMBÉM PERMITE FAZER BOLINHOS DELICIOSOS. BRANDADE É GERALMENTE FEITA COM FLOCOS FINOS DE PEIXE MISTURADOS COM BATATA, MAS A MINHA COMBINA PEIXE COM CREME DE LEITE E ALHO-PORÓ. É PRECISO COMEÇAR O PREPARO DESTE PRATO CERCA DE 24 HORAS ANTES DE SERVIR.

1 Misture os talos de salsa com o sal, e espalhe metade da mistura no centro de um prato raso, de tamanho suficiente para caber o bacalhau. Pressione o peixe, com o lado da pele para baixo, sobre o sal, e coloque o restante da mistura por cima. Cubra com plástico-filme e coloque um peso sobre o peixe — um prato ou travessa plana. Tome cuidado para não achatá-lo com muito peso. Deixe na geladeira por 24 horas.

2 Retire o bacalhau da geladeira e escorra o líquido que se formou. Enxágüe o sal e a salsa em água fria corrente, e enxugue com papel-toalha. Corte-o em pedaços pequenos.

3 Derreta a manteiga em uma frigideira e acrescente a cebola e o alho-poró. Tampe e abafe levemente por aproximadamente 10 minutos, sacudindo a panela de vez em quando. Se possível, não retire a tampa, pois isso deixará o vapor escapar. Mexendo, acrescente os cubos de bacalhau e cozinhe sem tampa por mais 5 minutos, mexendo uma vez ou duas. Coloque metade do creme de leite e deixe ferver levemente, depois cozinhe, sem tampa, até reduzir pela metade. Tempere com pimenta-do-reino branca, se estiver usando.

4 Bata a mistura de peixe no processador até ficar homogênea, raspando as laterais do recipiente (para ficar mais cremoso, passe-o por uma peneira fina, esfregando com uma espátula de plástico ou com as costas de uma concha).

5 Em seguida, coloque as folhas de gelatina em uma tigela e cubra-as com água fria. Quando estiverem macias, escorra e esprema as folhas para retirar o excesso de água, depois coloque-as novamente na tigela. Ponha a tigela sobre uma panela de água fervente em fogo baixo, para derreter a gelatina, mexendo uma vez ou duas, ou aqueça no microondas, em potência máxima, por até 1 minuto. Se estiver usando gelatina em pó, dissolva-a em 2 colheres de sopa de água fervente, mexendo rapidamente. Incorpore imediatamente a gelatina à mistura de bacalhau. Deixe na geladeira por aproximadamente 1 a 2 horas, ou até começar a firmar.

6 Bata o restante do creme em picos moles. Coloque delicadamente sobre a mistura de bacalhau, mexendo com uma colher grande de metal. Verifique o tempero. Com uma colher, distribua em 8 ramequins. Cubra e deixe na geladeira novamente até ficarem firmes. Sirva com triângulos de torrada quente ou torrada melba.

INGREDIENTES

(para 8 pessoas)

PARA O BACALHAU SALGADO

um punhado de talos de salsa fresca picados
200 g de sal marinho em flocos
1 filé grosso de 500 g de bacalhau fresco, sem pele e sem espinhas

PARA A MUSSE

50 g de manteiga sem sal
1 cebola média cortada em fatias finas
1 alho-poró médio cortado em fatias finas
500 ml de creme de leite
2 folhas de gelatina sem sabor ou 1 1/3 colher de chá de gelatina sem sabor em pó
pimenta-do-reino branca moída na hora (opcional)

VINHOS RECOMENDADOS:

PINOT BLANC DA ALSÁCIA
OU PINOT GRIGIO

Forminhas de arraia e salsa

ESTA RECEITA É EXTREMAMENTE DIFERENTE DA CLÁSSICA ARRAIA FRITA COM ALCAPARRAS E PURÊ. RAMEQUINS SÃO REVESTIDOS COM TIRAS DE ARRAIA COZIDA E PREENCHIDOS COM UMA MISTURA DE ALCAPARRAS, PEPINOS E CALDO DE GELATINA DE SALSA; DEPOIS, DESCANSAM PARA FIRMAR. ELES SÃO SERVIDOS COM UMA GUARNIÇÃO ROUSSE – UMA MISTURA DE MINICENOURAS E MINICEBOLAS – E MOLHO GRIBICHE.

1 Primeiro, faça a guarnição rousse: passe uma faca canelle pelas laterais das cenouras, depois corte-as em fatias, dando-lhes o formato de margaridas. Ferva o court-bouillon em uma caçarola grande. Acrescente as cebolas e as cenouras e branqueie por 2 minutos. Retire-as com uma escumadeira e transfira-as para uma tigela. Cubra com o vinagrete e reserve.

2 Aqueça novamente o court-bouillon, fervendo em fogo brando. Coloque a arraia, certificando-se de que fique totalmente coberta, e cozinhe por 5 a 7 minutos, até que a carne pareça estar firme. Retire do fogo e deixe a arraia esfriar no líquido.

3 Enquanto isso, numa tigela, coloque de molho em um pouco de água fria as folhas de gelatina até ficarem macias, depois escorra e esprema-as para retirar o excesso de água. Coloque a gelatina novamente na tigela. Aqueça o caldo de peixe até ferver; depois coe em uma peneira forrada com musselina ou um pano limpo, transferindo-o para a tigela em que está a gelatina. Mexa até dissolver bem. Se estiver usando gelatina em pó, salpique-a sobre o líquido fervente, mexendo vigorosamente até dissolver. Acrescente a salsa picada, mexa e reserve, para esfriar.

4 Quando o peixe estiver em temperatura ambiente, retire-o do líquido e tire a pele. Tire a carne das espinhas em tiras compridas (você deve obter aproximadamente 600 gramas de carne). Reserve o court-bouillon, pois ele poderá ser coado e reutilizado.

5 Agora, monte as forminhas: coloque um pouquinho de caldo de salsa em cada fôrma para cobrir o fundo. Salpique com os pepinos e as alcaparras picados e deixe descansar até firmar. Quando as bases estiverem firmes, coloque nelas as tiras de arraia forrando a parte interna das fôrmas, e espalhe os pepinos e as alcaparras ao mesmo tempo. Quando chegar à borda, cubra com o restante do caldo de salsa. Bata de leve as forminhas sobre uma superfície dura, para que não fiquem espaços vazios. Coloque as forminhas em um prato, cubra e transfira cuidadosamente para a geladeira. Deixe firmar por pelo menos 12 horas.

6 Para servir, mergulhe as forminhas em água bem quente por alguns segundos, depois vire-as sobre pratos, soltando as laterais com uma faca de mesa, se necessário. Sirva com a guarnição rousse e molho gribiche.

INGREDIENTES

(para 6 pessoas)

250 g de minicenouras escovadas
2 litros de Court-bouillon (página 58)
125 g de minicebolas fatiadas
2 colheres de sopa de Vinagrete Clássico (página 76)
1 kg de arraia
7 folhas de gelatina sem sabor ou 4 colheres de chá de gelatina sem sabor em pó
500 ml de Caldo de Peixe (páginas 58 e 59)
4 colheres de sopa de salsa fresca bem picada
2 colheres de sopa de pepino picado
2 colheres de sopa de alcaparras picadas
300 ml de Molho Gribiche (página 69), para servir

ALTERNATIVA:
LINGUADO

VINHO RECOMENDADO:
FUMÉ BLANC AMERICANO

Terrina de salmonete e pimentão

AS TERRINAS DE PEIXE SÃO UMA ÓTIMA OPORTUNIDADE PARA CRIAR UMA OBRA DE ARTE NO PRATO – E, MESMO ASSIM, SÃO SURPREENDENTEMENTE SIMPLES DE FAZER. O SEGREDO DE SEU SUCESSO É UMA BOA PREPARAÇÃO ANTES DE COMEÇAR A COZINHAR. TAMBÉM AJUDA USAR UMA FÔRMA DE TERRINA DE TAMANHO CLÁSSICO, COMPRIDA E ESTREITA, DE 22 X 8 CENTÍMETROS, COM CAPACIDADE DE 1 LITRO. FÔRMAS DE PÃO TRADICIONAIS TAMBÉM SERVEM, MAS SUA LARGURA EXTRA DIFICULTA A REMOÇÃO DE FATIAS DA FÔRMA SEM QUEBRAR.

1 Em uma tigela, coloque de molho em um pouco de água fria as folhas de gelatina até ficarem macias; depois escorra e esprema-as para retirar o excesso de água. Coloque a gelatina novamente na tigela. Aqueça o caldo em uma caçarola, até ferver; depois coe em uma peneira forrada com musselina ou um pano limpo, transferindo-o para a tigela em que está a gelatina. Mexa até dissolver bem. Se estiver usando gelatina em pó, salpique-a sobre o líquido fervente, mexendo vigorosamente até dissolver. Acrescente o estragão, mexa e reserve, para esfriar.

2 Com um descascador de legumes de lâmina móvel grande, tire a pele dos pimentões, corte-os ao meio, retire o centro e apare a parte interna. Corte em tiras finas e compridas. Retire as espinhas do peixe, usando uma pinça, se necessário.

3 Aqueça 2 colheres de sopa do azeite em uma frigideira antiaderente grande e salteie os pimentões por aproximadamente 10 minutos, ou até que fiquem macios, mas não dourados. Retire e escorra-os em papel-toalha. Limpe a frigideira e aqueça o azeite restante quase até começar a sair fumaça. Frite os filés de peixe, com a pele para baixo, por 2 minutos. Vire-os e frite por mais 2 minutos; então, retire e tempere dos dois lados.

4 Agora, monte sua terrina: primeiro, forre a fôrma com plástico-filme, deixando bastante sobra nas bordas. Os filés de peixe devem caber lá dentro sem precisar de aparas. Coloque 2 filés, com a pele para baixo, no sentido do comprimento no fundo. Preencha os espaços e cubra o peixe com metade das tiras de pimentão, temperando enquanto monta. Coloque caldo suficiente apenas para cobrir a primeira camada, e dê uma batida de leve na terrina para que não fiquem espaços vazios. Repita com o restante do peixe e do pimentão e um pouco mais de caldo, suficiente apenas para cobrir as tiras de pimentão. Dobre as abas de plástico-filme por cima, e coloque na geladeira para firmar.

5 Para servir, mergulhe a base da fôrma por alguns segundos em uma tigela com água que acabou de ferver, e passe uma faca de mesa pelas laterais da terrina. Vire sobre uma tábua e retire o plástico-filme. Corte em fatias, preferencialmente com uma faca elétrica, ou uma faca de serra. Guarneça com os ramos de cerefólio e sirva.

INGREDIENTES

(para 6 pessoas)

7 folhas de gelatina sem sabor ou 4 colheres de chá de gelatina sem sabor em pó
500 ml de Caldo de Peixe (páginas 58 e 59)
1 colher de sopa de estragão fresco picado
3 pimentões amarelos grandes
3 pimentões vermelhos grandes
4 filés de 120 g de salmonete com pele
3 colheres de sopa de azeite
ramos de cerefólio fresco, para guarnecer
sal marinho e pimenta-do-reino moída na hora

ALTERNATIVA:
FILÉS DE SALMÃO

VINHOS RECOMENDADOS:
PALETTE PROVENÇAL BRANCO OU ANJOU TINTO

Rillettes de salmão

A MAIORIA DOS PATÊS DE PEIXE É HOMOGÊNEA, MAS ESTE PATÊ DE PATO E SALMÃO TEM TEXTURA MAIS ÁSPERA, IMITANDO AS "PANELAS" FRANCESAS DE CARNE DESFIADA COMBINADA COM GORDURA DE PATO. NA PRÓXIMA VEZ QUE ASSAR UM PATO, RETIRE A GORDURA E RESERVE-A PARA FAZER ESTE PRATO. UM PATO DE MÉDIO A GRANDE PRODUZ GORDURA SUFICIENTE PARA ESTA RECEITA; TAMBÉM A GORDURA DE SEIS PEITOS DE PATO MÉDIOS É SUFICIENTE. PARA FAZER UMA VERSÃO DE VERÃO — MAIS LEVE — DESTE PRATO, MISTURE UM POUCO DE CREME DE LEITE E VINAGRETE DEPOIS DE ACRESCENTAR O COENTRO, E MODELE EM FORMATO DE QUENELLES.

INGREDIENTES

(para 4 a 6 pessoas)

500 g de filé de salmão fresco sem pele
250 ml de gordura de pato coada
2 colheres de sopa de coentro fresco + ramos de coentro miúdo, para guarnecer
sal marinho e pimenta-do-reino moída na hora

VINHOS RECOMENDADOS:
SAVENNIÈRES OU PINOT NOIR SUAVE

1 Retire todas as espinhas do salmão e certifique-se de que não haja "linhas de sangue" escuras no lado de baixo do peixe. Corte em pedaços. Derreta a gordura de pato em uma caçarola até atingir temperatura logo abaixo de 100°C.
2 Coloque o salmão na gordura quente e cozinhe levemente por 5 minutos. Os pedaços de peixe devem ficar com um tom rosa-pálido. Sacuda levemente a panela uma vez ou duas enquanto cozinha. Retire a panela do fogo e deixe o peixe na gordura por mais 5 minutos. Quando estiver pronto, o peixe deve soltar lascas, mas ainda apresentar um rosado levemente mais escuro no centro dos pedaços.
3 Com uma escumadeira, transfira o peixe para uma tigela e desfie-o bem com um garfo. Junte a ele 2 ou 3 colheres de sopa de gordura de pato. Tempere a gosto com sal e pimenta, e deixe esfriar.
4 Misture o coentro picado e distribua em pequenos ramequins, com uma colher. Guarneça cada um com um ramo ou dois de coentro. Deixe na geladeira por aproximadamente 1 hora, ou até ficarem levemente firmes.

Terrina de lagosta e legumes provençais

AS PEIXARIAS GERALMENTE VENDEM LAGOSTAS JÁ COZIDAS, E UMA ÚNICA LAGOSTA PODE SER USADA PARA SERVIR QUATRO PESSOAS OU MAIS COM ESTA TERRINA LEVE DE VERÃO. PEDAÇOS DE FILÉ DE SALMÃO FUNCIONAM IGUALMENTE BEM. SIRVA COM UM MOLHO DE TOMATE CREMOSO E SALADA COM VINAGRETE DE AVELÃ (PÁGINA 76).

INGREDIENTES

(para 6 pessoas)

1 lagosta grande (de aproximadamente 1 kg) cozida
500 ml de Caldo de Peixe (páginas 58 e 59)
4 abobrinhas médias cortadas em cubos pequenos
2 pimentões vermelhos cortados em cubos pequenos
2 pimentões amarelos cortados em cubos pequenos
7 folhas de gelatina sem sabor ou 4 colheres de chá de gelatina sem sabor em pó
2 colheres de sopa de estragão fresco picado
2 colheres de sopa de cerefólio fresco picado
4 tomates italianos firmes, sem pele e sem sementes, cortados em 4 partes
2 colheres de sopa de azeitonas pretas picadinhas
300 ml de Molho Gazpacho (página 69)
sal marinho e pimenta-do-reino moída na hora

1 Prepare a lagosta cozida e extraia a carne, deixando-a em pedaços pequenos. Reserve a carne. Em uma caçarola grande, misture a casca da lagosta com o caldo de peixe e ferva por 15 minutos para extrair o sabor. Verifique o tempero do caldo e, então, coe em uma peneira forrada com musselina e coloque-o novamente na caçarola.

2 Branqueie as abobrinhas e os pimentões em uma panela de água fervente por 1 minuto ou menos, até ficarem macios. Escorra e esfrie-os em água gelada. Escorra novamente e seque-os com papel-toalha.

3 Coloque as folhas de gelatina de molho em água fria até que fiquem macias, depois escorra e esprema-as para retirar o excesso de água. Aqueça o caldo de peixe novamente até ferver, e derrame-o sobre a gelatina, mexendo até dissolver bem. Se estiver usando gelatina em pó, salpique-a sobre o caldo fervente, mexendo vigorosamente até dissolver. Acrescente o estragão e o cerefólio picados, mexendo. Reserve o caldo até esfriar, mas não assentar.

4 Agora faça sua terrina: forre com plástico-filme uma fôrma de terrina de tamanho clássico, comprida e estreita, de 22 x 8 centímetros, com capacidade de 1 litro, deixando uma sobra nas laterais. Espalhe no fundo um pouco da mistura de abobrinhas e pimentões em cubos. Arrume por cima os pedaços de lagosta e os tomates, espalhando mais abobrinhas e pimentões em cubos pelo meio. Coloque um pouco de caldo e bata de leve a fôrma para que não fiquem espaços vazios.

5 Repita com o restante da lagosta, dos tomates e das abobrinhas e pimentões em cubos. Quando a terrina estiver cheia, coloque caldo suficiente para cobrir todos os ingredientes. Dobre a aba do plástico-filme por cima, e coloque na geladeira e deixe por pelo menos 12 horas, ou até ficar firme.

6 Para virar, mergulhe a fôrma rapidamente em uma tigela com água fervente e, então, vire-a sobre uma tábua de cortar. Com uma faca de serra ou uma faca elétrica, corte a terrina em fatias finas. Com uma espátula, ponha as fatias em pratos de servir. Sirva com as azeitonas, uma salada com molho e o molho gazpacho.

ALTERNATIVA:
SALMÃO

VINHO RECOMENDADO:
CHASSAGNE-MONTRACHET PREMIER CRU

Rolinhos primavera de caranguejo e milho-verde

UMA RECEITA QUE É A PRÓPRIA SIMPLICIDADE. ELA PODE SER UMA ENTRADA (NESSE CASO, SIRVA 3 UNIDADES POR PESSOA), UM ALMOÇO LEVE OU, SE FEITA EM MINIATURA, SERVIDA COMO CANAPÉS. CARANGUEJO E MILHO-VERDE SÃO EMBRULHADOS EM PAPEL-DE-ARROZ OU MASSA FILO, E FRITOS. SE ESTIVER USANDO MASSA FILO, MANTENHA AS FOLHAS COBERTAS COM PLÁSTICO-FILME ENQUANTO TRABALHA, PARA QUE NÃO FIQUEM RESSECADAS.

INGREDIENTES

(para 4 pessoas)

300 g de carne de caranguejo branca
3 colheres de sopa de Maionese de Mostarda (página 66)
100 g de milho-verde cozido
1 colher de sopa de manjericão fresco picado
1 colher de sopa de coentro fresco picado
12 folhas de papel-de-arroz ou de massa filo (cada uma com 23 centímetros quadrados)
2 gemas de ovo batidas com 1 colher de chá de água
100 ml de Vinagrete Clássico (página 76)
1 colher de sopa de Harissa Fresco (página 70)
óleo de girassol para fritar
folhas de salada para servir (opcionais)
sal marinho e pimenta-do-reino moída na hora

1 Desfie bem a carne do caranguejo com um garfo, retirando todos os pedaços de concha ou cartilagem que encontrar. Tempere bem e misture com a maionese de mostarda, o milho verde, o manjericão e o coentro.
2 Coloque uma folha de papel-de-arroz ou de massa filo na diagonal sobre uma tábua, de modo que uma das pontas fique virada na sua direção. Pincele as bordas com a gema. Com uma colher, coloque 1 colher de sopa de recheio de caranguejo em uma linha perto da ponta superior. Dobre a ponta superior por cima e enrole um pouco na sua direção; então, dobre as laterais e continue a enrolar. Coloque em uma bandeja antiaderente. Repita com o restante do recheio, do papel-de-arroz ou massa filo, e da gema, até fazer 12 rolinhos no total. Pincele levemente com o restante da gema e deixe na geladeira por aproximadamente 30 minutos.
3 Enquanto isso, bata o vinagrete com o harissa e reserve.
4 Coloque óleo até cobrir 6 ou 7 centímetros de uma panela funda e aqueça até uma temperatura de aproximadamente 180°C, ou até que um pequeno pedaço de pão branco fique bem dourado em apenas 30 segundos. Frite os rolinhos por imersão, quatro de cada vez, por 3 ou 4 minutos, ou até ficarem bem dourados e crocantes de todos os lados. Aqueça novamente o óleo entre as frituras. Escorra os rolinhos em papel-toalha. Sirva-os quentes e crocantes, com o vinagrete harissa como molho. Um pouco de salada combina bem, mas não é essencial.

ALTERNATIVA:
LAGOSTA

VINHO RECOMENDADO:
SAUVIGNON BLANC DA NOVA ZELÂNDIA OU PINOT GRIGIO

Tartare de vieiras e salmão defumado

ESTA RECEITA USA VIEIRAS CRUAS EM TODO O SEU FRESCOR. PARA OBTER OS MELHORES RESULTADOS, COMPRE AS VIEIRAS AINDA NAS CONCHAS E, SE NÃO ESTIVER COM DISPOSIÇÃO PARA ABRI-LAS E LIMPÁ-LAS, PEÇA AO PEIXEIRO QUE FAÇA ISSO PARA VOCÊ. ENTÃO, FAÇA ESTA RECEITA NO MESMO DIA. SIRVA SOBRE UMA CAMA DE PEPINO FATIADO OU COLOQUE NAS CONCHAS E SIRVA COMO CANAPÉS.

INGREDIENTES

(para 4 pessoas)

12 vieiras grandes frescas, sem conchas, aparadas e limpas
150 g de salmão defumado com carvalho
2 colheres de sopa de creme de leite
1 colher de sopa de suco fresco de lima
1 colher de sopa de cebolinha fresca picada
1 colher de sopa de cerefólio fresco picado + uma porção extra para guarnecer
½ pepino cortado em fatias bem finas, para servir
sal marinho e pimenta-do-reino moída na hora

1 Corte as vieiras e o salmão defumado em cubos bem pequenos e uniformes, e tempere bem. Misture o creme de leite, o suco de lima, a cebolinha e o cerefólio. Deixe na geladeira.

2 Mais ou menos 15 minutos antes de servir, modele a mistura. Estique plástico-filme sobre um prato grande, até ficar bem liso e firme. Isso vai facilitar a remoção das tartares. Trabalhando sobre o plástico-filme, pressione um quarto da mistura de peixe dentro de um molde (fôrma para biscoito, por exemplo) redondo liso. Levante o molde, deixando a tartare modelada sobre o plástico-filme. Repita com a mistura restante, modelando mais 3 tartares. Coloque no freezer por aproximadamente 15 minutos.

3 Enquanto isso, tempere as fatias finas de pepino e arrume-as em quatro pratos de servir. Retire as tartares do freezer. Com uma espátula, tire cada tarare do plástico-filme e coloque-a nos pratos, sobre o pepino. Guarneça cada prato com um filete de cerefólio.

VINHOS RECOMENDADOS:
RIESLING OU TERRE DI TUFFI

VARIAÇÃO
SE VOCÊ ACHAR QUE COMER VIEIRAS CRUAS REQUER CORAGEM DEMAIS, ENTÃO FRITE-AS LEVEMENTE PRIMEIRO. AQUEÇA UMA PANELA ANTIADERENTE COM UM POUCO DE AZEITE E FRITE AS VIEIRAS POR APENAS UM MINUTO DE CADA LADO. DEIXE ESFRIAR, DEPOIS PROSSIGA COM A RECEITA. A FRITURA DEIXA AS VIEIRAS COM UM SABOR CARAMELIZADO.

Musse quente de salmão

UMA MUSSE QUENTE DE SALMÃO FRESCO É UMA ENTRADA SIMPLES MAS SOFISTICADA, QUE PODE SER PREPARADA COM ANTECEDÊNCIA E ASSADA APENAS ANTES DE SERVIR. A TEXTURA LEVE É ALCANÇADA MISTURANDO O CREME BATIDO SOBRE UMA TIGELA DE GELO PICADO. UMA MANEIRA MAIS SIMPLES É MISTURAR O CREME BEM GELADO AO PEIXE EM UMA TIGELA RECÉM-SAÍDA DO FREEZER.

INGREDIENTES

(para 6 pessoas)

250 g de filé de salmão fresco sem pele e sem espinhas, cortado em pedaços
1 colher de chá de sal marinho
pimenta-do-reino branca moída na hora (opcional)
2 colheres de sopa de suco de limão fresco
500 a 750 ml de creme de leite gelado
cerca de 300 g de folhas de espinafre inteiras, bem lavadas e aparadas
cerca de 50 g de ovas de salmão ou caviar
500 ml de Velouté com Creme (página 62) ou Molho Américaine (página 68) para servir

ALTERNATIVA:
VIEIRAS

VINHOS RECOMENDADOS:
CHAMPANHE OU SOAVE CLASSICO

1 Bata o salmão no processador ou no liquidificador até ficar bem homogêneo, raspando as laterais do recipiente conforme necessário (prepare-se para bater por bastante tempo). Tempere com o sal e a pimenta-do-reino branca (se estiver usando) e misture o suco de limão. Para dar ainda mais leveza, passe a mistura por uma peneira fina, esfregando com uma espátula de plástico. Ponha a mistura em uma tigela grande. Encha uma tigela ainda maior com gelo picado e um pouco de água bem gelada. Coloque a tigela com o purê de peixe sobre o gelo.

2 Bata o creme levemente até começar a engrossar. Usando uma colher grande de metal, misture gradualmente o creme com o peixe, certificando-se de que cada porção do creme tenha sido homogeneamente incorporada antes de colocar a próxima. Continue até que a mistura esteja com uma consistência homogênea de musse, que possa ser modelada com um saco de confeiteiro (pode não ser necessário acrescentar todo o creme). Coloque na geladeira.

3 Branqueie o espinafre em uma panela de água fervente por aproximadamente 30 segundos, ou até murchar. Escorra. Esfrie em uma tigela de água bem gelada. Escorra bem novamente. Escolha apenas as folhas inteiras e coloque-as sobre papel-toalha para secar. Preaqueça o forno a 190°C.

4 Unte levemente 6 ramequins e forre os fundos e as laterais com as folhas de espinafre, deixando uma sobra ao redor. Com uma colher, coloque a musse em um saco de confeiteiro com bocal grande e liso, e coloque no centro de cada ramequin. Certifique-se de que a musse cubra todo o fundo. Bata de leve os ramequins em superfície dura, para que a mistura fique nivelada. Com uma colher de chá, faça um pequeno furo no centro de cada musse, preencha com as ovas de peixe e cubra com um pouco de musse. Dobre as abas de espinafre por cima, então, cubra cada ramequin com um disco de folha de alumínio levemente untado.

5 Coloque os ramequins em uma assadeira e despeje água fervente de uma chaleira ao redor deles, até a metade de sua altura, para fazer um banho-maria. Asse por aproximadamente 15 minutos, ou até que a musse pareça firme quando pressionada de leve. Retire do banho-maria e deixe descansar por 5 minutos antes de virar sobre pratos aquecidos. Sirva com um cremoso molho velouté ou molho américaine.

Gravalax com beignets de ostras

É MUITO DIVERTIDO – E ECONÔMICO – FAZER SEU PRÓPRIO GRAVALAX, ESPECIALMENTE QUANDO ESTIVER RECEBENDO UM GRANDE GRUPO DE PESSOAS. PARA DAR UM TOQUE DE FUSÃO, GOSTO DE SERVI-LO COM BEIGNETS CROCANTES QUENTES DE OSTRAS FRESCAS FRITAS EM UMA MASSA FOFA DE TEMPURÁ E UMA SALADA COM VINAGRETE DE MEL E MOSTARDA.

INGREDIENTES
(para 6 pessoas)

1 lado de salmão fresco (filé inteiro) de aproximadamente 1 kg
75 g de sal marinho em flocos ou sal gema
25 g de açúcar refinado
2 colheres de sopa de pimenta-do-reino grosseiramente moída (ou Mix Aromático de Pimentas, página 40)
75 g de dill fresco
3 colheres de sopa de Vinagrete Clássico (página 76)
1 colher de chá de mostarda granulada
1 colher de chá de mel claro
300 g de salda de folhas mistas

PARA AS OSTRAS
80 g de farinha de trigo com fermento + 3 colheres de sopa para polvilhar
1 gema de ovo pequena
2 claras
18 a 24 ostras frescas, sem as conchas e limpas
azeite, óleo de girassol ou de amendoim, para fritar
sal marinho

1 Tire a pele do salmão, cortando acima da "linha de sangue", sem retirar a carne escura perto da pele. Coloque o filé em uma travessa comprida e estreita. Pode ser preciso cortá-lo ao meio, no sentido do comprimento, para caber.
2 Misture o sal, o açúcar e a pimenta. Pique os talos de dill e um terço das folhas, e misture com o tempero. Pique o restante do dill e reserve. Distribua metade da mistura de tempero uniformemente sobre o peixe, pressionando; vire e faça o mesmo com o restante. Cubra com plástico-filme. Coloque uma travessa oval em cima, para fazer peso, tomando cuidado para não amassar o filé. Deixe na geladeira por 24 horas.
3 Escorra o líquido da travessa. Enxágüe a camada de temperos com água fria e seque o peixe com papel-toalha. Salpique o restante do dill picado uniformemente em ambos os lados do salmão. Embrulhe firmemente em plástico-filme e deixe na geladeira por pelo menos mais 3 horas.
4 Com uma faca comprida de lâmina afiada e fina, corte fatias bem finas do peixe, no sentido do comprimento, inclinado, começando pela extremidade do rabo. Coloque as fatias em uma bandeja limpa.
5 Para preparar as ostras, peneire a farinha de trigo em uma tigela pequena. Batendo, acrescente gradualmente a gema e 150 ml de água fria, até obter uma massa homogênea. Bata as claras em uma tigela limpa até ficarem firmes, brancas e brilhantes. Com uma colher grande de metal, coloque delicadamente as claras na massa, certificando-se de que fiquem uniformemente incorporadas.
6 Misture as 3 colheres de sopa de farinha de trigo com ½ colher de chá de sal. Coloque as ostras nessa mistura, cobrindo uma por uma e tirando os excessos.
7 Misture o vinagrete, a mostarda e o mel e coloque-o nas folhas de salada. Ponha uma porção da salada temperada no centro de pratos. Enfeite a salada com fatias do gravalax em volta, deixando espaços para as ostras, quando prontas.
8 Coloque óleo em uma frigideira funda, até atingir mais ou menos 2 centímetros, e aqueça até 180°C, ou até que um cubo de pão branco fique bem dourado em 30 segundos quando mergulhado nele. Mergulhe cada ostra na parte espumante da massa e, coloque-a delicadamente no óleo. Frite por 1 minuto, ou até que a cobertura fique bem dourada. Continue batendo a massa, se necessário, para que ela permaneça leve e espumante para fritar. Escorra as ostras em papel-toalha. Coloque 3 ou 4 delas em cada prato, entre as fatias de gravalax, e sirva imediatamente.

VINHOS RECOMENDADOS:
MUSCADET OU SAUVIGNON BLANC DA ÁFRICA DO SUL

Saladas

Salada Caesar

NESTA VARIAÇÃO DESSA FAMOSA SALADA, USAMOS UMA MAIONESE CASEIRA DE ALHO, ANCHOVAS E LIMÃO PARA COBRIR FOLHAS DE ALFACE CRESPA OU DE ALFACE ROMANA BABY, E ENTÃO SERVIMOS COM LASCAS DE QUEIJO PARMESÃO E CROÛTONS DE ALHO.

INGREDIENTES
(para 4 pessoas)

suco de ½ limão
150 ml de Maionese de Mostarda (página 66)
6 dentes de alho
12 filés de anchova em óleo, bem escorridos e bem picados
2 colheres de sopa de creme de leite
um pedaço de queijo parmesão de 50 g + 1 colher de sopa de queijo parmesão ralado na hora
5 fatias grossas de pão branco sem casca
4 colheres de sopa de azeite
4 a 6 alfaces crespas ou alfaces romanas baby geladas
pimenta-do-reino moída na hora

1 Misture gradualmente o suco de limão com a maionese, e vá experimentando. Use apenas a quantidade que desejar. Amasse 3 dos dentes de alho e bata-os com a maionese, juntamente com as anchovas picadas, o creme de leite e a colher de sopa de queijo parmesão ralado. A maionese deve ficar com consistência líquida o suficiente para cobrir a alface. Se parecer grossa demais, coloque algumas gotas de água e bata. Reserve.

2 Corte os outros 3 dentes de alho ao meio. Esfregue-os sobre as fatias de pão, e então corte o pão em cubos de 1 centímetro. Em uma frigideira, aqueça levemente o azeite com os dentes de alho cortados ao meio apenas o tempo suficiente para extrair um pouco de sabor e, então, descarte o alho. Aumente o fogo e frite os cubos de pão até que fiquem bem dourados por inteiro. Tome cuidado para não queimar o pão. Retire e escorra em papel-toalha. Como alternativa, você pode fazer os croûtons crocantes no forno (ver abaixo).

3 Separe as folhas de alface e cubra com a metade da maionese. Tempere com pimenta-do-reino a gosto.

4 Coloque o restante do molho ao redor da alface, em uma linha irregular, e coloque os croûtons por cima. Corte lascas do pedaço de parmesão usando um descascador de legumes com lâmina móvel. Espalhe as lascas e sirva imediatamente.

VARIAÇÃO
FAZER CROÛTONS NO FORNO É MAIS FÁCIL DO QUE FRITÁ-LOS. TAMBÉM É MAIS DIFÍCIL DE QUEIMAR. AQUEÇA O FORNO A 170ºC. COLOQUE OS CUBOS DE PÃO SOBRE O AZEITE TEMPERADO COM ALHO EM UMA TIGELA, OU JUNTE-OS EM UM SACO PLÁSTICO E AGITE, ATÉ FICAREM BEM COBERTOS. ESPALHE OS CUBOS DE PÃO EM UMA ASSADEIRA. ASSE POR APROXIMADAMENTE 20 MINUTOS, OU ATÉ FICAREM COM TOM DOURADO-CLARO. DEIXE ESFRIAR PARA FICAREM CROCANTES.

VINHO RECOMENDADO:
CHABLIS

Atum marinado com rabanete branco ao molho balsâmico

MEU ANTIGO SUBCHEF, MARCUS WAREING, QUE AGORA ESTÁ NO PÉTRUS, NA RUA ST JAMES'S, EM LONDRES, DESCOBRIU ESTA RECEITA QUANDO TRABALHAVA EM NOVA YORK. LÁ, ELE APRENDEU A UTILIZAR TODAS AS PARTES DE UM PRECIOSO ATUM-DO-SUL. EM SUA RECEITA, UM FILÉ GRANDE DO LOMBO É DIVIDIDO EM QUATRO FILÉS TRIANGULARES UNIFORMES (UM QUARTO DE UM LOMBO DE 4 A 5 KG É O MELHOR PARA ISSO). PRIMEIRO, OS FILÉS SÃO MARINADOS DE UM DIA PARA O OUTRO EM UM MISTURA SIMPLES DE SAL MARINHO GROSSO E LIMÃO. NO DIA SEGUINTE, ELES SÃO ENROLADOS EM PIMENTA AMASSADA, DEPOIS SERVIDOS EM FATIAS BEM FINAS, COMO AS DE CARPACCIO, COM UMA SALADA DE RABANETE BRANCO.

1 Um dia antes de servir, apare e acerte o filé de atum, obtendo um formato comprido e uniforme. Misture o sal marinho com a casca e o suco do limão e espalhe uniformemente sobre o peixe. Enrole bem, em formato de lingüiça comprida, em plástico-filme. Coloque na parte mais fria da geladeira e deixe marinar por 12 horas. Desenrole e enxágüe bem em água fria. Seque com papel-toalha; então, enrole sobre a pimenta amassada ou o mix especial. Embrulhe bem novamente e deixe na geladeira por mais 12 horas.

2 No dia seguinte, aproximadamente 3 horas antes de servir, prepare o molho. Em uma caçarola pequena, aqueça a échalote, o vinagre e o óleo de gergelim, até borbulhar. Retire do fogo e deixe descansar por 1 hora. Misture o rabanete branco fatiado no molho de échalote e deixe marinar por aproximadamente 2 horas. Ao mesmo tempo, coloque o atum no freezer por 2 horas.

3 Para servir, desenrole o peixe e fatie em discos bem finos. espalhe os discos em uma travessa. Tempere as folhas. Misture o vinagrete com o molho de soja e coloque um terço desse molho sobre a salada. Arrume a salada no centro de seis pratos. Coloque as fatias de rabanete branco ao redor da salada; então, arrume os discos de atum ao redor, nas bordas dos pratos. Coloque um fio do vinagrete restante e sirva.

INGREDIENTES

(para 6 pessoas)

um filé comprido e fino de atum, com aproximadamente 800 g (preferencialmente atum-do-sul)
100 g de sal marinho grosso
casca ralada e suco de 1 limão
2 colheres de sopa de pimenta em grãos amassada (ou um dos meus mixes especiais, página 40)
1 échalote pequena cortada em fatias finas
2 colheres de chá de vinagre balsâmico
2 colheres de chá de óleo de gergelim
1 rabanete branco inteiro (rabanete branco japonês) cortado em fatias bem finas, de preferência usando um mandolin
100 g de salda de folhas mistas
3 colheres de sopa de Vinagrete Clássico (página 76)
1 colher de sopa de molho de soja escuro
sal marinho e pimenta-do-reino moída na hora

VINHOS RECOMENDADOS:
SANTENAY PREMIER CRU,
CÔTE DE BEAUNE

Tians de caranguejo e abacate

FRUTOS DO MAR E ABACATE SÃO UMA COMBINAÇÃO EXCELENTE, NO MÍNIMO POR CAUSE DE SUAS TEXTURAS E CORES CONTRASTANTES, COMPLEMENTANDO UM AO OUTRO PERFEITAMENTE. TIANS – PEQUENOS BOLINHOS – DE SALADA DE CARANGUEJO COBERTOS COM GUACAMOLE CASEIRO E SERVIDOS COM UM MOLHO GELADO SÃO UMA ENTRADA ELEGANTE E SUCULENTA.

INGREDIENTES
(para 4 pessoas)

200 g de carne branca de caranguejo
4 tomates italianos maduros sem pele
2 colheres de sopa de Maionese de Mostarda (página 66)
algumas gotas de molho Tabasco
3 abacates maduros
2 colheres de chá de suco de lima fresco
1 cebolinha verde cortada em fatias finas
1 colher de sopa de centro ou salsa fresca picada
uma pitada generosa de cominho em pó
4 colheres de sopa de Vinagrete Clássico (página 76)
1 colher de sopa de Mix de Especiarias e Chilli (página 74)
sal marinho e pimenta-do-reino moída na hora

1 Desfie a carne do caranguejo com um garfo, retirando todos os pedaços de concha ou cartilagem que encontrar. Corte dois dos tomates em quatro partes, retire as sementes e, com um garfo, amasse até formar um purê grosso. Misture a carne de caranguejo com o tomate amassado, a maionese e uma gota ou duas de Tabasco, a gosto. Tempere e reserve. Corte os tomates restantes em pequenas pétalas ou triângulos, tire as sementes e reserve.

2 Agora faça o guacamole: descasque dois dos abacates e retire os caroços; então, amasse-os com um garfo até obter um purê grosso. Misture o suco de lima, a cebolinha, o coentro ou salsa e o cominho. Tempere a gosto. Divida em quatro partes. Coloque um molde redondo de 8 a 10 centímetros de diâmetro no centro de um prato e ponha um quarto do guacamole dentro. Com uma colher, coloque um quarto da carne de caranguejo por cima; então, retire o molde. Repita com mais três pratos.

3 Descasque o outro abacate e tire o caroço. Corte-o em fatias uniformes e pincele-as com um pouco de vinagrete para evitar que fiquem escuras. Arrume as fatias ao redor das tians juntamente com as pétalas ou triângulos de tomate. Bata o restante do vinagrete com o mix de especiarias e chilli. Respingue sobre a guarnição de abacate e tomate. Sirva imediatamente.

VINHO RECOMENDADO:
TOURAINE SAUVIGNON BLANC

Lula baby com cuscuz ratatouille

AS MACIAS LULAS BABY PRECISAM DO MÉTODO MAIS LEVE DE COCÇÃO POSSÍVEL. GOSTO DE RECHEÁ-LAS COM ESTA MISTURA MEDITERRÂNEA DE CUSCUZ E LEGUMES RATATOUILLE BEM PICADOS, DEPOIS GRELHÁ-LAS MOMENTOS ANTES DE SERVIR, COM UM MOLHO PICANTE E UM POUCO DE SALADA. UMA GRELHA ONDULADA DE FUNDO GROSSO É IDEAL PARA GRELHAR A LULA.

INGREDIENTES
(para 4 pessoas)

150 g de cuscuz
5 colheres de sopa de azeite
1 tomate grande, sem pele e sem sementes
½ pimentão vermelho cortado em cubos pequenos
½ pimentão amarelo cortado em cubos pequenos
½ berinjela pequena cortada em cubos pequenos
1 abobrinha pequena cortada em cubos pequenos
16 a 20 lulas miúdas, cada uma com aproximadamente 5 cm de diâmetro, preparadas
100 g de salada de folhas mistas
1 colher de sopa de Vinagrete Clássico (página 76)
150 ml de Molho Vierge (página 69)
4 ramos de manjericão fresco
algumas cebolinhas frescas
sal marinho e pimenta-do-reino moída na hora

1 Primeiro prepare o recheio: em uma tigela, cubra o cuscuz com 300 ml de água fervente. Mexendo, acrescente 1 colher de chá de sal e 1 colher de sopa do azeite. Deixe de molho por 1 hora, mexendo de vez em quando com um garfo para desfazer as bolas de grãos. Também pode ser útil esfregar os grãos entre os dedos.
2 Faça um purê com o tomate no processador ou no liquidificador, ou amasse-o com um garfo. Misture com o cuscuz de molho.
3 Aqueça 2 colheres de sopa do azeite restante em uma caçarola e salteie levemente os pimentões, a berinjela e a abobrinha, por aproximadamente 7 minutos, ou até ficarem macias. Tempere e, então, misture com o cuscuz. Aqueça outra colher de sopa de azeite em uma caçarola pequena e frite os tentáculos de lula por 1 ou 2 minutos, até ficarem cozidos. Cuidado para não cozinhar demais. Escorra, tempere e deixe esfriar.
4 Lave bem os tubos de lula e seque com papel-toalha. Recheie com a mistura de cuscuz, apertando bem com as costas de uma colher de chá. Prenda a abertura com palitos de dente de madeira. Cubra as lulas recheadas com a última colher de sopa de azeite e tempere levemente com sal e pimenta.
5 Aqueça uma grelha ondulada ou dourador até ficar bem quente. Cozinhe as lulas por 3 a 5 minutos, ou até que a carne fique branca e pareça firme. Vire as lulas uma vez ou duas, tomando cuidado para não cozinhar demais, ou elas ficarão duras. Retire–as do fogo e deixe descansar por 5 minutos antes de retirar os palitos.
6 Enquanto isso, misture as folhas da salada com os tentáculos salteados. Tempere bem e misture com o vinagrete. Arrume a salada no meio de quatro pratos de servir. Coloque quatro ou cinco lulas sobre a salada e cubra com um fio de molho vierge. Guarneça com folhas de manjericão e cebolinha. Sirva imediatamente.

VINHO RECOMENDADO:
PINOT NOIR DO OREGON

Sardinhas marinadas com abacate e pesto

AQUI, SARDINHAS LEVEMENTE GRELHADAS E GUACAMOLE SÃO COBERTOS COM PESTO FRESCO E SERVIDAS COM SALADA DE FOLHAS TEMPERADAS. AS SARDINHAS FRESCAS, PARA MIM, SÃO INFALÍVEIS EM TRAZER UMA ATMOSFERA DE TEMPO ENSOLARADO DE PRAIAS DO MEDITERRÂNEO. ELAS AGORA SÃO FÁCEIS DE ENCONTRAR. PEÇA AO PEIXEIRO PARA CORTÁ-LAS EM FILÉS, OU SIGA AS INSTRUÇÕES DA PÁGINA 28.

1 Retire todas as espinhas dos filés de sardinha com as unhas ou com uma pinça, se necessário. Misture o azeite, o tomilho e o suco de limão em um prato raso e acrescente os filés, virando para cobrir. Cubra e reserve para marinar por aproximadamente 20 minutos.

2 Enquanto isso, faça o guacamole. Descasque os abacates, retire os caroços, e amasse a polpa com um garfo, em uma tigela, até obter um purê grosso. Misture o suco de lima, a cebolinha, a salsa e o cominho. Tempere e reserve.

3 Preaqueça a grelha, e grelhe os filés, com a pele para cima, por 3 a 5 minutos, ou até que a pele fique crocante e a carne pareça firme quando pressionada de leve. Não é preciso virar o peixe. Retire da grelha, tempere e reserve.

4 Coloque 1 colher de sopa de vinagrete na salada de folhas e tempere. Misture o restante do vinagrete com o pesto e acrescente uma gota ou duas de água para obter uma consistência mais líquida.

5 Agora monte a salada: com uma colher, coloque o guacamole no centro de quatro pratos, ou modele usando um molde redondo liso. Arrume a salada temperada por cima. Coloque um fio do molho pesto em volta do abacate e da salada. Corte os filés ao meio e coloque quatro metades em cada prato, sobre o pesto. Sirva imediatamente.

INGREDIENTES

(para 4 pessoas)

8 sardinhas frescas grandes, cortadas e com pele
4 colheres de chá de azeite
pontas de 2 ramos de tomilho fresco
1 colher de sopa de suco fresco de limão
2 abacates maduros
2 colheres de chá de suco fresco de lima
1 cebolinha verde cortada em fatias finas
1 colher de sopa de salsa fresca picada
uma pitada generosa de cominho moído
2 colheres de sopa de Vinagrete Clássico (página 76)
200 g salada de folhas mistas
150 ml de Pesto Fresco (página 75)
sal marinho e pimenta-do-reino moída na hora

VINHO RECOMENDADO:
GAVI DI GAVI

Salada de camarão e alcachofra com molho de trufa

ESTA SALADA VISUALMENTE CHAMATIVA PERMITE VARIAR OS INGREDIENTES A SEU GOSTO. POR EXEMPLO, VOCÊ PODE PREFERIR USAR CAMARÕES-TIGRE DE ÁGUAS MORNAS OU LAGOSTINS, DE SABOR MAIS ENCORPADO. EU GOSTO DE ACRESCENTAR TRUFA PRETA PICADA AO MOLHO, MAS VOCÊ PODE USAR ALGUMAS GOTAS DE AZEITE TRUFADO PARA SUBSTITUÍ-LA, DANDO UM SABOR SIMILAR. COMO ALTERNATIVA, UMA COLHER DE CHÁ DE MOSTARDA GRANULADA DÁ UM SABOR DIFERENTE, MAS IGUALMENTE DELICIOSO.

1 Retire todas as folhas das alcachofras. Corte a parte espinhosa e fatie o talo, deixando apenas o miolo. Corte os miolos em fatias finas. Acrescente o suco de limão a uma tigela de água fria e mergulhe as alcachofras para evitar que fiquem escuras.

2 Deixe ferver água salgada em uma caçarola e branqueie as vagens por 2 minutos. Escorra e esfrie-as em água corrente fria. Escorra novamente e reserve.

3 Escorra as fatias de alcachofra e seque-as com papel-toalha. Em uma frigideira, aqueça o óleo de amendoim e cozinhe as alcachofras por 3 minutos, até ficarem macias. Acrescente as vagens e frite, mexendo, até aquecer por igual. Escorra em papel-toalha. Tempere e misture com metade da trufa picada ou do azeite trufado.

4 Ferva outra panela de água e coloque os camarões ou lagostins. Cozinhe por 3 minutos, ou até que fiquem rosados e firmes. Escorra, e descasque quando esfriarem o suficiente para serem manuseados. Cubra com 1 colher de sopa do vinagrete e tempere.

5 Misture a alface com 2 colheres de sopa de vinagrete e tempere. Misture o restante do vinagrete com o restante da trufa ou azeite trufado.

6 Coloque uma porção de alcachofras e vagens no centro de cada prato. Cubra com a alface e arrume os camarões ou lagostins ao redor das folhas. Coloque um fio do molho de trufa ao redor do prato e por cima dos camarões e sirva.

INGREDIENTES

(para 4 pessoas)

4 alcachofras grandes
2 colheres de sopa de suco fresco de limão
200 g de vagens cortadas em pedaços de 2 cm de comprimento
2 colheres de sopa de óleo de amendoim
1 colher de chá de trufa preta bem picada ou um pouco de azeite trufado
20 camarões-tigre ou lagostins crus
6 colheres de sopa de Vinagrete Clássico (página 76)
200 g de alface-de-cordeiro ou alface-do-campo (folhas ligeiramente amargas)
sal marinho e pimenta-do-reino moída na hora

ALTERNATIVA:
CAMARÕES DE ÁGUA FRIA

VINHO RECOMENDADO:
CROZES-HERMITAGE BRANCO

Salada oriental de vermelho

ENCONTRADOS NOS TRÓPICOS, OS VERMELHOS TÊM OS MAIS BELOS TONS DE ROSA E SUA CARNE É PERFEITA PARA GRELHAR. MISTURADA COM ALCACHOFRAS E BATATAS, E FINALIZADA COM UM MOLHO FRANCÊS CONDIMENTADO, ESTA RECEITA É UM EXEMPLO DO QUE HOJE EM DIA SE CHAMA DE CULINÁRIA DE FUSÃO (FUSION) – UMA MISTURA DE INGREDIENTES DO MUNDO INTEIRO, FORMANDO UM CONJUNTO HARMONIOSO E SEDUTOR.

1 Verifique se o peixe tem espinhas e retire, com as unhas ou com uma pinça, todas que conseguir encontrar. Tempere e reserve.

2 Retire todas as folhas das alcachofras. Corte as partes espinhosas e fatie o talo, deixando apenas os miolos. Corte-os em fatias finas. Acrescente o suco de limão a uma tigela de água fria e mergulhe as alcachofras para evitar que fiquem escuras.

3 Ferva as batatinhas e escorra-as. Descasque-as e corte-as em fatias. É mais fácil manusear as batatas quentes usando luvas de borracha.

4 Escorra as fatias de alcachofra e seque-as com papel-toalha. Em uma frigideira grande antiaderente, aqueça o óleo de gergelim com 1 colher de sopa do azeite. Frite as alcachofras por 5 minutos até ficarem com um tom dourado-claro e levemente macias. Acrescente as fatias de batatas e cozinhe por mais 5 minutos até dourar. Tempere a gosto.

5 Enquanto isso, em outra frigideira antiaderente grande, aqueça o restante do azeite e acrescente os filés de vermelho, com o lado da pele para baixo primeiro. Cozinhe por aproximadamente 5 minutos, ou até que a pele fique crocante e colorida e a carne pareça firme ao toque. Retire da frigideira e escorra em papel-toalha.

6 Misture metade do vinagrete com o mix de especiarias e chilli para fazer um molho e reserve. Cubra a salada com o restante do vinagrete. Faça um monte delicado de salada no topo de cada prato. Arrume as alcachofras e as batatas no centro de cada prato. Coloque os filés de vermelho sobre os legumes. Cubra levemente o peixe com o vinagrete chilli, e sirva imediatamente.

INGREDIENTES

(para 4 pessoas)

1 vermelho grande, de aproximadamente 1 kg, cortado em 4 filés, com pele
4 alcachofras médias
2 colheres de sopa de suco fresco de limão
400 g de batatinhas
2 a 3 colheres de chá de óleo de gergelim
2 colheres de sopa de azeite de oliva
100 ml de Vinagrete Clássico (página 76) + extra para servir
1 colher de chá de Mix de Especiarias e Chilli (página 74)
300 g de salada de folhas mistas, preferencialmente de folhas crespas
sal marinho e pimenta-do-reino moída na hora

ALTERNATIVAS:
SARGO, CAVALA GRANDE, POSTAS DE ESPADARTE

VINHO RECOMENDADO:
BEAUJOLAIS-VILLAGES

Salada de salmonete com caviar de berinjela e vinagrete de tomate

UMA SALADA MORNA FEITA AO ESTILO DO SUL DA FRANÇA: BELOS FILÉS DE SALMONETE FRITOS SOBRE UM PURÊ CREMOSO DE BERINJELA, RODEADOS POR UM MOLHO LEVE DE TOMATE. ESTE PRATO É UMA ENTRADA EXCELENTE PARA QUALQUER REFEIÇÃO.

1 Preaqueça o forno a 220°C. Corte a berinjela ao meio, no sentido do comprimento, e faça sulcos nela. Espalhe o alho amassado na superfície cortada das duas metades e tempere com sal. Coloque o ramo de alecrim entre as duas metades e junte-as. Embrulhe bem apertado com folha de alumínio e asse por 45 minutos; então, reduza a temperatura do forno para 110°C. Asse por mais 25 minutos ou até que a pele murche e a polpa esteja molhada e macia.

2 Desembrulhe a berinjela com cuidado e reserve o líquido em uma tigela. Descarte o alecrim. Então, raspe a polpa e o alho na mesma tigela, descartando a casca. Pique bem a polpa, e transfira para uma caçarola. Cozinhe em fogo médio, mexendo de vez em quando, por aproximadamente 5 minutos ou até reduzir e engrossar. Tempere a gosto e, então, reserve esse caviar de berinjela.

3 Para fazer o molho, pique os tomates em cubos bem pequenos, quase como um purê, mas não muito líquido. Com uma colher, coloque em uma tigela e misture o azeite, o suco de limão, o manjericão, o estragão e o vinagre. Tempere e reserve.

4 Retire todas as espinhas do peixe. Em uma panela antiaderente grande, aqueça o azeite e frite os filés, com a pele para baixo, por 3 minutos. Vire-os com cuidado e frite o outro lado por 2 minutos. Retire e tempere. Corte os filés ao meio, no sentido do comprimento.

5 Cubra as folhas com o vinagrete e tempere. Arrume a salada no centro de quatro pratos grandes. Faça quatro montes pequenos de caviar de berinjela em cada prato, ao redor da salada, e coloque uma metade de filé sobre cada um deles. Coloque o molho de tomate ao redor do peixe, formando uma linha irregular, e sirva imediatamente.

INGREDIENTES
(para 4 pessoas)

1 berinjela média
1 dente grande de alho amassado
sal marinho ou gema
1 ramo de alecrim fresco
8 filés de salmonete de 100 g, com pele
1 colher de sopa de azeite
250 g de salada de folhas mistas
1 a 2 colheres de sopa de Vinagrete Clássico (página 76)
pimenta-do-reino moída na hora

PARA O MOLHO

3 tomates italianos maduros, sem pele e sem sementes
100 ml de azeite
suco de meio limão
1 colher de chá de manjericão fresco
1 colher de chá de estragão fresco
½ colher de chá de vinagre balsâmico

ALTERNATIVAS:
CAVALA, TAMBORIL

VINHO RECOMENDADO:
ROSÉ PROVENÇAL

Truta defumada com molho de berinjela condimentada e folhas temperadas com anchovas

TRUTA DEFUMADA TEM UM SABOR DELICADO, SUCULENTO. AQUI, ELA FAZ PAR COM UMA PECULIAR "SALSA" DE BERINJELA E SALADA TEMPERADA COM ANCHOVAS, E É GUARNECIDA COM OVOS DE CODORNA CORTADOS AO MEIO. SIRVA COM FATIAS FINAS DE PÃO DE CENTEIO.

1 Primeiramente, faça o molho de berinjela. Aqueça 2 colheres de sopa do azeite em uma caçarola e cozinhe levemente a berinjela e as échalotes, mexendo de vez em quando, por aproximadamente 10 minutos ou até ficarem macias.

2 Acrescente o vinagre, os temperos e os pepinos, e cozinhe por mais 2 minutos. Tempere levemente, e retire do fogo. Misture o restante do azeite e reserve para esfriar. Quando estiver morno, misture as ervas frescas picadas. Retire as favas dos cardamomos.

3 Enquanto isso, retire a pele e a cabeça das trutas, e solte a carne das espinhas principais com as costas de uma faca de lâmina fina. Você deverá obter 4 filés compridos e uniformes de cada peixe.

4 Descasque os ovos, enxágüe-os em água fria e corte-os ao meio. Os ovos de codorna têm a casca bem dura, e é melhor descascá-los em pequenas partes. Fica mais fácil se você rolar os ovos sobre a casca, até que ela rache.

5 Para fazer o molho, seque os filés de anchova em papel-toalha. Coloque-os no processador, juntamente com todos os outros ingredientes e bata até ficar homogêneo e cremoso, raspando as laterais do recipiente uma vez ou duas. O molho deve ficar líquido o suficiente para cobrir a salada. Se necessário, acrescente até 2 colheres de chá de água fria, respingando com cuidado, até obter a consistência correta.

6 Arrume os filés de truta no centro de quatro pratos e, com uma colher, coloque o molho ao redor, formando um círculo. Misture as folhas com o molho e faça pilhas uniformes sobre os filés. Arrume 3 metades de ovo de codorna na salada de cada prato e coloque um ramo de salsinha sobre eles.

VINHO RECOMENDADO:
CHARDONNAY CHILENO

INGREDIENTES
(para 4 pessoas)

4 trutas defumadas de 300 g, inteiras
6 ovos de codorna cozidos
aproximadamente 200 g de salada de folhas mistas
4 ramos pequenos de salsinha de folha lisa fresca

PARA O MOLHO DE BERINJELA

3 colheres de sopa de azeite
1 berinjela grande cortada em cubos pequenos
3 échalotes grandes cortadas em fatias finas
2 colheres de chá de vinagre de xerez
1 colher de chá de cada: cominho moído e garam masala
6 cardamomos
2 pepinos cortados em cubos pequenos
1 colher de sopa de cada: coentro, manjericão e cebolinha, frescos e picados
sal marinho e pimenta-do-reino moída na hora

PARA O MOLHO DE ANCHOVAS

uma lata de 50 g de filés de anchova escorridos
150 ml de azeite
1 colher de sopa de vinagre de vinho branco
1 dente de alho pequeno, descascado e amassado

Salada de vieiras assadas de panela com molho de uvas-passas brancas e alcaparras

E AGORA ALGO COMPLETAMENTE DIFERENTE – VIEIRAS ASSADAS DE PANELA, SERVIDAS COMO UMA SALADA MORNA COM UM MOLHO INIGUALÁVEL QUE APRENDI EM NOVA YORK – SIMPLESMENTE UM PURÊ DE SULTANAS (PASSAS BRANCAS) E ALCAPARRAS. ESSE MOLHO TAMBÉM COMBINA MUITO BEM COM OUTROS PEIXES ASSADOS DE PANELA. PARA UMA APRESENTAÇÃO MAIS GLAMOUROSA E ELABORADA, COLOQUE CADA METADE DE VIEIRA SOBRE UM PEQUENO PUNHADO DE PURÊ DE COUVE-FLOR (PÁGINA 210). GOSTO TAMBÉM DE GUARNECER OS PRATOS COM PEQUENOS PEDAÇOS DE COUVE-FLOR.

1 Coloque as passas, as alcaparras e 120 mililitros de água no processador e bata até ficar tudo bem homogêneo, raspando as laterais do recipiente uma vez ou duas. Passe o molho por uma peneira, esfregando com as costas de uma concha ou de uma colher de pau. Ele deve ficar com consistência líquida o suficiente para derramar. Se parecer grosso demais, acrescente um pouco mais de água. Reserve.

2 Salpique o curry levemente sobre ambos os lados das vieiras. Aqueça o azeite em uma frigideira antiaderente grande. Acrescente as vieiras, colocando-as na frigideira no sentido horário. Cozinhe por apenas um minuto de cada lado, virando-as na mesma ordem em que foram colocadas (isso assegura que todas cozinhem igualmente). Quando estiverem douradas dos dois lados e elásticas ao toque, retire-as da frigideira. Deixe esfriar por um ou dois minutos. Então, corte-as ao meio, horizontalmente. Tempere bem.

3 Cubra as folhas com vinagrete e divida-as entre os quatro pratos. Coloque 6 ou 7 metades de vieira em cada prato, ao redor da salada. Coloque o molho de passas sobre as vieiras, ou entre elas, formando pequenos montes, se preferir. Sirva ainda morno.

INGREDIENTES
(para 4 pessoas)

100 g de uvas-passas brancas
100 g de alcaparras escorridas
1 colher de chá de curry em pó suave
12 a 14 vieiras grandes, sem conchas, aparadas e limpas
1 colher de sopa de azeite
200 g de salada de folhas mistas
2 colheres de sopa de Vinagrete Clássico (página 76)
sal marinho e pimenta-do-reino moída na hora

VINHO RECOMENDADO
GRÜNER VELTLINER SPÄTLESE TROCKEN, DA ÁUSTRIA

Risotos e Massas

Risoto básico

DEPOIS QUE VOCÊ APRENDER A TÉCNICA DE OBTER A ADEQUADA TEXTURA CREMOSA DO ARROZ, CONSEGUINDO MANTER UM BOM PONTO AL DENTE, É SÓ UMA QUESTÃO DE ACRESCENTAR OS OUTROS INGREDIENTES PARA OBTER UM RISOTO PERFEITO.

Use um arroz para risoto de qualidade "super fini" — Carnaroli, Arborio, ou o mais "integral" Vialone Nano. Eles dão uma cremosidade ao prato e não quebram.

Prepare todos os ingredientes com antecedência, antes de começar a cozinhar o arroz, de maneira que possa acrescentá-los assim que terminar de fazer o risoto básico.

Frite levemente os grãos de arroz antes de acrescentar o vinho ou o caldo. A panela deverá chiar quando você acrescentar o líquido.

Acrescente o caldo, uma concha por vez, mexendo e esperando absorver cada porção antes de colocar a próxima. Mantenha o caldo fervendo em fogo brando enquanto durar essa operação.

Cozinhe parcialmente o risoto por aproximadamente 12 minutos; então, deixe-o esfriar e coloque-o na geladeira, para terminar de cozinhar momentos antes de servir, com o resto do caldo e os sabores escolhidos.

1 Coloque o caldo em uma caçarola e aqueça, deixando ferver em fogo brando.

2 Em uma caçarola média, aqueça o azeite e salteie levemente as échalotes por 5 minutos, ou até ficarem macias e levemente coradas. Acrescente o arroz e cozinhe em fogo médio por 2 ou 3 minutos, mexendo freqüentemente. Coloque o vinho e mexa até que seja absorvido. Com uma concha, coloque um quarto do caldo e cozinhe, mexendo freqüentemente, em fogo médio, até que o líquido seja quase totalmente absorvido.

3 Acrescente mais uma concha de caldo e mexa novamente até absorver. Continue dessa maneira até cozinhar por aproximadamente 12 minutos. Deve sobrar um pouco de caldo. Se for servir logo em seguida, prossiga com o passo 5.

4 Se estiver cozinhando o risoto com antecedência, pare de cozinhar nesse ponto e escorra a mistura de risoto em uma peneira apoiada sobre uma tigela. Misture o líquido da tigela com o restante do caldo. Espalhe o risoto parcialmente cozido em uma assadeira, para esfriar (isso interrompe o cozimento).

5 Continue cozinhando, acrescentando gradualmente o restante do caldo, até que os grãos de arroz estejam roliços e cremosos. O tempo total de cozimento deve ser entre 15 e 18 minutos, e a quantidade de caldo usada pode variar. Se o seu caldo acabar, você pode usar água fervente.

6 Acrescente os sabores escolhidos, mais o queijo mascarpone e o parmesão, se estiver usando. Tempere a gosto, mexa bem e sirva.

INGREDIENTES

(para 4 pessoas)

500 a 600 ml de Caldo de Peixe (páginas 58 e 59) ou Caldo de Frango (página 61) ou Nage de Legumes (página 61)
3 colheres de sopa de azeite
2 échalotes grandes cortadas em fatias finas
200 g de arroz para risoto (Carnaroli, Arborio ou Vialone Nano)
100 ml de vinho branco seco
sabores a sua escolha (páginas 127 a 130)
2 colheres de sopa de queijo mascarpone
1 ou 2 colheres de sopa de queijo parmesão ralado (opcional)
sal marinho e pimenta-do-reino moída na hora

Risoto com enguia defumada e minicebolas

PARA ESTA RECEITA, USE ENGUIA DEFUMADA A QUENTE – ISTO É, AQUELA QUE FOI COZIDA E DEFUMADA. VERIFIQUE CUIDADOSAMENTE A PRESENÇA DE ESPINHAS ANTES DE CORTAR AS ENGUIAS.

1 Misture os cubos de enguia com o risoto na metade do tempo de cozimento (ao final do passo 4, na página ao lado).

2 Enquanto termina de cozinhar o risoto, aqueça a manteiga e o azeite em uma caçarola. Salteie as cebolas em fogo médio por aproximadamente 5 minutos ou até que comecem a dourar. Acrescente cerca de um quarto do caldo e cozinhe até reduzir bem; então, acrescente o restante. Tampe a panela e deixe cozinhar em fogo brando por mais 5 minutos ou até que as cebolas estejam bem macias. Aumente o fogo e cozinhe. Sem tampa, até todo o líquido evaporar e as cebolas ficarem cristalizadas. Misture com o risoto cozido e sirva imediatamente.

INGREDIENTES

(para 4 pessoas)

500 g de enguia defumada, sem pele, se necessário, sem espinhas, e cortada em cubos pequenos

Risoto Básico (ver página ao lado)

75 g de manteiga

2 colheres de sopa de azeite

200 g de minicebolas descascadas

250 ml de Caldo de Peixe (páginas 58 e 59), Caldo de Frango (página 61) ou Nage de Legumes (página 61)

ALTERNATIVA:
SALMÃO DEFUMADO A QUENTE, EM LASCAS

VINHO RECOMENDADO:
GRAVES BRANCO

Risoto com lula assada de panela

TENTÁCULOS E ANÉIS MACIOS DE LULA, LEVEMENTE ASSADOS DE PANELA E TEMPERADOS COM O LÍQUIDO DE SEU COZIMENTO, ALÉM DE RÁPIDOS PARA PREPARAR, SÃO UMA MISTURA SUCULENTA PARA UM RISOTO CREMOSO.

INGREDIENTES

(para 4 pessoas)

4 lulas miúdas ou 2 médias, preparadas
1 colher de sopa de azeite
1 échalote grande cortada em fatias finas
90 ml de vinagre balsâmico
2 colheres de chá de manteiga
Risoto Básico (página 126)
ramos de cerefólio fresco, para guarnecer
sal marinho e pimenta-do-reino moída na hora

1 Fatie as lulas em anéis de 1 centímetro e seque-os com papel-toalha.

2 Em uma frigideira, aqueça o azeite e frite rapidamente os anéis e os tentáculos das lulas por 2 a 3 minutos, ou apenas até ficarem firmes e brancos. Tome cuidado para não cozinhar demais. Retire com uma escumadeira.

3 Coloque a échalote no azeite, mexa e salteie levemente por aproximadamente 5 minutos, ou até ficar macia. Acrescente o vinagre e cozinhe até reduzir pela metade. Acrescente a manteiga e bata até derreter e o molho ficar brilhante.

4 Coloque a lula de volta na panela e tempere levemente. Misture ao risoto no final do cozimento. Guarneça com o cerefólio e sirva imediatamente.

VINHOS RECOMENDADOS:
BARON DE 'L', LADOUCETTE,
CHÂTEAU DU NOZET

Risoto com lagosta e cogumelos morel

UM RISOTO COM UM TOQUE DE CLASSE. SE FOR DIFÍCIL ENCONTRAR COGUMELOS MOREL, VOCÊ PODE USAR COGUMELOS SECOS, DEIXADOS DE MOLHO PARA RE-HIDRATAR, OU QUALQUER OUTRO COGUMELO SILVESTRE INTERESSANTE QUE ENCONTRAR NO MERCADO.

INGREDIENTES
(para 4 pessoas)

1 lagosta pequena cozida
2 colheres de sopa de azeite
1 échalote grande cortada em fatias finas
12 cogumelos morel frescos, cortados ao meio, ou 6 cogumelos morel secos, reidratados e cortados em 4 partes
Risoto Básico (página 126)
sal marinho e pimenta-do-reino moída na hora

1 Retire a carne do rabo da lagosta inteira e corte-a em fatias. Quebre as patas, extraia a carne usando um espeto e corte em cubos pequenos.

2 Em uma frigideira, aqueça 1 colher de sopa de azeite e salteie a échalote por 5 minutos, ou até ficar macia. Misture os cogumelos e cozinhe por 2 minutos. Acrescente a carne das patas em cubos e cozinhe até aquecer novamente. Retire da panela e mantenha aquecida.

3 Aqueça o restante do azeite e salteie levemente a carne fatiada do rabo da lagosta por aproximadamente 3 minutos para aquecer novamente e dar um sabor caramelizado.

4 Misture delicadamente a mistura de échalote, cogumelos e lagosta em cubos com o risoto ao final do cozimento. Tempere a gosto. Guarneça com a lagosta fatiada e sirva.

VINHO RECOMENDADO:
MEURSAULT PREMIER CRU

Massa básica de macarrão

EU ADORO A SENSAÇÃO DE FOLHAS DE MASSA FRESCA PASSANDO PELA MÁQUINA E SAINDO MAIS FINAS A CADA GIRO. PARA PRATOS RÁPIDOS VOCÊ PODE ACHAR QUE UMA MASSA FRESCA PRONTA OU SECA DE QUALIDADE É ACEITÁVEL, MAS PARA PRATOS ESPECIAIS COMO RAVIÓLI, A MASSA CASEIRA É MAIS FÁCIL DE MANUSEAR. ESTA RECEITA RENDE MASSA PARA APROXIMADAMENTE 12 REFEIÇÕES. A MASSA QUE NÃO FOR SER USADA IMEDIATAMENTE PODE SER CORTADA EM FORMA DE TAGLIATELLE OU ESPAGUETE, ENROLADA EM "NINHOS" E CONGELADA ATÉ O MOMENTO DO USO. QUANDO FOR USAR, SIMPLESMENTE COLOQUE OS NINHOS CONGELADOS EM ÁGUA FERVENTE E COZINHE POR APENAS 2 MINUTOS; ENTÃO, ESCORRA E USE LOGO EM SEGUIDA.

INGREDIENTES

(para aproximadamente 900 g)

550 g de farinha de trigo ou farinha de trigo tenro italiana para massas
½ colher de chá de sal marinho refinado
4 ovos caipiras grandes
6 gemas
2 colheres de sopa de azeite

1 Peneire a farinha de trigo e o sal em uma tigela. Coloque-a no processador junto com os ovos, as gemas e o azeite. Processe até que a mistura fique bem esfarelada, desligando a máquina de vez em quando para raspar as laterais do recipiente. Continue batendo até que a mistura comece a formar pequenas pelotas. Você pode verificar apertando uma pequena quantidade da mistura entre os dedos. Quando formar uma pasta homogênea e firme, está pronta.

2 Transfira a massa para uma superfície levemente enfarinhada. Com a palma da mão, sove a massa formando uma bola homogênea, com firmeza mas não com muita força, por 3 a 5 minutos. A massa deve estar macia e levemente elástica. Embrulhe-a em plástico-filme e deixe descansar por uma ou duas horas.

3 Para abrir a massa, ajuste o mecanismo da máquina de macarrão para a espessura mais grossa. Separe um pedaço da massa do tamanho de um ovo grande. Enfarinhe-o levemente, e passe pela máquina 3 ou 4 vezes. Mude o mecanismo para a próxima espessura mais fina e passe a massa 3 ou 4 vezes novamente. Ao abrir a massa, apóie delicadamente a parte de baixo com as costas da mão.

4 Continue com esse processo até chegar na espessura mais fina da máquina. A essa altura, a folha de massa deve estar macia, fina e lisa. Se pretender colocar em cortadores, você pode precisar polvilhar com um pouco de farinha para evitar que grude. Como alternativa, você pode pendurar a massa nas costas de uma cadeira para secar por aproximadamente uma hora. Entretanto, tome cuidado para que não fique seca demais, ou ela poderá rachar. Eis aqui as larguras apropriadas para os seguintes tipos de massa: espaguete (aberto mais grosso para ficar com formato mais roliço) – 5 milímetros; tagliatelle – 1 centímetro; pappardelle - aproximadamente 3 centímetros; folhas para lasanha, canelone e ravióli – a largura depende no tamanho da sua máquina de macarrão.

5 Cozinhe as tiras de massa em água salgada fervente por 1 ou 2 minutos; escorra e misture com um pouco de manteiga. Não escorra demais: massas frescas ficam melhores se servidas levemente úmidas.

Espaguete com amêijoas e estragão

NA ÉPOCA DE AMÊIJOAS FRESCAS, QUANDO É FÁCIL ENCONTRÁ-LAS, VALE A PENA FAZER ESTE MOLHO COMO ACOMPANHAMENTO PARA MASSAS CASEIRAS. AS AMÊIJOAS SÃO PREPARADAS DE MANEIRA BEM SIMPLES: É SÓ LAVÁ-LAS EM UMA TIGELA COM BASTANTE ÁGUA CORRENTE FRIA. ELAS NÃO TÊM "BARBAS" COMO OS MEXILHÕES.

INGREDIENTES

(para 4 pessoas)

1 kg de amêijoas frescas
2 échalotes grandes, 1 picada e 1 cortada em fatias finas
2 ramos grandes de estragão fresco, talos reservados e folhas cortadas em tiras + extra para guarnecer
300 ml de vinho branco seco
1 colher de sopa de suco de limão fresco
15 g de manteiga
2 tomates italianos maduros, em concassé (página 218)
300 g de espaguete fresco (página ao lado)
sal marinho e pimenta-do-reino moída na hora

1 Encha uma tigela grande com água fria, e coloque as amêijoas. Chacoalhe-as na água com as mãos. Deixe a água fria da torneira na tigela por aproximadamente 10 minutos, até as amêijoas ficarem bem limpas. Escorra e descarte as conchas que estiverem abertas.

2 Coloque as amêijoas em uma panela grande. Acrescente a échalote fatiada, os talos de estragão e o vinho. Deixe ferver, depois tampe bem a panela e abaixe o fogo, cozinhando por mais 5 minutos. Escorra as amêijoas, reservando o líquido do cozimento em outra panela. Descarte as amêijoas que não estiverem abertas e reserve o restante.

3 Acrescente a échalote picada e o suco de limão à panela com o líquido do cozimento. Ferva até reduzir pela metade. coloque a manteiga, bata; depois acrescente o tomate em concassé e as folhas de estragão.

4 Cozinhe o espaguete em bastante água salgada fervente, por 1 minuto ou 2. Escorra e misture delicadamente com o molho e as amêijoas cozidas. Tempere a gosto. Guarneça com estragão e sirva.

ALTERNATIVA:
MEXILHÕES

VINHO RECOMENDADO:
PENEDÉS SAUVIGNON BLANC

Pappardelle com salmão defumado e molho vierge

SALMÃO DEFUMADO E MASSAS SÃO EXCELENTES COMPANHEIROS PARA UM PRATO SIMPLES E RÁPIDO PARA O JANTAR. MAS, POR FAVOR, NADA DE COLOCAR QUEIJO PARMESÃO POR CIMA – OS SABORES DO PEIXE E DA MASSA SÃO SUTIS DEMAIS.

INGREDIENTES

(para 3 a 4 pessoas)

150 ml de Molho Vierge (página 69)
250 a 300 g de pappardelle fresco (página 132)
manteiga para a massa
200 g de salmão defumado cortado em tiras finas
sal marinho e pimenta-do-reino moída na hora

1 Faça o molho vierge, reserve e mantenha aquecido. Cozinhe a massa fresca por apenas um minuto ou dois em bastante água salgada fervente, depois escorra e misture com um pouco de manteiga.

2 Misture as tiras de salmão defumado com a massa cozida. Tempere a gosto. Coloque nos pratos e cubra com o molho vierge.

VINHO RECOMENDADO:
BORDEAUX BRANCO

Tagliatelle com molho de manjericão e atum

PARA ESTA RECEITA VOCÊ PRECISA FAZER UM POUCO DE PURÊ DE MANJERICÃO FRESCO PARA O MOLHO, MAS TAMBÉM PODE USÁ-LO PARA TEMPERAR A MASSA, SUBSTITUINDO UM DOS OVOS POR 2 COLHERES DE CHÁ DESSE PURÊ.

1 Coloque a nage ou o caldo de peixe em uma caçarola pequena. Deixe ferver e cozinhe por aproximadamente 10 minutos ou até reduzir pela metade. Misture o creme e o purê de manjericão. Reserve esse molho.

2 Aqueça o azeite em uma frigideira antiaderente grande e frite o atum por 2 ou 3 minutos de cada lado. O peixe deve ficar apenas cozido e ainda levemente elástico ao toque. Tempere delicadamente. Acrescente o conhaque e deixe flambar; então, retire a panela do fogo.

3 Cozinhe o tagliatelle por apenas um minuto ou dois em bastante água salgada fervente, depois escorra e misture com um pouco de manteiga. Aqueça novamente o molho, e bata com 1 ou 2 colheres de chá de manteiga. Misture à massa e sirva imediatamente com as postas de atum por cima.

INGREDIENTES

(para 4 pessoas)

250 ml de Nage de Legumes (página 61) ou Caldo de Peixe (páginas 58 e 59)

100 ml de creme de leite

2 colheres de chá de Purê de Manjericão Fresco (página 75)

1 colher de sopa de azeite

4 postas de atum fresco (preferencialmente amarelo, para um sabor mais leve)

2 colheres de sopa de conhaque

300 g de tagliatelle fresco (página 132)

1 ou 2 colheres de chá de manteiga + extra para a massa

sal marinho e pimenta-do-reino moída na hora

ALTERNATIVAS:
SALMÃO, ESPADARTE

VINHO RECOMENDADO:
GRENACHE ESPANHOL SUAVE

Espaguete com crème fraîche e caviar

POSSIVELMENTE O PRATO PRINCIPAL SIMPLES SUPREMO: ESPAGUETE COZIDO AL DENTE EM UM MOLHO VELOUTÉ LEVE COM CRÈME FRAÎCHE E CAVIAR. ESTA RECEITA É UMA BOA PEDIDA QUANDO VOCÊ TEM UMA BOA PORÇÃO DE MOLHO VELOUTÉ CONGELADO NO FREEZER PARA USAR. PARA FAZER UMA VERSÃO AINDA MAIS RÁPIDA DESTE PRATO, ESCORRA O ESPAGUETE, DEIXANDO-O LEVEMENTE ÚMIDO E MISTURE COM UM POUCO DE MANTEIGA; ENTÃO, ACRESCENTE O CRÈME FRAÎCHE E O CAVIAR. QUALQUER UM DESSES MÉTODOS É UMA BOA MANEIRA DE FAZER UMA ÚNICA PORÇÃO DE CAVIAR SERVIR 4 PESSOAS.

INGREDIENTES

(para 4 pessoas)

100 ml de Velouté de Peixe com Creme (página 62) ou 200 ml de Caldo de Peixe (páginas 58 e 59)
450 g de espaguete fresco (página 132) ou 400 g de um espaguete seco de boa qualidade
4 colheres de sopa de creme de leite
2 colheres de sopa de cerefólio ou salsa fresca picada
20 g de caviar
sal marinho e pimenta-do-reino moída na hora

ALTERNATIVA:
OVAS DE SALMÃO (NÃO USE OVAS DE PEIXE-LAPA!)

VINHO RECOMENDADO:
RIESLING DA ALSÁCIA

1 Aqueça levemente o velouté de peixe até quase ferver, e mantenha-o aquecido. Se estiver usando caldo de peixe, deixe ferver e reduzir até restarem apenas 100 mililitros.

2 Cozinhe a massa por 2 minutos em bastante água levemente salgada fervente, se estiver usando espaguete fresco; siga as instruções da embalagem se estiver usando massa seca. Escorra, deixando-a levemente úmida.

3 Misture o creme de leite com o velouté ou caldo. Acrescente o cerefólio ou salsa e o caviar, e mexa. Tome muito cuidado para não deixar o molho aquecer demais ou ferver, pois o caviar pode endurecer e estragar.

4 Misture o molho com a massa, tempere a gosto e sirva imediatamente. Para fazer uma bela apresentação, você pode servir com um quarto do caviar sobre cada porção de massa, em vez de misturado ao molho.

Ravióli de caranguejo com molho vierge

ESTE PRATO USA A CARNE BRANCA E A ESCURA DE DOIS CARANGUEJOS MÉDIOS, QUE VOCÊ PODE COMPRAR JÁ PREPARADA NA PEIXARIA, SE NÃO QUISER PREPARAR VOCÊ MESMO. COMO ALTERNATIVA AO MOLHO VIERGE, VOCÊ PODE SERVIR UM VINAGRETE TEMPERADO COM UM CALDO DE LAGOSTA OU DE CAMARÃO BEM REDUZIDO.

INGREDIENTES

(para 4 pessoas)

300 g de carne branca de caranguejo
suco de limão fresco a gosto
150 g de carne escura de caranguejo ou camarões de água fria descascados, batidos no processador até a consistência de purê
½ colher de chá de manjericão fresco picado
½ colher de chá de estragão fresco picado
½ colher de chá de cerefólio fresco picado
200 g de massa fresca (página 132) bem fina
150 ml de Molho Vierge (página 69)
ramos de cerefólio ou salsa de folha lisa fresca, para guarnecer
sal marinho e pimenta-do-reino moída na hora

VINHO RECOMENDADO:
PINOT BLANC CANADENSE

1 Faça o recheio primeiro: desfie bem a carne branca do caranguejo, retirando todos os pedaços de concha ou cartilagem. Tempere bem e misture um pouco de suco de limão a gosto e as ervas picadas. Use a carne escura ou o purê de camarão para dar liga (pode não ser necessário usar tudo).

2 Com as mãos limpas e bem secas, faça quatro bolas com a mistura. Coloque as bolas na geladeira para firmar enquanto trabalha com a massa.

3 Estique as folhas de massa sobre a superfície de trabalho e corte 8 círculos, usando um molde de 10 centímetros de diâmetro. Pincele levemente as bordas dos círculos de massa com um pouco de água. Coloque as bolas de carne de caranguejo no centro de quatro dos círculos de massa. Cubra com os outros círculos e aperte as bordas para fechar, usando o polegar e o indicador, tomando cuidado para apertar a massa junto ao recheio sem deixar bolhas de ar. Para uma finalização profissional, você pode apertar um molde canelado, de um tamanho menor que o molde liso, ao redor do ravióli recheado para fechar bem e decorar as bordas.

4 Ferva uma caçarola de água e cozinhe os ravióli por 2 minutos. Retire com uma escumadeira. Escorra e transfira para quatro pratos de sopa aquecidos. Cubra com o molho, guarneça com o cerefólio e salsa e sirva.

Canelone de camarão com hollandaise de estragão

CAMARÕES-TIGRE CRUS E MANJERICÃO FRESCO COMBINADOS PARA FAZER UM RECHEIO SABOROSO PARA CANELONE CASEIRO. O CREME E O MOLHO HOLLANDAISE DEIXAM ESTE PRATO LUXUOSO.

INGREDIENTES

(para 2 a 4 pessoas)

300 g de camarões-tigre crus descascados
4 colheres de sopa de creme de leite
1 colher de chá de manjericão fresco
200 g de massa fresca (página 132) bem fina
1 colher de sopa de estragão fresco picado e alguns ramos para guarnecer
150 ml de Hollandaise de Azeite (página 64)
2 colheres de chá de azeite
sal marinho e pimenta-do-reino moída na hora

1 Seque os camarões com papel-toalha. Passe um terço deles pelo processador até obter uma massa homogênea, raspando as laterais do recipiente uma vez ou duas. Acrescente o creme e o tempero e bata novamente. Com uma colher, coloque em uma tigela e misture o manjericão. Pique metade dos camarões restantes e misture-os ao purê.

2 Corte as folhas de massa em quatro tiras de 10 x 15 centímetros. Em uma panela grande de água salgada fervente, branqueie as tiras por aproximadamente 10 segundos. Escorra e seque-as com papel-toalha. Coloque cada tira sobre um pedaço de plástico-filme. Com uma colher, coloque um quarto do recheio de camarão ao longo de uma das extremidades mais curtas de cada tira de massa. Enrole bem apertado e embrulhe em plástico-filme, torcendo as pontas para fechar. Deixe na geladeira por aproximadamente 30 minutos.

3 Misture o estragão picado com o molho hollandaise, e afine um pouco com 2 colheres de sopa de água morna. O molho deve ficar com consistência líquida o suficiente para espalhar. Mantenha aquecido.

4 Em uma frigideira, aqueça o azeite e frite os camarões restantes até ficarem rosados. Reserve para usar como guarnição. Preaqueça a grelha.

5 Ferva uma panela grande e rasa de água. Branqueie o canelone, em suas embalagens de plástico-filme, por 4 minutos. Escorra. Quando esfriar o suficiente para manusear, desembrulhe-os com cuidado e arrume em um prato refratário raso. Cubra com o molho. Deixe sob uma grelha quente até borbulhar e dourar levemente. Guarneça com os camarões fritos e ramos de estragão, e sirva imediatamente.

ALTERNATIVA:
CARANGUEJOS DE ÁGUAS FRIAS DO ATLÂNTICO

VINHO RECOMENDADO:
CHARDONNAY CHILENO

Lasanha de hadoque defumado com molho de mostarda

A MINHA VERSÃO DESTE PRATO DE FAMÍLIA POPULAR É BEM LUXUOSA. A RECEITA USA UM MOLHO VELOUTÉ, DE PREFERÊNCIA A VERSÃO COM CREME. MAS, SE ESTIVER COM PRESSA, A VERSÃO COM FARINHA DE TRIGO SERVE BEM. PARA A MASSA, TENTE USAR FOLHAS FRESCAS OU CASEIRAS, EMBORA UMA MASSA PARA LASANHA SECA DE BOA QUALIDADE POSSA SUBSTITUÍ-LA BEM. EVITE USAR MASSAS PRECOZIDAS, POIS GERALMENTE ELAS SÃO GRUDENTAS.

INGREDIENTES

(para 4 pessoas)

500 ml de leite desnatado ou de água
1 hadoque Finnan grande (de aproximadamente 1 kg)
300 g de folhas para lasanha frescas (página 132) ou 150 g de massa seca para lasanha
2 colheres de sopa de azeite
200 g de cogumelos silvestres, ou cultivados de sua escolha, fatiados
12 a 16 pontas de aspargos com os talos descascados
500 ml de Velouté de Peixe (página 62)
1 colher de sopa de mostarda granulada
1 colher de sopa de cebolinha fresca picada
150 g de folhas de espinafre miúdo bem lavadas
1 colher de sopa de queijo parmesão ralado na hora
sal marinho e pimenta-do-reino moída na hora

1 Coloque o leite ou a água em uma caçarola grande ou frigideira funda e ferva em fogo brando. Mergulhe o hadoque no líquido, acrescentando mais leite ou água se for necessário, para cobrir. Cozinhe por 5 minutos, ou até que a carne comece a lascar. Escorra. Retire a pele, as espinhas e desfie o peixe enquanto ainda estiver quente. Reserve a carne.

2 Branqueie as folhas de lasanha em uma caçarola de água salgada fervente: apenas 2 minutos para folhas frescas e de 4 a 5 minutos para massa seca. Escorra e enxágüe em água fria, e seque com papel-toalha. Reserve.

3 Em uma frigideira, aqueça o azeite e salteie os cogumelos até ficarem macios. Retire e escorra. Branqueie os aspargos por 2 minutos em água fervente, e escorra.

4 Aqueça o molho velouté. Misture a mostarda e a cebolinha e verifique o tempero. Mantenha o molho aquecido.

5 Para montar a lasanha: preaqueça o forno a 190°C. Unte levemente uma travessa refratária de tamanho médio. Coloque um pouco de molho no fundo da travessa e arrume uma camada das folhas de massa por cima (cerca de um terço). Espalhe um terço das folhas de espinafre. Arrume um terço do peixe por cima e, então, acrescente um terço dos cogumelos. Cubra com um pouco mais de molho. Repita as camadas mais duas vezes; então arrume os aspargos branqueados por cima. Cubra com o restante do molho e salpique queijo parmesão. Asse por aproximadamente 15 minutos ou até estar bem quente e borbulhando. Deixe descansar por aproximadamente 10 minutos antes de servir.

ALTERNATIVA:
OUTRO PEIXE DEFUMADO DE SUA ESCOLHA

VINHO RECOMENDADO:
BOURGOGNE ROUGE

Peixes
à moda caseira

Tamboril frito com pimentão e pak choi

UM PRATO MUITO FÁCIL. APENAS GASTE UM POUCO DE TEMPO NA PREPARAÇÃO INICIAL, E DESCOBRIRÁ QUE O COZIMENTO É UMA QUESTÃO DE MINUTOS. VOCÊ VAI PRECISAR DE UM WOK DE BOM TAMANHO, ANTIADERENTE OU BEM POLIDO. PAK CHOI (TAMBÉM CHAMADO DE BOK CHOY) É UM VEGETAL FOLHOSO CHINÊS, BEM PARECIDO COM A ACELGA. ESTÁ CADA VEZ MAIS FÁCIL ENCONTRÁ-LO NOS SUPERMERCADOS, MAS SE NÃO CONSEGUIR, USE FOLHAS CHINESAS RASGADAS. SIRVA COM UMA TIGELA DE ARROZ-DE-JASMIM (JASMINE) TAILANDÊS AROMÁTICO, SALPICADO COM SEMENTES DE GERGELIM TORRADAS.

INGREDIENTES
(para 4 pessoas)

2 rabos de tamboril de 250 g, em filés
2 colheres de sopa de óleo de amendoim
1 pimentão vermelho pequeno cortado em fatias finas
1 pimentão amarelo pequeno cortado em fatias finas
1 cebola pequena cortada em fatias finas
1 colher de sopa de gengibre fresco picado
1 abobrinha média cortada em fatias
aproximadamente 100 g de folhas de pak choi grosseiramente picadas
50 g de brotos de feijão frescos
2 colheres de chá de molho de soja suave
1 ½ colher de chá de Mix de Especiarias e Chilli (página 74)
2 colheres de sopa de Vinagrete Clássico (página 76)
1 colher de chá de óleo de gergelim
sal marinho e pimenta-do-reino moída na hora

1 Retire toda a membrana cinza do tamboril, depois corte-o transversalmente em fatias de 1 centímetro. Certifique-se de que todos os outros ingredientes estejam preparados antes de começar a cozinhar.
2 Aqueça um wok grande até quase começar a sair fumaça. Acrescente 1 colher de sopa de óleo e frite o tamboril por aproximadamente 3 minutos, virando-o, até dourar dos dois lados. Retire e escorra em papel-toalha. Mantenha aquecido.
3 Acrescente o restante do óleo e aqueça bem. Frite os pimentões, a cebola, o gengibre e a abobrinha, mexendo, por aproximadamente 2 minutos, até cozinharem e ficarem levemente dourados. Retire do wok com uma escumadeira e mantenha quente.
4 Aqueça o óleo novamente e frite o pak choi e os brotos de feijão, mexendo, por 2 minutos, ou até murcharem. Misture o molho de soja e 1 colher de chá do mix de condimentos. Misture a meia colher de chá do mix de condimentos restante com o vinagrete. Reserve.
5 Coloque os outros legumes de volta no wok. Acrescente o óleo de gergelim e aqueça novamente até ficar bem quente. Verifique o tempero. Divida em quatro pratos quentes e arrume o tamboril por cima. Coloque um pouco do vinagrete condimentado sobre cada porção e sirva.

ALTERNATIVA:
CAMARÕES-TIGRE DESCASCADOS (APROXIMADAMENTE 400 g)

VINHO RECOMENDADO:
CHARDONNAY AUSTRALIANO

Rabos de tamboril baby com pancetta sobre ratatouille

ESTE PRATO ME TRAZ LEMBRANÇAS DE REFEIÇÕES ENSOLARADAS NO MEDITERRÂNEO, ONDE PEQUENOS RABOS MACIOS DE TAMBORIL SÃO TORRADOS EM PANCETTA ITALIANA. É RAZOAVELMENTE FÁCIL ENCONTRAR PANCETTA EM DELICATESSENS OU SUPERMERCADOS MAIS SOFISTICADOS, MAS SE TIVER DIFICULDADE EM ENCONTRAR, USE UM BACON DEFUMADO GORDO, CORTADO EM FATIAS BEM FINAS. TUDO QUE VOCÊ PRECISA PARA SERVIR JUNTO COM ESTE PRATO É UM PÃO FRANCÊS E UMA TAÇA OU DUAS DE UM VINHO BRANCO ENÉRGICO.

1 Retire toda a membrana cinza dos rabos de tamboril. Se estiver usando rabos grandes, corte-os em filés e deixe os 4 filés separados. Corte os rabos pequenos também, mas coloque os pares de filés juntos novamente, virados em direções opostas. Tempere levemente e enrole bem firme a pancetta em volta de cada um dos filés. Reserve na geladeira para firmar um pouco, enquanto prepara os legumes.

2 Preaqueça o forno a 200°C. Aqueça uma panela grande à prova de chamas no fogão até ficar bem quente. Acrescente 1 ou 2 colheres de sopa de azeite e aqueça. Coloque o peixe e cozinhe por 3 a 5 minutos até dourar bem de todos os lados. Transfira para um prato.

3 Coloque o azeite restante na panela e aqueça bem. Salteie os pimentões e a cebola em fogo médio por 3 a 5 minutos. Acrescente o alho, a berinjela e a abobrinha. Cozinhe por mais 5 minutos até ficarem bem corados; misture o estragão, o manjericão, os tomates e o tempero. Misture bem e, então, coloque os rabos de tamboril por cima.

4 Coloque a panela no forno e asse por 8 a 10 minutos. Retire do forno e mexa os legumes em volta do peixe. Coloque outra vez no forno se algum dos ingredientes precisar de mais cozimento, mas tome cuidado para não cozinhar demais o tamboril: ele deve ficar firme mas ainda um pouco elástico ao toque. Depois de cozido, deixe descansar em local quente por aproximadamente 5 minutos antes de servir.

INGREDIENTES

(para 4 pessoas)

4 rabos de tamboril baby ou 2 de tamboril grande
100 g de pancetta cortada em fatias bem finas
aproximadamente 90 ml de azeite
2 pimentões vermelhos grandes cortados em 4 partes
2 pimentões amarelos grande cortados em 4 partes
1 cebola roxa ou branca pequena cortada em fatias grossas
4 a 6 dentes de alho grandes picados
1 berinjela pequena cortada em 4 no sentido do comprimento
1 abobrinha grande cortada em 6 no sentido do comprimento
folhas de 2 ramos grandes de estragão fresco picadas
6 a 8 folhas grandes de manjericão fresco grosseiramente picadas
6 tomates italianos maduros, sem pele e sem sementes, grosseiramente picados
sal marinho e pimenta-do-reino moída na hora

VINHO RECOMENDADO:
BARBERA ITALIANO SUAVE

Bolinhos de salmão com molho de azedinha-da-horta

MEUS BOLINHOS DE PEIXE SÃO FEITOS COM PURÊ DE BATATA CREMOSO E SALMÃO CRU, PARA QUE O PEIXE FIQUE SUCULENTO; DEPOIS SÃO COBERTOS COM FARELOS DE BRIOCHE: PROVA DE QUE O MÍNIMO DE INGREDIENTES PODE PRODUZIR OS MELHORES RESULTADOS. SE NÃO CONSEGUIR ENCONTRAR BRIOCHE, USE FARELO SECO OU ATÉ MESMO BISCOITO GRISSINI RALADO. A AZEDINHA-DA-HORTA PODE SER SUBSTITUÍDA POR AGRIÃO OU ESPINAFRE.

INGREDIENTES

(para 6 bolinhos)

400 g de batatas descascadas e cortadas em cubos
15 g de manteiga
1 colher de chá de cerefólio fresco picado
1 colher de chá de cebolinha fresca picada
500 g de filé de salmão sem pele
1 ovo grande + 1 gema
100 g de farelo seco de brioche (página 218)
75 g de manteiga clarificada (página 218) + 2 colheres de sopa de óleo de girassol para fritar (ou apenas 150 ml de óleo de girassol)
sal marinho e pimenta-do-reino moída na hora

PARA O MOLHO

250 ml de Velouté de Peixe com Creme ou sem creme (página 62)
40 g de folhas frescas de azedinha-da-horta picadas
2 colheres de chá de suco de limão fresco

1 Coloque as batatas em uma caçarola e cubra com água levemente salgada. Ferva por 12 a 15 minutos, até ficarem macias; então, escorra. Coloque-as de volta na panela e seque em fogo brando por aproximadamente um minuto. Amasse as batatas até obter um purê homogêneo, de preferência usando um espremedor de batata. Misture a manteiga, o cerefólio, a cebolinha e o tempero. Reserve para esfriar e firmar.

2 Bata um quarto do salmão no processador, até obter um purê homogêneo, raspando as laterais do recipiente uma vez ou duas. Pique o restante do peixe em cubos bem pequenos. Misture o purê de salmão com o purê de batata frio. Acrescente a gema e os cubinhos de peixe. Polvilhe levemente as mãos para que não grude, e enrole a mistura, formando seis bolinhos redondos.

3 Bata o ovo inteiro em uma tigela rasa. Coloque o farelo de brioche em outra tigela rasa. Mergulhe todos os bolinhos no ovo, cobrindo bem, e depois no farelo, retirando o excesso. Coloque os bolinhos em um prato grande e deixe-os na geladeira por pelo menos 30 minutos, para firmar a cobertura.

4 Enquanto isso, prepare o molho. Aqueça o velouté de peixe novamente, quase até ferver. Retire do fogo e misture a azedinha-da-horta e o suco de limão. Deixe em infusão.

5 Aqueça a manteiga clarificada ou o óleo de girassol com 2 colheres de sopa de óleo em uma panela rasa, mas não deixe queimar. Coloque delicadamente os bolinhos na panela, um de cada vez, usando uma espátula para peixe. Cozinhe em fogo médio por aproximadamente 5 minutos. Vire com cuidado e frite o outro lado por mais 5 minutos até ficarem bem dourados e crocantes.

6 Escorra em papel-toalha, mas não cubra os bolinhos, ou poderão ficar encharcados. Aqueça o molho novamente e sirva-o com os bolinhos.

ALTERNATIVAS:
BACALHAU, HADOQUE, HOKI, OLHO-DE-VIDRO

VINHO RECOMENDADO:
RULLY BRANCO

Torta simples de peixe

UMA MISTURA DE PEIXE QUE RESULTA EM UMA TORTA INTERESSANTE. EU GERALMENTE USO OS CORTES QUE SOBRAM DE OUTRAS RECEITAS, MAS VOCÊ TAMBÉM PODE USAR UMA SELEÇÃO DE UNS TRÊS PEIXES, ESCOLHENDO DE PREFERÊNCIA PEIXES COM UMA BOA GAMA DE DIFERENTES SABORES E TEXTURAS, TAIS COMO TAMBORIL, SALMÃO E BACALHAU. ESTA RECEITA É ENRIQUECIDA COM COGUMELOS, ÉCHALOTES E MOLHO VELOUTÉ, E ENTÃO COBERTA COM UMA DELICIOSA MASSA FOFA AMANTEIGADA.

1 Aqueça o azeite em uma caçarola pequena e salteie delicadamente a échalote por 5 minutos, ou até ficar macia. Misture os cogumelos e cozinhe por mais 5 minutos. Reserve para esfriar.

2 Abra a massa até ficar com tamanho 2 centímetros maior que a borda de uma fôrma de torta de 1,5 litro com aba. Corte um anel desse círculo de massa, com 1 centímetro de espessura em toda a circunferência; você vai precisar dele mais tarde para cobrir a borda da fôrma. Reserve.

3 Coloque as lascas de peixe na fôrma de torta. Espalhe o cerefólio e a cebolinha e tempere com 1 colher de chá de sal e um pouco de pimenta a gosto. Com uma colher, espalhe a mistura de échalote e cogumelo por cima, depois o velouté de peixe. Misture delicadamente.

4 Pincele a borda da fôrma com um pouco da gema misturada com água. Pressione o anel de massa na borda e pincele novamente. Com a ajuda do rolo de massa, levante a massa aberta e coloque-a sobre o recheio. Pressione bem as bordas para fechar; então, corte o excesso da massa com uma faca afiada e aperte as bordas para que fiquem onduladas. Pincele com a gema e corte uma cruz no centro. Leve a torta à geladeira para firmar por 30 minutos.

5 Preaqueça o forno a 200°C. Tire a torta da geladeira e coloque-a em uma assadeira. Asse por 20 a 25 minutos, ou até que a massa fique bem dourada e crocante, e o recheio bem cozido e borbulhante. Deixe-a descansar por aproximadamente 10 minutos antes de servir.

INGREDIENTES

(para 4 pessoas)

2 colheres de sopa de azeite
1 échalote cortada em fatias finas
100 g de cogumelos champignon cortados em 4
250 g de massa fofa caseira ou massa pronta de boa qualidade
600 g de filés de peixe sem pele (ex.: uma mistura de salmão, bacalhau e tamboril) cortados em pedaços
2 colheres de sopa de cerefólio fresco picado
1 colher de sopa de cebolinha fresca picada
250 ml de Velouté de Peixe com ou sem creme (página 62)
1 gema batida com 1 colher de chá de água
sal marinho e pimenta-do-reino moída na hora

ALTERNATIVAS:
SALMONETE, ROBALO, LINGUADO, RODOVALHO

VINHO RECOMENDADO:
SYLVANER AUSTRALIANO

Cassoulet de frutos do mar com feijão-branco

EU GOSTO DE FAZER VERSÕES DE PRATOS CLÁSSICO POPULARES COM PEIXE. ESTA VERSÃO DO PRATO CONDIMENTADO TRADICIONAL DE SALSICHA E GANSO, DE TOULOUSE PODE SER FEITA COM QUALQUER SELEÇÃO PEIXES DE CARNE FIRME. A ESCOLHA FICA TOTALMENTE POR SUA CONTA. ALIÁS, VOCÊ PODE ACRESCENTAR OU RETIRAR QUAISQUER INGREDIENTES QUE QUISER – ESSA É A BELEZA DE UM CASSOULET.

1 Retire todas as espinhas dos filés de peixe, usando uma pinça, se necessário. Corte os peixes em pedaços. Fatie a lula em anéis.

2 Em uma caçarola grande e rasa, aqueça metade do azeite. Salteie por aproximadamente 3 minutos os peixes, os anéis e tentáculos de lula, os lagostins ou camarões-tigre e as vieiras. Cozinhe os ingredientes por partes, mexendo delicadamente com uma espátula e tomando cuidado para não cozinhar demais. A lula estará pronta quando ficar branca, e os camarões quando ficarem rosados. Depois de cozidos, transfira-os para um prato. Preaqueça o forno a 180°C.

3 Coloque na panela o azeite restante e salteie o bacon, a cebola e o funcho por 3 a 5 minutos, até ficarem macios e bem corados. Acrescente o vinho, se estiver usando, e cozinhe até evaporar. Misture o repolho, os tomates picados e o purê de tomate. Cozinhe por mais 5 minutos, até que os tomates comecem a amolecer. Misture o feijão-branco ou feijão cannelline, o caldo e o tempero. Deixe ferver; retire do fogo e misture o creme. Coloque em uma caçarola rasa.

4 Coloque os frutos do mar cozidos por cima. Misture-os delicadamente na mistura de feijão, sem mergulhar completamente. Cubra com folha de alumínio sem apertar e cozinhe no forno por 10 a 15 minutos. Salpique com um pouco de salsa picada e sirva.

INGREDIENTES

(para 4 pessoas)

300 g de filés de peixe sem pele (ex.: salmão, tamboril, robalo)
1 lula pequena, preparada
6 colheres de sopa de azeite
150 g de lagostins crus ou camarões-tigre, descascados
6 vieiras médias, sem as conchas e limpas
50 g de bacon defumado picado
1 cebola média picada
2 colheres de sopa de bulbo de funcho picado
3 colheres de sopa de vinho branco seco (opcional)
1/6 de repolho grosseiramente picado
4 tomates italianos maduros, sem pele e sem sementes, picados
1 colher de chá de purê de tomate
150 g de feijão-branco cozido (de 50 g de feijão seco) ou 420 g de feijão cannellini enlatado, enxaguado e escorrido
300 ml de Caldo de Peixe (páginas 58 e 59)
100 ml de creme de leite
1 colher de chá de salsa fresca picada
sal marinho e pimenta-do-reino moída na hora

VINHO RECOMENDADO:
ST JOSEPH RHÔNE VALLEY TINTO SUAVE

Salmão assado de panela com repolho cremoso

PEIXE E REPOLHO SÃO BONS COMPANHEIROS DE PRATO, E SALMÃO ROSA SERVIDO SOBRE REPOLHO VERDE CLARO, SALPICADO COM ERVAS FRESCAS, É UMA DELÍCIA. COMPRE FILÉS DE SALMÃO CORTADOS DA PARTE GROSSA DO PEIXE, DE MANEIRA QUE VOCÊ TENHA BOAS "POSTAS" ROLIÇAS PARA TRABALHAR. ESCOLHA UMA VARIEDADE DE REPOLHO VERDE-CLARO PARA ESTE PRATO. SIRVA COM UMA SALADA DE FOLHAS DE ESPINAFRE MIÚDO E TALVEZ ALGUMAS BATATINHAS.

1 Retire todas as espinhas dos filés de salmão e apare-os para deixá-los uniformes, se necessário.

2 Ferva uma panela grande com água e branqueie o repolho por apenas 30 segundos. Escorra e esfrie em água corrente fria. Escorra bem novamente e reserve.

3 Aqueça a manteiga ou o azeite na mesma panela e salteie delicadamente a échalote por 3 minutos. Acrescente o repolho branqueado e cozinhe por mais 3 minutos, mexendo de vez em quando.

4 Acrescente o vinagre e cozinhe, mexendo, até evaporar; então, coloque o vinho e cozinhe até reduzir pela metade. Misture o creme e deixe ferver. Tempere a gosto. Retire do fogo, tampe e mantenha aquecido enquanto cozinha o peixe.

5 Aqueça uma frigideira antiaderente grande. Quando estiver bem quente, acrescente 1 colher de chá de azeite e sacuda a frigideira. Coloque em fogo médio e cozinhe os filés de salmão por aproximadamente 3 minutos de cada lado, ou até que ainda estejam levemente elásticos ao toque. Tome cuidado para não cozinhar demais. Tempere a gosto com sal e pimenta.

6 Junte a cebolinha, a salsa e o cerefólio picados à mistura de repolho com creme. Divida o repolho em quatro pratos aquecidos e coloque os filés de salmão por cima. Guarneça com ramos de cerefólio e sirva.

INGREDIENTES

(para 4 pessoas)

4 filés de 200 g de salmão, sem pele
½ repolho grande verde-claro picado
40 g de manteiga ou 2 colheres de sopa de azeite + 1 colher de chá de azeite para o peixe
1 échalote cortada em fatias finas
2 colheres de chá de vinagre de xerez
75 ml de Chardonnay ou outro vinho branco seco
90 ml de creme de leite
1 colher de sopa de cebolinha fresca picada
1 colher de sopa de salsa de folha lisa fresca picada
1 colher de sopa de cerefólio fresco picado + ramos para guarnecer
sal marinho e pimenta-do-reino moída na hora

ALTERNATIVAS:
BACALHAU, GAROUPA, HADOQUE, HOKI, OLHO-DE-VIDRO

VINHO RECOMENDADO:
VOUVRAY BRANCO

Bacalhau com crosta amanteigada de ervas

VOCÊ PODE TRANSFORMAR UM SABOROSO FILÉ DE BACALHAU EM ALGO AINDA MELHOR, ACRESCENTANDO UMA COBERTURA DE COGUMELOS SUAVEMENTE CONDIMENTADOS E UMA CROSTA DE ERVAS. O MÉTODO USADO AQUI PARA COLOCAR A CROSTA EM CADA UM DOS FILÉS É BEM ENGENHOSO. O BACALHAU FICA DELICIOSO SERVIDO SOBRE ESPINAFRE, COM ARROZ CONDIMENTADO (PÁGINA 198) E UM MOLHO VELOUTÉ.

1 Aqueça o azeite em uma caçarola e acrescente os cogumelos. Cozinhe até chiarem; então, abaixe o fogo e salteie delicadamente por aproximadamente 10 minutos, até ficarem bem macios, como um purê grosso. Se os cogumelos produzirem muito líquido durante o cozimento, aumente o fogo para que ele evapore. Tempere e reserve.

2 Enquanto isso, passe os tomates pelo processador, até obter um purê. Retire e reserve.

3 Para a crosta de ervas, pique as ervas no processador; então, acrescente a manteiga e bata novamente. Acrescente o farelo e bata até obter uma pasta. Raspando, coloque sobre uma folha de plástico-filme ou folha de alumínio. Usando uma espátula, espalhe a massa, formando um retângulo grande o suficiente para cobrir os quatro filés. Cubra com outra camada de plástico-filme ou folha de alumínio. Passe um rolo de massa delicadamente por cima, para alisar. Deixe na geladeira por aproximadamente 2 horas, até firmar.

4 Preaqueça o forno a 200°C. Tire a crosta de ervas da geladeira e retire a camada superior de plástico-filme ou folha de alumínio. Corte em quatro retângulos para cobrir os filés. Espalhe mostarda sobre os filés. Com uma colher, despeje o purê de tomate por cima e cubra com os cogumelos. Disponha um retângulo de crosta de ervas sobre cada filé, e coloque-os em uma assadeira.

5 Asse o peixe por aproximadamente 15 minutos, ou até que a carne comece a lascar. Enquanto o peixe assa, preaqueça a grelha. Retire o peixe do forno e coloque sob a grelha para que a crosta de ervas fique crocante. Sirva imediatamente.

INGREDIENTES
(para 4 pessoas)

- **1 colher de sopa de azeite**
- **100 g de cogumelos champignon cortados em fatias finas**
- **2 tomates italianos maduros sem pele e sem sementes**
- **4 filés grossos, de 150 g, de bacalhau sem pele**
- **1 colher de sopa de mostarda em grãos**
- **sal marinho e pimenta-do-reino moída na hora**

PARA A CROSTA DE ERVAS

- **40 g de salsa de folha crespa fresca (talos descartados)**
- **1 colher de chá de pontas de tomilho fresco**
- **50 g de manteiga em temperatura ambiente**
- **150 g de farelo de pão fresco**

ALTERNATIVA:
FILÉS GROSSOS DE HADOQUE

VINHO RECOMENDADO:
ALIGOTÉ

Espadarte braseado de verão

ESTA RECEITA TEM TODAS AS MARCAS DE UM PRATO DO MEDITERRÂNEO ENSOLARADO – PEIXE FIRME E ROLIÇO E LEGUMES FRESCOS COM PERFUME DE LIMÃO. TODOS OS INGREDIENTES SÃO COZIDOS JUNTOS EM UMA CAÇAROLA DE FERRO FUNDIDO PARA RESSALTAR OS SABORES E AS CORES. FICA UMA MARAVILHA SERVIDO COM BATATINHAS E UMA SALADA DE RÚCULA PICANTE COBERTA COM LASCAS DE QUEIJO PARMESÃO.

INGREDIENTES
(para 4 pessoas)

3 colheres de sopa de azeite
2 cebolas médias cortadas em anéis
12 échalotes médias cortadas ao meio
8 tomates italianos, sem pele e sem sementes, cortados em 4 partes
3 ou 4 abobrinhas cortadas em fatias finas
2 folhas de louro
um ramo grande de tomilho fresco
2 talos de capim-limão cortados em 3 partes
400 ml de Chardonnay ou outro vinho branco seco
4 postas de 150 g de espadarte
sal marinho e pimenta-do-reino moída na hora

1 Preaqueça o forno a 200°C. Coloque uma caçarola de ferro fundido vazia no forno até ficar quente; então, acrescente o azeite e passe-a para o fogão. Acrescente as cebolas, as échalotes, os tomates, as abobrinhas, as folhas de louro, o tomilho e o capim-limão, e tempere. Cozinhe, sem tampa, mexendo de vez em quando, por aproximadamente 15 minutos ou até que os legumes comecem a caramelizar.

2 Acrescente o vinho e coloque de volta no forno e cozinhe por aproximadamente 10 minutos, ou até o líquido reduzir pela metade.

3 Coloque as postas de espadarte sobre os legumes. Usando uma colher, cubra o peixe com molho, e tempere delicadamente. Coloque de volta no forno e cozinhe por 10 a 12 minutos até que o peixe fique firme ao toque.

4 Retire o peixe da caçarola. Com uma colher, distribua os legumes em quatro pratos aquecidos. Coloque o peixe cuidadosamente sobre os legumes. Cubra com um fio do líquido da panela e sirva.

ALTERNATIVA:
FILÉS GROSSOS DE BACALHAU

VINHO RECOMENDADO:
MERLOT SUAVE

Linguado com figo e confit de limão

ESTA RECEITA SIMPLES E DIFERENTE É IDEAL PARA FAZER NO OUTONO, QUANDO FIGOS FRESCOS APARECEM NO MERCADO E AS SOLHAS-LIMÃO ESTÃO ROLIÇAS. O CONFIT PODE SER FEITO COM ANTECEDÊNCIA, E ACRESCENTADO APENAS ANTES DE COZINHAR O PEIXE. UMA DELÍCIA COM ARROZ CONDIMENTADO (PÁGINA 198), OU COM CUSCUZ E HARISSA FRESCO (PÁGINA 70).

INGREDIENTES

(para 4 pessoas)

8 figos frescos firmes
1 limão cortado em fatias finas
3 colheres de sopa de azeite
4 solhas-limão de 300 a 400 g, em filés, sem pele
sal marinho e pimenta-do-reino grosseiramente moída

1 Preaqueça o forno a 190°C. Corte os figos ao meio, no sentido do comprimento, e arrume em uma assadeira rasa. Cubra com fatias de limão e espalhe 2 colheres de sopa do azeite.

2 Cubra a assadeira com uma folha de alumínio e asse por aproximadamente 30 minutos, até que os figos reduzam e fiquem macios e suculentos. Retire do forno e reserve até o momento de cozinhar o peixe.

3 Pincele outra assadeira rasa ou travessa refratária com o restante do azeite. Coloque os filés de peixe em uma única camada. Tempere bem. Com uma colher, coloque os figos por cima com o líquido e, talvez, mais um fio de azeite.

4 Asse, sem cobrir, por aproximadamente 15 minutos ou até que a carne do peixe pareça firme ao ser pressionada com um garfo. Sirva imediatamente.

ALTERNATIVAS:
SOLHA, BADEJO

VINHO RECOMENDADO:
GEWÜRZTRAMINER DA ÁFRICA DO SUL

Paella de frutos do mar

A PAELLA É UMA MARAVILHOSA CELEBRAÇÃO DE FRUTOS DO MAR, FRANGO, LEGUMES E ARROZ, TUDO COZIDO JUNTO COM PÁPRICA, ALHO E, É CLARO, AÇAFRÃO. É IMPORTANTE TER UMA BOA VARIEDADE DE FRUTOS DE MAR, EMBORA TODOS POSSAM SER SUBSTITUÍDOS POR ALGO SIMILAR, OU ATÉ MESMO DEIXADOS DE FORA.

INGREDIENTES

(para 6 a 8 pessoas)

1,5 litro de Caldo de Frango (página 61)
1 frango pequeno ou médio cozido
2 rabos de lagosta de 200 g, cozidos
200 g de lulas pequenas, preparadas
500 g de mexilhões frescos, sem as "barbas"
1 rabo de tamboril de 200 g, cortado em filés
5 colheres de sopa de azeite
1 cebola média cortada em fatias finas
1 alho-poró médio cortado em fatias finas
½ pimentão vermelho pequeno picado
½ pimentão verde pequeno picado
6 tomates italianos maduros, sem pele e sem sementes, picados
2 dentes de alho grandes amassados
½ colher de chá de pistilos de açafrão
1 folha de louro
500 g de arroz para paella ou Arborio
150 ml de vinho branco seco
200 g de lagostins ou camarões-tigre crus, sem casca, mas com a última secção do rabo
1 colher de chá de páprica
salsa fresca picada para guarnecer
sal marinho e pimenta-do-reino moída na hora

1 Prepare todos os ingredientes antes de começar a cozinhar. Aqueça o caldo de frango em uma panela. Corte o frango cozido em 8 partes, usando uma tesoura de destrinchar frango ou uma faca pesada afiada. Descarte as pontas das asas e das coxas e a parte de trás. Tire as conchas dos rabos das lagostas e corte a carne em pedaços. Corte as lulas em anéis, reservando os tentáculos. Escolha os mexilhões e descarte os que estiverem abertos. Corte os filés de tamboril em pedaços.

2 Aqueça metade no azeite em uma panela para paella ou em uma panela grande e rasa com capacidade para 5 litros. Salteie a cebola, o alho-poró, os pimentões, os tomates e o alho com o açafrão e a folha de louro por 5 a 10 minutos, ou até que os legumes fiquem macios. Misture o arroz e cozinhe por 3 a 5 minutos, mexendo, até ficar opaco. Misture o vinho para deglaçar e cozinhe até evaporar.

3 Com uma concha, acrescente o caldo, deixando cada porção ser absorvida antes de colocar a próxima, e mexendo com freqüência. O cozimento deve durar cerca de 15 minutos. Quando o arroz estiver cozinhando há 10 minutos, acrescente os mexilhões.

4 Enquanto isso, aqueça o azeite restante em uma frigideira e salteie os pedaços de tamboril por aproximadamente 3 minutos, mexendo. Retire-os. Acrescente os anéis e os tentáculos de lula, os pedaços de lagosta e os lagostins ou camarões. Mexa apenas até que os lagostins ou camarões fiquem rosados e firmes. Tome cuidado para não cozinhar demais os frutos do mar.

5 Misture todos os frutos do mar cozidos e os pedaços de frango com o arroz. Tempere com sal e pimenta, salpique com a páprica e misture delicadamente junto com o caldo restante. Se o arroz parecer pálido e mal cozido, você pode colocar um pouco de água fervente e cozinhar por mais 6 a 8 minutos, ou até que tudo fique cozido, e o arroz, roliço. Espalhe a salsa por cima e sirva acompanhado de salada e pão com casca.

VINHO RECOMENDADO:
GRENACHE ESPANHOL BRANCO

Mexilhões com legumes cremosos de inverno

UMA VARIAÇÃO BEM LUXUOSA DO CLÁSSICO MOULES MARINIÈRES, ESTE É O PRATO PERFEITO PARA UM JANTAR DE ESTILO. PREPARE TODOS OS LEGUMES E OUTROS INGREDIENTES ANTES DE COMEÇAR A LIDAR COM OS MEXILHÕES, DE MANEIRA QUE ELES SEJAM COZIDOS NO ESTADO MAIS FRESCO POSSÍVEL. RECOMENDO ESCOVAR E RETIRAR AS "BARBAS" APENAS NO MOMENTO DE COZINHAR, PARA QUE NÃO ABRAM ANTES DE ENTRAR NA PANELA.

INGREDIENTES
(para 2 pessoas)

- **1,5 kg de mexilhões frescos**
- **2 colheres de chá de pontas de tomilho fresco**
- **1 folha de louro**
- **300 ml de vinho branco seco**
- **50 g de manteiga sem sal**
- **1 alho-poró pequeno cortado em fatias finas**
- **½ bulbo de funcho cortado à julienne**
- **200 g de cogumelos portobello ou champignons-de-paris cortados em fatias finas**
- **4 échalotes cortadas em fatias finas**
- **uma pitada de curry em pó**
- **2 anises-estrelados**
- **100 ml de creme de leite**
- **4 ramos de salsa de folha lisa bem picados**
- **uma pitada de pistilos de açafrão**
- **sal marinho e pimenta-do-reino moída na hora**

1 Escove os mexilhões, descartando os que estiverem abertos. No momento de cozinhar, retire as "barbas" daqueles que estiverem bem fechados. Assim que terminar de tirar as "barbas", aqueça bem uma caçarola grande de fundo grosso. Acrescente os mexilhões, o tomilho, a folha de louro e um terço do vinho. Tampe e aqueça por um minuto ou dois; então, sacuda bem a panela.

2 Coloque de volta no fogo e tire a tampa. Mexa quase continuamente por 3 a 4 minutos. Quando todos estiverem abertos, escorra-os em uma peneira apoiada sobre uma tigela, para aproveitar o líquido do cozimento. Descarte os mexilhões que estiverem fechados e a folha de louro. Retire os mexilhões das conchas e descarte-as. Mantenha quente.

3 Na mesma caçarola, derreta a manteiga e acrescente o alho-poró, o funcho, os cogumelos, as échalotes, o curry e os anises-estrelados. Tampe a panela e abafe delicadamente os legumes por aproximadamente 7 minutos, ou até ficarem macios, mas não corados. Acrescente o restante do vinho e deixe ferver. Cozinhe, sem tampa, até que o líquido evapore quase completamente. Retire os anises-estrelados.

4 Acrescente o líquido dos mexilhões. Cozinhe, sem tampa, por 5 minutos, para reduzir novamente. Acrescente o creme e a salsa e deixe ferver novamente. Salpique com o açafrão, aqueça por 1 ou 2 minutos e tempere a gosto. Junte os mexilhões com a mistura de legumes e divida em quatro pratos de sopa aquecidos.

VINHO RECOMENDADO:
MUSCADET

Peixes festivos

Linguado-gigante lardeado com salmão defumado e molho Albert

ESTA RECEITA USA UMA TÉCNICA SIMPLES PARA TRANSFORMAR FILÉS DE LINGUADO-GIGANTE EM UM PRATO ESPECIAL – TIRAS DE SALMÃO DEFUMADO SÃO "COSTURADAS" NOS FILÉS, USANDO UMA AGULHA DE LARDEAR (QUE PODE SER ENCONTRADA NA MAIORIA DAS LOJAS DE EQUIPAMENTOS PARA COZINHA). É MELHOR CORTAR AS TIRAS DE UM PEDAÇO DE SALMÃO PARCIALMENTE CONGELADO, PARA QUE FIQUEM MAIS FÁCEIS DE LARDEAR. O MOLHO SIMPLES E DELICIOSO É O PREFERIDO DE UM DOS MEUS MENTORES, ALBERT ROUX, QUE ME ENSINOU TANTA COISA.

INGREDIENTES
(para 4 pessoas)

200 g de salmão defumado, em um só pedaço
4 filés de 150 g de linguado-gigante sem pele
uma bolinha generosa de manteiga
100 g de minicebolas descascadas e inteiras
1 alface picada
250 g de ervilhas, frescas ou congeladas
1 colher de sopa de azeite

PARA O MOLHO

1 colher de sopa de azeite
2 échalotes cortadas em fatias finas
25 g de raiz-forte, descascada e ralada, ou 2 colheres de sopa de pasta de raiz-forte
2 colheres de sopa de vinho branco seco
150 ml de creme de leite
2 colheres de chá de suco de limão fresco
sal marinho e pimenta-do-reino moída na hora

1 Congele parcialmente o salmão; então, corte em 16 tiras compridas e finas cada uma com cerca de 5 milímetros x 10 centímetros. Apare os filés de linguado-gigante, formando retângulos uniformes. Prenda uma tira de salmão na agulha de lardear e enfie em um filé de linguado-gigante, no sentido do comprimento. Repita três vezes. Coloque quatro tiras de salmão em cada filé de linguado-gigante da mesma maneira. Apare as bordas, e reserve na geladeira.

2 Faça o molho: em uma caçarola, aqueça o azeite e salteie delicadamente as échalotes com a raiz-forte fresca, se estiver usando, por aproximadamente 5 minutos, ou até ficarem macias, mas não coradas. Acrescente o vinho e cozinhe por um minuto ou dois até quase evaporar. Coloque o creme, acrescentando a pasta de raiz-forte, se estiver usando, e tempere. Deixe ferver e cozinhe em fogo brando por 2 minutos. Coe em uma peneira. Verifique o tempero e acrescente o suco de limão. Coe em uma caçarola pequena e reserve para aquecer novamente mais tarde.

3 Aqueça a manteiga com 3 colheres de sopa de água em uma caçarola. Acrescente as minicebolas e cozinhe por aproximadamente 5 minutos, até ficarem macias. Acrescente a alface, e mexa. Tampe e cozinhe por aproximadamente 3 minutos, até murchar. Coloque as ervilhas e cozinhe por mais 3 minutos; então, tempere a gosto. Escorra e reserve.

4 Agora, cozinhe o peixe. Em uma frigideira antiaderente grande, aqueça o azeite e frite os filés por aproximadamente 3 minutos de cada lado, até ficarem cozidos. Tempere levemente dos dois lados. Aqueça o molho e os legumes novamente para servir com o peixe.

ALTERNATIVA:
FILÉS GROSSOS DE RODOVALHO

VINHO RECOMENDADO:
MEURSAULT

Navarin de peixe com molho de cinco especiarias

A IDÉIA DESTE PRATO É TANTO SIMPLES QUANTO EXTRAORDINÁRIA: PEDAÇOS UNIFORMES DE UMA VARIEDADE DE PEIXES CONTRASTANTES, SERVIDOS COM UM MOLHO DE VINHO TINTO COM PÓ DE CINCO ESPECIARIAS. É UM PRATO QUE QUEBRA AS CONVENÇÕES, E SEU IMPACTO NÃO ESTÁ SOMENTE NO CONTRASTE DAS CORES, MAS TAMBÉM NOS DIFERENTES FORMATOS DOS PEDAÇOS DE PEIXE.

1 Para fazer o molho, ferva o vinho tinto, até reduzir para 150 ml e reserve. Enquanto isso, em outra caçarola, aqueça o azeite e salteie delicadamente as échalotes com o pó de cinco especiarias, a pimenta, o tomilho e a folha de louro por aproximadamente 10 minutos. Coloque o vinagre de xerez e cozinhe até quase evaporar. Misture o vinho reduzido e o caldo. Deixe ferver novamente por aproximadamente 20 minutos, ou até reduzir pela metade. Passe duas vezes por uma peneira forrada com musselina, para obter um molho rico e homogêneo. Reserve.

2 Tire a pele do rodovalho e do tamboril, mas deixe a pele da tainha, do salmão e do robalo. Corte todos os peixes em pedaços pequenos e uniformes, em formatos diferentes como diamantes, quadrados ou ovais. Faça uma boa mistura sem desperdiçar demais.

3 Cozinhe o lingüine ou o tagliatelle em bastante água salgada fervente por um minuto ou dois, até ficar al dente. Escorra. Em outra panela, cozinhe o espinafre em uma pequena quantidade de água fervente, até murchar. Coloque a massa e o espinafre em um escorredor e esfrie em água corrente fria. Escorra bem e reserve. Prepare duas caçarolas, cada uma com metade da manteiga mais algumas colheres de sopa de água temperada.

4 Em uma frigideira antiaderente grande, aqueça o azeite e cozinhe os pedaços de peixe, virando uma vez, por não mais do que 5 minutos, ou até ficarem levemente firmes. Tempere na panela e mantenha-os aquecidos. Usando as duas panelas de água com manteiga, aqueça novamente a massa em uma e o espinafre na outra por 1 ou 2 minutos; então, escorra bem. Aqueça o molho de vinho tinto e o creme velouté, se estiver usando.

5 Com uma colher, coloque uma porção de espinafre no centro de quatro pratos aquecidos. Misture a massa com a cebolinha picada. Enrole um quarto da massa nos dentes de um garfo grande, e coloque sobre a porção de espinafre. Com uma colher, coloque o molho de vinho tinto ao redor da massa e os peixes sobre o molho. Cubra com um fio de creme velouté, se estiver usando. Sirva assim que possível.

INGREDIENTES

(para 4 pessoas)

600 g de uma seleção de filés de peixe (ex.: salmonete, salmão, robalo, rodovalho, tamboril e vieiras)
200 g de lingüine ou tagliatelle fresco
150 g de folhas de espinafre miúdo
30 g de manteiga
1 colher de sopa de azeite
250 ml de Velouté de Peixe com Creme (página 62), para servir (opcional)
2 colheres de chá de cebolinha fresca picada
sal marinho e pimenta-do-reino moída na hora

PARA O MOLHO DE VINHO TINTO

1 garrafa de vinho tinto
2 colheres de sopa de azeite
6 échalotes grandes cortadas em fatias finas
1 colher de chá de pó de cinco especiarias
½ colher de chá de pimenta-do-reino em grãos ou pimenta-de-sichuan em grãos
1 ramo de tomilho fresco
1 folha de louro pequena
1 colher de sopa de vinagre de xerez
800 ml de Caldo de Frango (página 61)

VINHO RECOMENDADO:
PINOT NOIR DA TASMÂNIA

Robalo assado com funcho e gengibre

ROBALO PRATEADO É UM DOS MEUS PEIXES FAVORITOS E, AGORA QUE ELE É CULTIVADO, ESTÁ MAIS FÁCIL DE ENCONTRAR. SE POR ACASO ENCONTRAR UM ROBALO PEQUENO, DO TAMANHO DE UMA ÚNICA PORÇÃO, ENTÃO FAÇA QUATRO PORÇÕES INDIVIDUAIS E GRELHE OU ASSE NA CHURRASQUEIRA POR 7 A 10 MINUTOS DE CADA LADO.

1 Se possível, deixe a cabeça do peixe, pois isso ajuda a manter o recheio no lugar, e o prato pronto fica mais bonito. Verifique se todas as "linhas de sangue" de dentro da cavidade do corpo foram lavadas.

2 Aqueça o azeite em uma caçarola e salteie delicadamente a échalote, o funcho e o gengibre por aproximadamente 7 minutos, até ficarem macios. Acrescente o vinho e cozinhe até evaporar completamente. Tempere. Retire do fogo para esfriar.

3 Preaqueça o forno a 190°C. Usando uma colher, coloque o recheio dentro do peixe, empurrando para baixo e formatando o peixe ao redor. Com uma faca afiada, faça duas ou três marcas na pele de cada lado. Coloque o peixe em um prato refratário raso, pincele a pele com um pouco de azeite e tempere.

4 Asse o peixe por 20 a 25 minutos, ou até que pareça firme ao ser pressionado de leve na parte mais grossa (verifique abrindo um pequeno talho ao longo da espinha e pressionando a carne). Durante o cozimento, pincele com um pouco mais de azeite, para mantê-lo úmido. Perto do final do cozimento, cubra com o suco de limão.

5 Retire do forno e deixe descansar por 5 minutos. Então, com uma faca afiada de lâmina fina, corte ao longo de um lado da espinha, descendo até as costelas, até obter um filé comprido. Repita do outro lado. Corte os filés em duas partes. Com uma colher, coloque o recheio em quatro pratos aquecidos e o peixe, com a pele para cima, por cima do recheio. Cubra com o líquido da panela. Guarneça com as folhas de funcho reservadas e sirva.

INGREDIENTES

(para 4 pessoas)

1 robalo inteiro, de aproximadamente 1 kg, limpo e aparado
2 colheres de sopa de azeite + um pouco para pincelar
1 échalote cortada em fatias finas
1 bulbo pequeno de funcho bem picado + folhas para guarnecer
1 colher de sopa de gengibre fresco bem picado
150 ml de vinho branco seco
suco de ½ limão pequeno
sal marinho e pimenta-do-reino moída na hora

ALTERNATIVAS:
BRILL, BACALHAU

VINHO RECOMENDADO:
TOKAY DA ALSÁCIA

Dourada com cuscuz condimentado

EMBORA SEJA UM MEMBRO DA FAMÍLIA DOS SARGOS, A DOURADA (DORADE ROYALE) SE PARECE MAIS COM VERMELHO. É UMA REFEIÇÃO EXCELENTE, ESPECIALMENTE QUANDO PREPARADA AO ESTILO MEDITERRÂNEO – GRELHADA, E SERVIDA SOBRE UMA CAMA DE CUSCUZ TEMPERADO COM MAÇÃS E SULTANAS (UVAS-PASSAS BRANCAS). AS ESCAMAS DESSE PEIXE PODEM SER BEM AFIADAS, ENTÃO PEÇA AO PEIXEIRO PARA RETIRÁ-LAS PARA VOCÊ.

1 Coloque as uvas-passas de molho em água morna por 10 minutos; então, escorra e seque. Em uma tigela, coloque 200 ml de água fervente sobre o cuscuz. Misture o sal e 2 colheres de sopa do azeite. Deixe de molho por 1 hora, mexendo de vez em quando para desfazer os caroços, até que os grãos fiquem bem separados e fofos.

2 Misture as sultanas, o mix de especiarias e chilli, a maçã, o coentro picado com o cuscuz, e tempere. Momentos antes de cozinhar o peixe, cozinhe o cuscuz no vapor por 8 a 10 minutos, mexendo uma vez ou duas com um garfo, ou cubra e aqueça novamente no forno de microondas em potência máxima por 4 minutos, mexendo uma vez. Mantenha o cuscuz aquecido enquanto cozinha o peixe.

3 Preaqueça a grelha. Retire todas as espinhas dos filés de peixe com uma pinça. Faça 2 ou 3 cortes na pele dos filés. Esfregue um pouco de azeite, e pressione duas fatias de limão cristalizado na pele de cada filé. Salpique com alecrim e tempere. Grelhe, com a pele para cima, por aproximadamente 5 minutos até ficar crocante. Não há necessidade de virar o peixe. Mantenha-o aquecido.

4 Misture a casca de limão e o suco com o vinagrete. Divida o cuscuz em dois pratos. Cubra com um fio do azeite restante.

5 Tempere delicadamente o peixe; então, coloque um filé sobre cada porção de cuscuz. Cubra com o vinagrete e guarneça com os ramos de tomilho ou coentro, fritos por imersão ou frescos, e sirva imediatamente.

INGREDIENTES

(para 2 pessoas)

1 colher de sopa de uvas-passas brancas (sultanas)
100 g de cuscuz
½ colher de chá de sal gema triturado
3 colheres de sopa de azeite
1 colher de chá de Mix de Especiarias e Chilli (página 74)
½ maçã Granny Smith descascada e picada
2 colheres de chá de coentro fresco picado
1 dourada (dorade royale) de aproximadamente 650 g, sem escamas e cortada em 2 filés
4 fatias de Limão Cristalizado (página 216)
1 colher de chá de alecrim fresco picado
½ colher de chá de casca de limão ralada
2 colheres de chá de suco de limão fresco
2 colheres de sopa de Vinagrete Clássico (página 76)
ramos frescos ou fritos de tomilho ou coentro para guarnecer
sal marinho e pimenta-do-reino moída na hora

ALTERNATIVAS:
SALMONETE, SALMÃO

VINHOS RECOMENDADOS:
CHARDONNAY DO SUL DA AUSTRÁLIA, CHÂTEAUNEUF-DU-PAPE BRANCO, OU UM VINHO BRANCO PROVENÇAL (POR EXEMPLO, BANDOL)

Rodovalho em vinho tinto com molho claret

VINHO TINTO COMBINA COM O SABOR FORTE DO RODOVALHO, E COZINHAR OS FILÉS DE RODOVALHO EM VINHO TINTO REDUZIDO DEIXA A PELE DA COR DO VINHO, FAZENDO UM CONTRASTE DESLUMBRANTE COM A CARNE BRANCA. O LÍQUIDO DO COZIMENTO COM VINHO PODE SER REUTILIZADO EM OUTRO PRATO. VOCÊ PODE SERVIR O RODOVALHO, COBERTO COM SEU MOLHO, COM PONTAS DE ASPARGOS LEVEMENTE COZIDAS, OU ALHO-PORÓ BABY, OU COM ESPINAFRE COBERTO COM UM POUCO DE MANTEIGA.

INGREDIENTES

(para 4 pessoas)

1 litro de vinho tinto
1 colher de sopa de azeite
2 échalotes cortadas em fatias finas
100 ml de Caldo de Peixe (páginas 58 e 59)
400 ml de Molho Claret (página 63)
500 g de batatas descascadas e cortadas em cubos
uma bolinha generosa de manteiga
2 ou 3 colheres de sopa de leite quente
4 filés de 200 g de rodovalho, sem pele e bem aparados
sal marinho e pimenta-do-reino moída na hora

1 Ferva o vinho tinto até reduzir pela metade.

2 Aqueça o azeite em uma caçarola e cozinhe delicadamente as échalotes por aproximadamente 10 minutos até ficarem macias. Acrescente 4 colheres de sopa do vinho tinto reduzido. Cozinhe até reduzir mais e ficar com consistência de xarope. Acrescente o caldo e cozinhe por aproximadamente 10 minutos ou até reduzir pela metade. Acrescente o molho claret e deixe ferver. Cozinhe sem tampa por 20 minutos. Coe em uma peneira fina, transferindo para uma panela limpa e mantenha aquecido.

3 Enquanto o molho ferve, cozinhe as batatas em outra caçarola, até ficarem macias. Escorra e coloque de volta na panela quente vazia, e cozinhe por um minuto ou dois, para secar. Amasse até obter uma massa homogênea e cremosa, usando um espremedor de batatas, se tiver. Acrescente a manteiga e o leite quente, e bata até obter um purê cremoso e firme. Tempere bem e mantenha aquecida.

4 Em uma caçarola grande de fundo grosso, ferva o restante do vinho tinto reduzido e tempere levemente. Acrescente os filés de rodovalho. Deixe ferver novamente; então, abaixe o fogo e cozinhe em fogo brando por aproximadamente 10 minutos, ou até que a carne pareça firme ao toque. Retire com uma espátula para peixe e tempere levemente mais uma vez.

5 Usando uma colher, coloque o purê de batata em quatro pratos aquecidos. Para dar uma aparência elegante, você pode fazer círculos de purê usando um molde redondo grande. Coloque os filés de rodovalho por cima, cubra com o molho claret morno e sirva.

ALTERNATIVAS:
BACALHAU, HADOQUE, LINGUADO-GIGANTE

VINHO RECOMENDADO:
BURGUNDY PINOT NOIR TINTO (POR EXEMPLO, MONTHÉLIE)

Peixe-galo com endívia caramelizada

EU TENHO UMA CAIDINHA POR PEIXE-GALO, COM SUAS INCONFUNDÍVEIS IMPRESSÕES DIGITAIS DE SÃO PEDRO E SEU CHARME PARTICULAR. ELE É UM CRUZAMENTO ENTRE UM PEIXE CHATO E UM PEIXE ROLIÇO, DE SABOR DELICIOSO, MAS PRECISA SER CORTADO COM CUIDADO. TENHA EM MENTE QUE VOCÊ VAI PERDER BASTANTE NO CORTE, JÁ QUE A CABEÇA É BEM GRANDE. SE NÃO CONFIA NAS SUAS HABILIDADES COM A FACA, PEÇA AO PEIXEIRO PARA REALIZAR ESSA TAREFA. PARA SERVIR, SUGIRO UM CREMOSO VELOUTÉ DE PEIXE (PÁGINA 62) TEMPERADO COM ESTRAGÃO FRESCO PICADO, OU MOLHO MALTAISE (PÁGINA 66).

INGREDIENTES

(para 4 pessoas)

4 peixes-galo de aproximadamente 400 g cada, cortados e filés e sem pele
1 colher de sopa de suco de limão fresco
3 colheres de sopa de açúcar refinado
4 "cabeças" grandes de endívia, sem o miolo, aparadas
25 g de manteiga
150 ml de Nage de Legumes (página 61), Caldo de Peixe (páginas 58 e 59) ou água
1 colher de sopa de azeite
sal marinho e pimenta-do-reino moída na hora

ALTERNATIVA:
SALMONETE GRANDE

VINHO RECOMENDADO:
MUSCAT SECO DA ALSÁCIA

1 Retire todas as espinhas dos filés e apare as bordas. Reserve na geladeira.
2 Encha uma panela com água e acrescente o suco de limão, 1 colher de sopa de açúcar e ½ colher de chá de sal. Deixe ferver; então, acrescente a endívia e cozinhe-a em fogo brando por 8 minutos. Escorra bem e deixe esfriar o suficiente para manuseá-la; então, esprema delicadamente para retirar o excesso de água. Salpique com o restante do açúcar e tempere a gosto. Deixe descansar por 10 minutos.
3 Aqueça a manteiga em uma panela média rasa. Quando a manteiga estiver quente, mas não queimando, acrescente as endívias e cozinhe por 3 ou 4 minutos até ficarem levemente douradas e caramelizadas de todos os lados.
4 Coloque um pouco da nage, do caldo ou da água. Sacuda a panela até que o líquido esteja bem misturado com o da panela. Cozinhe em fogo médio até que o líquido evapore; então, acrescente um pouco mais. Continue com esse processo até que todo o líquido tenha sido acrescentado e as endívias estejam macias. Elas devem ficar brilhantes e bem douradas. Mantenha-as aquecidas.
5 Em uma frigideira grande, aqueça o azeite e frite os filés de peixe por aproximadamente 2 minutos de cada lado. Tempere a gosto e sirva com as endívias.

Brill envolto em batatas crocantes com fondue de alho-poró

FATIAS FINAS E COMPRIDAS DE BATATA AO REDOR DE FILÉS DE BRILL, COM UMA CROCÂNCIA APETITOSA, FORMAM ESSE PRATO VISTOSO. ELE É UM POUCO DEMORADO, MAS ALGUMAS PARTES DA RECEITA PODEM SER FEITAS COM ANTECEDÊNCIA. SE TIVER TEMPO E QUISER CAPRICHAR DE VERDADE, VOCÊ PODE FAZER TAMBÉM UM POUCO DE MOLHO CLARET (PÁGINA 63) PARA COLOCAR AO REDOR DAS PORÇÕES DE PEIXE.

INGREDIENTES
(para 6 pessoas)

4 filés de 150 g de brill, sem pele
2 ou 3 batatas grandes, preferencialmente compridas e de formato uniforme, descascadas
150 g de manteiga clarificada (página 218)
1 ou 2 colheres de sopa de azeite
2 alhos-porós grandes cortados em fatias finas
aproximadamente ½ colher de chá de curry em pó
4 colheres de sopa de vinho branco seco
200 ml de creme de leite com baixo teor de gordura

1 Verifique se há espinhas nos filés de brill, e retire-as com uma pinça. Apare os filés, cortando em tranches de tamanho uniforme (página 31). Tempere levemente e reserve.

2 Usando um descascador de legumes de lâmina móvel, ou um mandolin, corte lascas compridas de batata. As fatias devem ser uniformes e finas o suficiente para dobrar sem quebrar, mas não tão finas que fiquem transparentes.

3 Aqueça metade da manteiga clarificada com metade do azeite em uma frigideira, mas não tanto ao ponto de ficar fumegante. Branqueie as fatias de batata na gordura, algumas por vez, por aproximadamente 2 minutos até ficarem macias, mas não coradas. Pode ser necessário trocar a manteiga e o azeite de vez em quando, se começarem a queimar. Enquanto as batatas são cozidas, mantenha-as sempre aquecidas, para que não endureçam.

4 Envolva cada um dos filés de brill em fatias de batatas, com cada fatia cobrindo metade da outra, formando quatro porções bem embrulhadas. Pode ser preciso usar 2 fatias de batata por fileira, dependendo da espessura do peixe. Coloque na geladeira para resfriar e firmar por uma hora. Retire e pincele levemente com um pouco mais de manteiga clarificada; então, coloque de volta na geladeira.

5 Aqueça 2 colheres de sopa de manteiga clarificada em uma caçarola e cozinhe delicadamente o alho-poró por 5 a 7 minutos, até ficarem macios. Um pouco antes de ficarem prontos, acrescente o curry e mexa bem. Misture o vinho e cozinhe por 2 minutos. Tempere e misture o creme. Cozinhe em fogo brando por mais 5 minutos para reduzir. Mantenha aquecido.

6 Aqueça uma frigideira antiaderente grande. Quando estiver quente, coloque as porções de peixe na frigideira seca. Cozinhe por aproximadamente 3 minutos de cada lado até dourar e ficar crocante. Escorra em papel-toalha. Com uma colher, divida o alho-poró em pratos de servir e coloque as porções de peixe por cima. Sirva imediatamente.

ALTERNATIVAS:
LINGUADO-GIGANTE, SALMÃO, FILÉS GROSSOS DE LINGUADO

VINHO RECOMENDADO:
SÉMILLON AUSTRALIANO

Salmonete com chucrute e molho de zimbro

ESTE É UM PRATO LEVE, IDEAL PARA O OUTONO, COM SEUS SABORES AGRADÁVEIS E CORES DOURADAS RICAS. FILÉS DE SALMONETE SÃO COZIDOS EM UMA SUAVE NAGE DE LEGUMES, E O LÍQUIDO É USADO PARA UM MOLHO DE ZIMBRO. O CHUCRUTE (OU SAUERKRAUT), QUE PODE SER COMPRADO EM LATAS OU POTES, TEM UM SABOR MARCANTE; ENTÃO, NÃO É NECESSÁRIO USAR MUITO. COMO ALTERNATIVA, VOCÊ PODE PREFERIR USAR REPOLHO VERDE PICADINHO E BRANQUEADO.

INGREDIENTES
(para 4 pessoas)

4 salmonetes de 400 g, cortados em filés, com pele
1 cenoura fatiada à julienne
4 colheres de sopa de chucrute ou sauerkraut
30 g de manteiga
500 ml de Nage de Legumes (página 61)
12 zimbros levemente amassados
3 colheres de sopa de creme de leite
ramos de salsa ou coentro fresco para guarnecer
sal marinho e pimenta-do-reino moída na hora

ALTERNATIVAS:
CAVALA, ARRAIA

VINHO RECOMENDADO:
GARVES BRANCO

1 Verifique se há espinhas nos filés de peixe, e retire-as com uma pinça. Apare as bordas dos filés uniformemente. Você pode cortá-los em formato de diamantes para fazer uma apresentação vistosa, mas isso não é necessário.

2 Em uma caçarola, ferva um pouco de água salgada e branqueie a cenoura por 2 minutos. Escorra e coloque de volta na panela. Acrescente o chucrute, metade da manteiga e uma colher de sopa ou duas de água. Reserve, deixando pronto para aquecer novamente.

3 Coloque a nage em uma panela grande e rasa. Acrescente os zimbros, deixe ferver e cozinhe em fogo brando por um minuto ou dois. Acrescente os filés de salmonete e cozinhe por aproximadamente 5 minutos, até ficarem firmes.

4 Retire os filés com uma escumadeira e mantenha-os aquecidos. Deixe a nage ferver novamente e cozinhe até reduzir pela metade. Coe em uma peneira fina, e coloque de volta na panela.

5 Enquanto a nage está reduzindo, aqueça novamente a mistura de cenoura e chucrute até ferver. Retire do fogo e mantenha aquecida.

6 Bata o restante da manteiga e o creme com a nage reduzida. Com uma colher, coloque a mistura de cenoura e chucrute no centro de quatro tigelas grandes aquecidas. Coloque por cima dois filés em cada uma. Com uma colher, coloque o molho sobre o peixe. Guarneça com ramos de salsa ou coentro e sirva imediatamente.

Pipérade de atum com acelga

A PIPÉRADE BASCO-FRANCESA, DE PIMENTÕES DOCES, CEBOLAS E TOMATES, NORMALMENTE É FEITA COM OVOS, COMO UMA OMELETE MEXIDA. ESTA VERSÃO USA POSTAS DE ATUM FRESCO EM VEZ DE OVOS E UM MOLHO VIERGE DE ERVAS FRESCAS, TRANSFORMANDO-A EM UM PRATO PRINCIPAL. OS LEGUMES E O MOLHO FICAM MELHORES QUANDO SERVIDOS MORNOS, LEVEMENTE ACIMA DA TEMPERATURA AMBIENTE, DE MANEIRA QUE OS SABORES FIQUEM MAIS RESSALTADOS. AS POSTAS DE ATUM E ACELGA PODEM SER SERVIDAS QUENTES. SE NÃO CONSEGUIR ENCONTRAR ACELGA, VOCÊ PODE USAR ESPINAFRE.

INGREDIENTES
(para 4 pessoas)

3 colheres de sopa de azeite
2 échalotes cortadas em fatias finas
1 pimentão vermelho cortado em cubos pequenos
1 pimentão amarelo cortado em cubos pequenos
2 tomates italianos, em concassé (página 218)
6 folhas grandes de manjericão fresco picadas
200 g de acelga
uma bolinha generosa de manteiga
4 postas de 150 g de atum, preferencialmente amarelo
150 ml de Molho Vierge (página 69)
1 colher de sopa de salsa fresca picada
sal marinho e pimenta-do-reino moída na hora

1 Em uma caçarola, aqueça 2 colheres de sopa de azeite e salteie as échalotes por aproximadamente 5 minutos até ficarem macias, mas não douradas. Acrescente os pimentões e cozinhe por mais 3 minutos. Misture o tomate em concassé e tempere e retire do fogo. Deixe esfriar até ficar morno; então, misture o manjericão e reserve.

2 Tire as partes duras dos talos da acelga; então, corte-os em fatias de 4 centímetros de largura. Pique grosseiramente as folhas de acelga. Cozinhe os talos em água fervente levemente salgada por 2 minutos. Acrescente as folhas e deixe ferver novamente; então, escorra. Misture com a manteiga. Tempere e mantenha aquecido enquanto prepara o peixe.

3 Tempere delicadamente as postas de atum. Aqueça uma frigideira antiaderente grande e, quando estiver fumegando, acrescente o restante do azeite. Quando o azeite esquentar, coloque as postas e frite por 3 minutos ou até dourar bem. Vire com cuidado. Frite do outro lado por 2 a 3 minutos, até que as postas fiquem macias, mas ainda um pouco elásticas ao toque.

4 Coloque a acelga amanteigada no centro de quatro pratos. Cubra com uma posta de atum e, com uma colher, coloque a pipérade por cima. Coloque o molho vierge em volta, guarneça com um pouco de salsa picada, e sirva.

VINHOS RECOMENDADOS:
UM VINHO BRANCO SECO DO SUDOESTE DA FRANÇA (POR EXEMPLO, PACHERENC DU VIC-BILH)

Sargo frito com molho de frutas cítricas e manjericão

UM SIMPLES FILÉ DE PEIXE FRITO FICA MAIS REALÇADO COM UM MOLHO DE SABOR DEFINIDO. NESSE CASO, O SARGO É REALÇADO COM UM MOLHO LEVE DE FRUTA COM TIRAS DE CASCA DE FRUTAS CÍTRICAS E MANJERICÃO. LEMBRE-SE DE FRITAR O PEIXE COM A PELE PARA BAIXO PRIMEIRO, PARA QUE A PELE ROSADA BRILHANTE FIQUE CARAMELIZADA E SE APRESENTE COM SUAS MELHORES QUALIDADES. VOCÊ PODE SERVIR ESTE PRATO COM LEGUMES VERDES LEVEMENTE COZIDOS, COMO VAGENS.

1 Verifique se há espinhas no peixe, e retire as que encontrar com uma pinça. Apare uniformemente as bordas dos filés e reserve.

2 Usando uma faca canelle, descasque a laranja, o limão, a lima e a toranja em tiras finas. Se não tiver uma faca canelle, descasque com um descascador de legumes com lâmina móvel e corte em tiras finas e compridas. Branqueie as cascas em água fervente por 2 minutos. Escorra e esfrie em água corrente, seque e reserve.

3 Tire toda a parte branca das cascas da laranja, do limão, da lima e da toranja. Usando uma faca pequena e afiada, corte segmentos da metade de cada fruta, separando os segmentos entre as membranas. Segure as frutas sobre uma tigela, para aparar o suco. Esprema o suco das outras metades das frutas e coloque na tigela.

4 Coloque a nage em uma caçarola. deixe ferver e continue fervendo até reduzir pela metade. Misture os segmentos das frutas e o suco. Cozinhe delicadamente até que os segmentos comecem a dissolver, batendo levemente por 5 minutos. Tempere e reserve.

5 Em uma frigideira antiaderente grande, aqueça o azeite e frite o peixe, com a pele para baixo, por aproximadamente 2 minutos, ou até que a pele fique caramelizada. Vire cuidadosamente os filés e frite o outro lado por aproximadamente 2 minutos, até que fiquem firmes. Tempere, depois retire e mantenha aquecido.

6 Misture as cascas de frutas branqueadas no molho. Aqueça novamente por um minuto ou dois; então, acrescente a manteiga e bata. Misture o cerefólio e o manjericão. Divida os filés em quatro pratos e cubra com o molho. Sirva imediatamente.

INGREDIENTES

(para 4 pessoas)

4 sargos de 400 g, cortados em filés, com pele
colheres de sopa de azeite
sal marinho e pimenta-do-reino moída na hora

PARA O MOLHO

1 laranja grande
1 limão
1 lima
1 toranja rosa ou grapefruit
300 ml de Nage de Legumes (página 61)
uma bolinha de manteiga
1 colher de sopa de cerefólio fresco
6 folhas de manjericão fresco cortadas em tiras finas

ALTERNATIVA:
SALMONETE

VINHO RECOMENDADO:
ANJOU BLANC

Churrascos e eventos informais

Vieiras em capa de bacon com salada de rúcula e parmesão

ESTA RECEITA É UMA ENTRADA SABOROSA PARA UMA FESTA. AS VIEIRAS PODEM SER COZIDAS SOBRE AS BRASAS FRACAS DO CHURRASCO, MAS EVITE UMA TEMPERATURA MUITO ALTA, OU O BACON ENDURECERÁ E AS CARAS VIEIRAS FICARÃO QUEIMADAS. SE PREFERIR NÃO PREPARAR AS VIEIRAS VOCÊ MESMO, PEÇA AO PEIXEIRO QUE AS PREPARE E LEVE APENAS A CARNE. VOCÊ PRECISARÁ DE 12 ESPETINHOS DE MADEIRA – DEIXE-OS DE MOLHO NA ÁGUA FRIA POR PELO MENOS MEIA HORA ANTES DE USÁ-LOS, PARA QUE NÃO SE QUEIMEM.

1 Envolva cada vieira em uma fatia de bacon no sentido da largura, como um colar. Pode ser necessário aparar a fatia para conseguir uma cobertura uniforme. Espete duas vieiras com bacon em um par de espetinhos (é mais fácil virar dois espetos paralelos do que um único espeto, durante o cozimento). Repita com o restante das vieiras.

2 Usando um descascador de legumes com lâmina móvel, corte metade do queijo parmesão em lascas e reserve. Rale o restante. Faça o molho batendo a mostarda com o vinagre até ficar homogêneo; então, acrescente gradualmente o creme e o parmesão ralado. Misture o açúcar e a cebolinha. Afine um pouco com água fria, até ficar com uma consistência líquida o suficiente para cobrir.

3 Preaqueça a grelha, ou acenda a churrasqueira e deixe o fogo baixar até que não fique quente demais. Pincele as vieiras totalmente com azeite. Tempere levemente. Grelhe ou asse por 2 minutos de um dos lados. Vire e asse do outro lado por 1 ou 2 minutos, ou até que estejam levemente douradas e firmes ao toque. Reserve enquanto prepara a salada.

4 Misture a rúcula com o molho e divida em seis pratos. Retire as vieiras dos palitos. Coloque duas vieiras em cada prato e espalhe as lascas de parmesão por cima. Sirva imediatamente.

INGREDIENTES

(para 6 pessoas)

12 vieiras grandes, sem as conchas, limpas
12 fatias de bacon não-defumado, sem pele
um pedaço de 50 g de queijo parmesão
1 a 2 colheres de sopa de azeite
cerca de 250 g de folhas de rúcula
sal marinho e pimenta-do-reino moída na hora

PARA O MOLHO

1 colher de sopa de mostarda inglesa em pó
2 colheres de sopa de vinagre de vinho
100 ml de creme de leite com baixo teor de gordura
uma pitada generosa de açúcar refinado
2 colheres de sopa de cebolinha fresca picada

ALTERNATIVA:
CUBOS DE TAMBORIL

VINHO RECOMENDADO:
CHARDONNAY SICILIANO

Churrasco de camarões-tigre com tomates marinados e salada com molho tailandês

A CULINÁRIA TAILANDESA PEDE COM FREQÜÊNCIA COMBINAÇÕES IMPROVÁVEIS DE SABORES FORTES, MAS OS RESULTADOS SÃO SEMPRE ESPETACULARES. ESTA RECEITA INSPIRADA NA CULINÁRIA TAILANDESA É IDEAL PARA FESTAS DESCONTRAÍDAS DE VERÃO. EMBORA OS CAMARÕES PRECISEM SER MARINADOS COM ANTECEDÊNCIA. ELES COZINHAM EM ALGUNS MINUTOS APENAS, E FICA MAIS FÁCIL VIRÁ-LOS QUANDO COLOCADOS EM ESPETINHOS DE MADEIRA ANTES DO COZIMENTO. QUANDO PREPARAR O CAPIM-LIMÃO PARA O MOLHO, TOME O CUIDADO DE TIRAR TODAS AS FOLHAS EXTERNAS QUE ESTIVEREM COM APARÊNCIA SECA, ANTES DE PICAR.

INGREDIENTES
(para 6 pessoas)

24 a 30 camarões-tigre crus
200 ml de azeite
1 colher de sopa de sementes de coentro levemente amassadas
1 colher de chá de curry em pó suave
6 tomates italianos
2 colheres de sopa de vinagre balsâmico
cerca de 300 g de salada de folhas mistas
sal marinho

PARA O MOLHO

1 talo de capim-limão fresco, bem picado
1 colher de sopa de coentro fresco picado
2 colheres de sopa de molho tailandês de peixe (nam pla)
1 colher de sopa de molho de soja suave
150 ml de óleo de girassol
4 colheres de sopa de vinagre de vinho branco ou vinagre de vinho de arroz

1 Descasque e limpe os camarões-tigre, deixando a última secção do rabo.

2 Misture 150 ml de azeite com as sementes de coentro e o curry, e acrescente os camarões. Reserve para marinar na geladeira por pelo menos 2 horas. Se for usar espetinhos de madeira, coloque-os de molho em água fria por meia hora, para que não se queimem.

3 Corte os tomates ao meio e arrume-os em um prato refratário, com o lado cortado para cima. Salpique com sal e pincele com o restante do azeite e o vinagre balsâmico. Reserve até o momento de cozinhar.

4 Coloque todos os ingredientes do molho em um pote com tampa de rosca, feche e agite, e deixe na geladeira por pelo menos 2 horas. Coloque as folhas em uma tigela na geladeira.

5 Quando estiver tudo pronto, ponha os camarões nos espetos. Acenda o fogo da churrasqueira, e espere tempo suficiente para que as chamas abaixem e se transformem em brasas ardentes antes de assar. Como alternativa, preaqueça a grelha. Asse os tomates, com o lado cortado para cima, por 3 a 5 minutos, ou até ficarem macios e levemente chamuscados. Asse ou grelhe os camarões por 3 ou 4 minutos, até ficarem rosados por inteiro, molhando-os de vez em quando com o restante da marinada, para não ressecarem.

6 Agite o molho e tempere com ele as folhas da salada. Coloque-as em uma travessa grande, ponha os tomates e os camarões sobre elas, e sirva.

ALTERNATIVAS:
VIEIRAS OU CUBOS DE TAMBORIL

VINHO RECOMENDADO:
MUSCAT SECO DA ALSÁCIA

Darnes de salmão grelhadas com pimentões, molho de tomate e manjericão

"DARNES" SÃO CORTES DE SALMÃO CUJAS ESPINHAS FORAM RETIRADAS ANTES DE SERVIR. ÀS VEZES É POSSÍVEL ENCONTRÁ-LAS JÁ SEM ESPINHAS, MAS A PELE PRATEADA SEMPRE É PRESERVADA DURANTE O COZIMENTO. SE PREFERIR, TANTO O SALMÃO QUANTO OS PIMENTÕES PODEM SER ASSADOS NA CHURRASQUEIRA EM VEZ DE NA GRELHA.

INGREDIENTES
(para 6 pessoas)

3 pimentões amarelos grandes, cortados em 4 partes
3 pimentões vermelhos grandes, cortados em 4 partes
3 colheres de sopa de azeite
6 postas de 150 g de salmão
sal marinho e pimenta-do-reino moída na hora

PARA O MOLHO

3 tomates italianos maduros, sem pele e sem sementes, picados
2 dentes de alho grandes amassados
1 échalote picada
150 ml de azeite
2 colheres de sopa de vinagre de vinho tinto
3 colheres de sopa de creme de leite semidesnatado
8 a 10 folhas de manjericão grandes, picadas

1 Para fazer o molho, coloque os tomates picados, o alho e a échalote no processador e bata até obter um purê. Com a máquina ligada, acrescente vagarosamente o azeite e depois o vinagre. Tempere. Misture o creme de leite. Coloque o molho em uma tigela e misture o manjericão. Reserve.

2 Preaqueça a grelha até ficar bem quente. Grelhe os pimentões, com a pele para cima, por aproximadamente 5 minutos até ficarem pretos e com bolhas. Retire, cubra com um pano limpo e deixe esfriar. Retire a pele; então, corte os pimentões em quadrados de 1 centímetro e coloque em uma tigela. Misture com a metade do azeite; tempere e reserve.

3 Pincele o restante do azeite sobre o salmão e tempere. Grelhe por 3 ou 4 minutos de cada lado, até que a carne pareça firme, mas não muito dura. Então, usando uma faca afiada e pontuda, espete a espinha central de cada posta e puxe com firmeza. A espinha deve sair. Como alternativa, você pode puxar a espinha com os dedos. Agite o molho mais uma vez, e coloque-o sobre o peixe. Sirva morno.

VINHO RECOMENDADO:
PALETTE DA PROVENÇA

Bacalhau assado com lentilhas, alho-poró e molho de mostarda

ESTE PRATO PARA O JANTAR É UMA BOA ESCOLHA PARA UMA FESTA INFORMAL, UMA VEZ QUE A MAIORIA DOS ELEMENTOS PODE SER PREPARADA COM ANTECEDÊNCIA. VOCÊ PODE COZINHAR AS LENTILHAS E O BACON, BRANQUEAR O ESPINAFRE E FAZER O MOLHO ANTES, DEIXANDO APENAS O PEIXE PARA ASSAR. PURÊ DE BATATAS NOVAS OU DE ALHO COMBINA MUITO BEM.

INGREDIENTES

(para 6 pessoas)

200 g de lentilhas
1 folha de louro
algumas fatias de cebola
1 cenoura pequena
500 ml de Caldo de Frango (página 61), Nage de Legumes (página 61), ou Caldo de Peixe (páginas 58 e 59)
40 g de manteiga
1 alho-poró grande, cortado em cubos pequenos
125 g de bacon não defumado, cortado em cubos
400 g de folhas de espinafre, bem lavadas
2 colheres de sopa de azeite
6 filés de 150 g de bacalhau, sem pele
2 ou 3 colheres de sopa de farinha de trigo temperada
sal marinho e pimenta-do-reino moída na hora

PARA O MOLHO

50 ml de vinagre de vinho branco
150 ml de azeite
2 colheres de chá de mostarda em grãos

ALTERNATIVAS:
HADOQUE, MERLUZA, ESPADARTE

VINHO RECOMENDADO:
CHARDONNAY AUSTRALIANO

1 Coloque as lentilhas em uma tigela e cubra com água fria. Deixe de molho por 1 hora; então, escorra e enxágüe. Transfira para uma caçarola e acrescente a folha de louro, as fatias de cebola, a cenoura e o caldo. Deixe ferver e cozinhe em fogo médio por 10 minutos; então, tampe e ferva em fogo brando por mais 15 minutos, ou até ficarem macias. Acrescente quantidades bem pequenas de água fervente se precisar de mais líquido. Ao final do cozimento, não deve mais haver líquido, mas escorra o que restar. Retire a folha de louro, a cebola e a cenoura. Tempere e reserve.

2 Em outra caçarola, aqueça dois terços da manteiga com 2 ou 3 colheres de sopa de água e cozinho os cubos de alho-poró por aproximadamente 5 minutos até ficarem macios. Tempere e, então, misture com as lentilhas. Aqueça uma panela antiaderente e frite o bacon a seco até ficar crocante e dourado; então, misture com as lentilhas. Tempere, especialmente com pimenta.

3 Branqueie o espinafre em uma panela de água fervente por 1 minuto até murchar. Escorra imediatamente, enxágüe em água fria e escorra novamente. Esprema para tirar o excesso de água das folhas e tempere. Pique grosseiramente e misture com o restante da manteiga.

4 Coloque todos os ingredientes do molho em um pote com tampa de rosca, com um pouco de tempero, feche e agite. Reserve.

5 Momentos antes de cozinhar o peixe, preaqueça o forno a 190°C. Aqueça no fogão uma panela grande e rasa que possa ir ao forno e coloque o azeite. Coloque os filés de bacalhau na farinha temperada, cubra e retire o excesso. Quando o azeite estiver quente, coloque os filés na panela. Frite por 2 minutos, sem mexer nos filés para que não se quebrem. Então, vire com cuidado usando uma espátula ou uma espátula para peixe e coloque a panela no forno. Asse por 5 a 7 minutos, até que a carne fique firme.

6 Enquanto isso, aqueça as lentilhas, o alho-poró e o bacon em uma caçarola. Aqueça o espinafre em uma panela quente, ou no forno de microondas, até que a manteiga derreta. Com uma colher, coloque o espinafre em uma travessa aquecida e arrume os filés sobre ele. Coloque as lentilhas por cima. Agite o molho e coloque sobre o prato todo. Sirva quente.

Atum com crosta condimentada e salada de endívia

GOSTO MUITO DE TER MISTURAS DE TEMPEROS INTEIROS DENTRO DE MOEDORES DE PIMENTA, PRONTOS PARA SEREM USADOS COM VÁRIOS PEIXES E CARNES. UM DOS MEUS FAVORITOS TEM BASE DE MOSTARDA, E É FORTE E APIMENTADO. OUTRO É MAIS AROMÁTICO. ATUM FICA PARTICULARMENTE BOM COM A MISTURA DE SEMENTES DE MOSTARDA, ESPECIALMENTE PASSADA DOS DOIS LADOS DAS POSTAS ENCORPADAS ANTES DE GRELHAR.

INGREDIENTES

(para 6 pessoas)

6 postas de 80 a 100 g de atum, cortadas do lombo
Mix aromático de pimentas ou chinês (página 40)
3 cabeças médias de endívia verde e/ou roxa, sem miolo e cortadas em fatias finas
2 colheres de sopa de óleo de amendoim

PARA O MOLHO

100 g de manteiga
2 colheres de sopa de óleo de amendoim
3 colheres de sopa de azeite
3 colheres de sopa de vinagre de xerez
2 colheres de sopa de mel claro
suco de 1 limão pequeno
sal marinho e pimenta-do-reino moída na hora

1 Apare bem o atum, se necessário. Moa grosseiramente, sobre um prato raso, de 4 a 6 colheres de sopa do mix de pimentas escolhido. Pressione os dois lados das postas sobre o mix, moendo mais conforme necessário. Não é muito importante cobrir toda a superfície do atum. Coloque o peixe na geladeira até o momento de cozinhar. Mantenha a endívia fatiada na geladeira com o peixe.

2 Para fazer o molho, derreta a manteiga em uma caçarola pequena. Aumente o fogo e, assim que a manteiga começar a dourar, retire-a do fogo. Tome cuidado para não deixá-la queimar. Coe a manteiga em uma peneira forrada com musselina, transferindo-a para uma jarra. Esse processo elimina os fragmentos, deixando a manteiga clara e dourada. Acrescente o óleo de amendoim, o azeite, o vinagre, o mel e o suco de limão, e tempere. Bata bem, ou coloque em um pote com tampa de rosca, feche e agite.

3 Para assar o atum, preaqueça uma grelha ondulada, a churrasqueira ou um dourador, até ficar bem quente. Passe o óleo no atum com crosta. Asse por aproximadamente 3 minutos de cada lado até ficar levemente firme e elástico. Tempere com um pouco de sal e deixe descansar por alguns minutos, enquanto faz a salada.

4 Misture as folhas de endívia fatiadas com metade do molho. Divida em cinco pratos. Corte as postas de atum em fatias grossas e coloque-as sobre a endívia. Cubra com o restante do molho e sirva morno, mas não quente.

VINHO RECOMENDADO:
FLEURIE

Mahi mahi com capim-limão e funcho

CONSIDERADO UM DOS PEIXES MAIS BONITOS DO MUNDO, O MAHI MAHI, TAMBÉM CONHECIDO COMO PEIXE-GOLFINHO, GERALMENTE É PESCADO NAS ÁGUAS DO CARIBE, EMBORA TAMBÉM SEJA ENCONTRADO NO MEDITERRÂNEO. ELE É GERALMENTE VENDIDO EM POSTAS, E SUA CARNE DE COR CLARA MOSTRA PECULIARES ANÉIS CONCÊNTRICOS.

1 Preaqueça o forno a 200°C. Apare as postas de mahi mahi em formatos uniformes, cortando a parte da carne que estiver machucada. Coloque em uma única camada em uma travessa refratária rasa. Aqueça o azeite em uma panela pequena e acrescente o capim-limão e as sementes de funcho ou dill. Cozinhe levemente por um minuto ou dois, até que os aromas comecem a se soltar.

2 Coloque o óleo em infusão e os temperos sobre o peixe. Tempere bem. Cubra o prato com folha de alumínio, e asse por 10 a 12 minutos, até que a carne fique firme ao toque.

3 Depois de assar, retire a folha de alumínio e coloque o líquido do cozimento sobre o peixe. Tempere mais uma vez, delicadamente; então, reserve por 10 minutos, para permitir que os sabores se desenvolvam.

4 Enquanto isso, pique as ervas frescas. Espalhe-as sobre o peixe assado e sirva.

INGREDIENTES

(para 8 pessoas)

8 postas de 150 g de mahi mahi
4 colheres de sopa de azeite
3 talos de capim-limão, cortados em pedaços de 2 cm de comprimento
1 colher de sopa de sementes de funcho ou dill
um ramo pequeno de folhas de funcho ou dill fresco
sal marinho e pimenta-do-reino moída na hora

ALTERNATIVAS:
CAVALA, ATUM

VINHO RECOMENDADO:
CHARDONNAY CHILENO

Torta de hadoque defumado, lentilha e alho-poró

ESTE PRATO PODE SER SERVIDO TANTO COMO ENTRADA QUANTO COMO PRATO PRINCIPAL LEVE. VOCÊ TAMBÉM PODE FAZER TORTAS MENORES PARA UM PIQUENIQUE OU UM BUFFET. DE QUALQUER MANEIRA, É UMA MISTURA DELICIOSA DE HADOQUE DEFUMADO, LENTILHA E ALHO-PORÓ SOBRE OVOS CREMOSOS. A TORTA FICA MELHOR QUANDO SERVIDA MORNA, COM UMA SIMPLES SALADA VERDE OU DE LEGUMES.

1 Para fazer a massa, peneire a farinha de trigo, o sal e a páprica ou a mostarda. Coloque no processador com a manteiga e a gordura vegetal, e bata até que a mistura fique esfarelada. Misture colheradas de água bem gelada, apenas o suficiente para formar uma massa macia, mas não pegajosa.

2 Coloque a massa sobre uma superfície levemente enfarinhada. Sove delicadamente, formando uma bola. Abra a massa, formando um círculo grande o suficiente para cobrir uma fôrma de 21 centímetros com fundo removível, de 3,5 centímetros de profundidade. Forre a fôrma, apertando bem as laterais para preencher todos os espaços vazios. Não corte as sobras, pois elas encolherão ao assar. Fure a massa do fundo com um garfo, e cubra com papel-manteiga antiaderente e feijões de cerâmica apropriados para preassar a massa sem o recheio (página 218). Deixe na geladeira por pelo menos 30 minutos, enquanto prepara o recheio.

3 Coloque o leite em uma caçarola e deixe ferver levemente em fogo brando. Acrescente o hadoque e cozinhe por aproximadamente 10 minutos, ou até que a carne comece a lascar. Retire o peixe do leite e desfie a carne, descartando espinhas e pele. Coe o leite e reserve.

4 Em outra panela, aqueça a manteiga e cozinhe o alho-poró por aproximadamente 5 minutos, até ficar macio. Pode ser necessário um pouquinho de água, para evitar que grude. Misture com as lentilhas cozidas, o peixe desfiado e os tomates picados. Tempere com pimenta, e apenas um pouquinho de sal, porque o peixe defumado já é salgado. Deixe esfriar. Bata os ovos inteiros e as gemas juntos; então, misture-os com o creme. Mexendo, acrescente 150 ml do leite em que o peixe foi cozido e tempere bem.

5 Preaqueça o forno a 200°C. Coloque a fôrma sobre uma assadeira e asse a massa sem recheio por 12 minutos. Retire cuidadosamente o papel e os feijões de cerâmica. Coloque de volta no forno e asse por mais 5 minutos. Retire, e abaixe a temperatura do forno para 180°C.

6 Com uma faca afiada, corte as bordas de massa, rente à borda da fôrma. Com uma colher, coloque o recheio de hadoque dentro da massa e espalhe uniformemente. Acrescente a mistura de ovos vagarosamente. Coloque a torta de volta no forno e asse por 35 a 40 minutos, ou até que o recheio cresça e fique dourado. Deixe esfriar por aproximadamente 15 minutos antes de desenformar. Corte em fatias e sirva.

INGREDIENTES

(para 4 a 6 pessoas)

300 ml de leite integral
500 g de hadoque defumado
25 g de manteiga
1 alho-poró cortado em fatias finas
150 g de lentilhas
2 tomates italiano, sem pele e sem sementes, picados
2 ovos
2 gemas
300 ml de creme de leite com baixo teor de gordura
sal marinho e pimenta-do-reino moída na hora

PARA A MASSA

200 g de farinha de trigo
½ colher de chá de sal marinho refinado
1 colher de chá de páprica ou mostarda em pó
75 g de manteiga, resfriada e cortada em cubos
25 g de gordura vegetal

ALTERNATIVA:
BACALHAU DEFUMADO

VINHO RECOMENDADO:
MONTAGNY

Cavala crocante grelhada com batatas na mostarda e cebolinha

TENHO INVEJA DOS BONS PESCADORES QUE PODEM GRELHAR A CAVALA QUE ELES MESMOS ACABARAM DE PESCAR. A CARNE DA CAVALA BEM FRESCA É FIRME E ENCORPADA, E A PELE CINZA-AZULADA É TENTADORA. SUA RICA OLEOSIDADE COMBINA BEM COM AS BATATAS TEMPERADAS COM MOSTARDA E CEBOLINHA. VOCÊ PODE GRELHAR O PEIXE SEM ESPINHAS, MAS SE FOR COZINHÁ-LOS COM A ESPINHA, VOCÊ PODE FAZER CORTES NA PELE DOS DOIS LADOS E ESPETAR COM RAMOS DE ERVAS ANTES DE COZINHAR.

INGREDIENTES

(para 4 pessoas)

4 cavalas de 250 g inteiras, limpas ou cortadas em filés

um punhado generoso de folhas de ervas, como alecrim, tomilho ou segurelha

100 ml de azeite + 1 colher de sopa para o peixe

600 g de batatas novas, escovadas

2 échalotes cortadas em fatias finas

4 colheres de sopa de vinagre de vinho branco

1 colher de sopa de mostarda inglesa preparada

2 ou 3 colheres de sopa de cebolinha fresca picada

sal marinho e pimenta-do-reino moída na hora

1 Verifique se os peixes estão bem eviscerados, sem as guelras e limpos por dentro e por fora. Certifique-se de que a "linha de sangue" escura foi totalmente retirada com água. Corte as cabeças, se quiser. Faça cortes na pele dos dois lados dos peixes e insira neles as ervas. Tempere levemente e pincele com 1 colher de sopa do azeite. Reserve. Se estiver usando o peixe em filés, não há necessidade de cortar a pele, simplesmente pincele com azeite.

2 Cozinhe as batatas em uma caçarola com água fervente levemente salgada, até ficarem macias. Escorra. Quando esfriarem suficientemente para manusear, corte-as em fatias grossas e reserve no escorredor.

3 Coloque o azeite restante na mesma caçarola e acrescente as échalotes, o vinagre, a mostarda e a cebolinha. Aqueça levemente até ficar morno, batendo para misturar. Acrescente as fatias de batata e mexa levemente para cobrir com a mistura. Retire do fogo e deixe as batatas em lugar quente em infusão.

4 Preaqueça a grelha. Se estiver usando peixes inteiros, cozinhe-os por aproximadamente 5 minutos de cada lado. Se estiver usando filés, grelhe-os com a pele para cima, por aproximadamente 5 minutos. Depois, vire com cuidado e grelhe o outro lado por 1 ou 2 minutos, até ficar cozido. Verifique o tempero e, então, sirva a cavala com as batatas mornas.

ALTERNATIVA:
TRUTA CULTIVADA FRESCA

VINHO RECOMENDADO:
CHÂTEAUNEUF-DU-PAPE BRANCO

Niçoise de vermelho braseado

VERMELHO É UM NOME UM TANTO QUANTO GENÉRICO NA HORA DE COMPRAR PEIXE, EMBORA TODOS OS PEIXES VENDIDOS COM ESSE NOME VIVAM EM ÁGUAS MORNAS, TAIS COMO AS DO GOLFO DO MÉXICO E DO ATLÂNTICO SUBTROPICAL. QUALQUER QUE SEJA O TIPO, ESCOLHA UM PEIXE GRANDE COM UMA BELA PELE ROSADA E SABOR ENCORPADO PARA ESTA RECEITA. PEÇA AO PEIXEIRO QUE RETIRE AS ESCAMAS E AS VÍSCERAS, MAS DEIXE A CABEÇA. O PEIXE BRASEADO FICA MELHOR QUANDO SERVIDO MORNO, EM VEZ DE QUENTE, COM PÃO.

INGREDIENTES

(para 4 pessoas)

1 vermelho inteiro, de aproximadamente 1 kg, sem escamas e sem vísceras
2 colheres de sopa de azeite
4 fatias de pancetta (opcional)
10 azeitonas pretas sem caroço, fatiadas (opcional)

PARA O MOLHO

2 colheres de sopa de azeite
6 tomates italianos grandes, sem pele e sem sementes, picados
2 dentes de alho grandes, amassados
uma pitada generosa de pistilos de açafrão
150 ml de vinho branco seco
300 ml de Caldo de Peixe (páginas 58 e 59) ou Nage de Legumes (página 61)
pontas de ramos frescos de sálvia baby e tomilho, e algumas folhas de estragão
sal marinho e pimenta-do-reino moída na hora

1 Corte as barbatanas e as guelras do vermelho com tesouras de cozinha. Esfregue o peixe por inteiro com azeite e tempere levemente por dentro e por fora. Envolva a pancetta (se a estiver usando) ao redor do centro, para pegar o formato. Deixe na geladeira até o momento de cozinhar.

2 Para o molho, aqueça o azeite em uma caçarola e abafe os tomates e o alho, com a tampa, por aproximadamente 5 minutos, até ficarem macios. Acrescente os pistilos de açafrão e cozinhe por mais 2 minutos, até a mistura ficar bem pastosa. Acrescente o vinho e cozinhe, sem tampa, até reduzir pela metade. Misture o caldo ou a nage e deixe ferver novamente. Tempere com sal e pimenta, e coloque uma pitada generosa de sálvia e de tomilho, e duas ou três folhas de estragão. Deixe ferver em fogo brando por 5 minutos. Reserve até o momento de cozinhar o peixe.

3 Preaqueça o forno a 190°C. Coloque o vermelho em uma assadeira rasa e cubra com o molho. Asse por 5 minutos. Regue com um pouco de molho e coloque de volta no forno. Continue assando, regando a cada 5 minutos, por um total de 25 a 30 minutos, ou até ficar assado e brilhante. Verifique se a carne está cozida fazendo um pequeno corte na parte mais grossa ao longo da espinha.

4 Retire o peixe e deixe esfriar um pouco. Transfira para uma travessa de servir grande e espalhe as azeitonas, se estiver usando. Guarneça com o restante da sálvia, do tomilho e do estragão, e sirva com o molho.

5 Para cortar um peixe inteiro, use uma faca comprida e afiada. Corte ao longo de um dos lados da espinha primeiro, e introduza a faca delicadamente nas costelas entre a pele e as espinhas, para que a carne saia em um filé grande. Corte esse filé em dois, no sentido do comprimento, e coloque nos pratos. Agora você deve conseguir retirar o esqueleto do peixe inteiro, levantando-o pelo rabo, e deixando embaixo o segundo filé, que você pode separar da cabeça com facilidade. Se isso não for possível, vire o peixe com cuidado, e corte ao longo da espinha e das costelas, para soltar o filé, como anteriormente. Descarte a cabeça (embora algumas pessoas gostem de comer essa carne).

ALTERNATIVA:
TILÁPIA

VINHO RECOMENDADO:
CABERNET FRANC SUAVE DA NOVA ZELÂNDIA

Lula empanada com salada de lentilha condimentada

LENTILHAS E FRUTOS DO MAR PARECEM TER UMA AFINIDADE NATURAL QUANTO A COR, TEXTURA E SABOR. ISSO ACONTECE ESPECIALMENTE COM AS LENTILHAS ESCURAS, QUE FICAM COM APARÊNCIA SENSACIONAL NA COMPANHIA DE ANÉIS DOURADOS E CROCANTES DE LULA. COZINHE OS ANÉIS DE LULA APENAS MOMENTOS ANTES DE SERVIR, E APROVEITE ESSA COMBINAÇÃO MARAVILHOSA.

1 Corte as lulas em anéis de 2 centímetros e seque-os com papel-toalha. Misture os anéis e tentáculos com 100 mililitros de azeite, o vinagre balsâmico, a échalote e metade da chilli. Reserve para marinar por aproximadamente 2 horas.

2 Enquanto isso, deixe as lentilhas de molho por 2 horas em água fria. Escorra e cozinhe em uma panela com água fervente por aproximadamente 15 minutos, até ficarem macias. Escorra e reserve.

3 Em uma frigideira, aqueça a manteiga e salteie a cenoura, o alho-poró e o bacon por aproximadamente 5 minutos, até ficarem macios. Misture-os com as lentilhas. Acrescente 2 colheres de sopa do azeite restante, o vinagre de vinho branco e a chilli restante, e tempere a gosto. Reserve em local fresco para permitir que os sabores realcem.

4 Para fazer a massa, misture o fermento fresco, se estiver usando, com 2 colheres de sopa do leite morno, formando um creme. Misture com a farinha, o sal e o restante do leite, usando um batedor (fouet) ou um processador. Se estiver usando fermento seco, misture com a farinha e o sal. Então, misture com o leite. Reserve por aproximadamente 1 hora.

5 Quando tudo estiver pronto, escorra a lula em uma peneira. Aqueça o azeite restante em uma frigideira, até quase fumegar. Mergulhe alguns anéis de lula na massa e coloque-os imediatamente no azeite quente. Frite por aproximadamente 2 minutos até ficarem bem dourados e crocantes, mexendo com cuidado. Escorra em papel-toalha. Repita com o restante da lula e da massa, aquecendo o azeite novamente entre as porções.

6 Coloque a salada de lentilha em um prato de servir. Empilhe as lulas crocantes por cima e tempere. Guarneça com ramos de ervas – fritas por imersão ou frescas – e sirva.

INGREDIENTES

(para 6 pessoas)

12 lulas médias, preparadas
300 ml de azeite
1 colher de sopa de vinagre balsâmico
1 échalote, cortada em cubos pequenos
1 pimenta chilli vermelha fresca, sem sementes e cortada em cubos pequenos
150 g de lentilhas
25 g de manteiga
1 cenoura pequena, cortada em cubinhos
1 alho-poró pequeno, cortado em cubinhos
2 fatias de bacon, bem picadas
2 colheres de chá de vinagre de vinho branco
ramos de salsa fresca, manjericão ou cebolinha picada, para guarnecer
sal marinho e pimenta-do-reino moída na hora

PARA O MOLHO

15 g de fermento fresco, ou 1 sachê de fermento seco instantâneo
600 ml de leite morno
400 g de farinha de trigo
1 colher de chá de sal

VINHO RECOMENDADO:
PINOT NOIR DE BORGONHA

Torta de anchova, espinafre e queijo de cabra

ESTA É UMA VARIAÇÃO DA TORTA DE HADOQUE DEFUMADO, LENTILHA E ALHO-PORÓ, DA PÁGINA 187. AQUI, QUEIJO DE CABRA MACIO E SABOROSO COMBINA SURPREENDENTEMENTE BEM COM ANCHOVAS SALGADAS COMO RECHEIO, ESPECIALMENTE QUANDO MISTURADOS COM ESPINAFRE E CEBOLA ROXA. SIRVA A TORTA MORNA.

1 Faça a massa, depois abra e cubra uma fôrma de 21 centímetros de fundo removível, com 3,5 centímetros de profundidade (siga as instruções dos passos 1 e 2, da página 187). Coloque na geladeira por pelo menos 30 minutos, enquanto prepara o recheio.

2 Para o recheio, aqueça a manteiga em uma caçarola e salteie a cebola roxa por aproximadamente 5 minutos, até ficar macia. Branqueie o espinafre em uma panela de água fervente por 1 minuto; então, escorra e enxágüe em água corrente fria. Escorra bem, espremendo o excesso de líquido. Misture o espinafre picado com a cebola. Retalhe as anchovas. Bata o queijo de cabra com o creme, os ovos, as gemas e o tempero.

3 Preaqueça o forno a 200°C. Asse a massa sem o recheio, seguindo as instruções da página 218. Quando a massa estiver pronta para receber o recheio, abaixe a temperatura do forno para 180°C. Com uma colher, coloque a mistura de cebola e espinafre, espalhando uniformemente com um garfo. Espalhe as anchovas por cima. Cubra com a mistura de queijo e ovo, vagarosamente, depois salpique com um pouco de noz-moscada ralada na hora. Asse por 35 a 40 minutos, até que o recheio cresça e fique bem dourado. Deixe esfriar por 15 minutos e, então, fatie a torta e sirva.

INGREDIENTES

(para 4 a 6 pessoas)

25 g de manteiga
1 cebola roxa média, fatiada
300 g de folhas de espinafre baby, grosseiramente picadas
uma lata de 50 g de filés de anchova, escorridos e secos
300 g de queijo de cabra suave
300 ml de creme de leite com baixo teor de gordura
2 ovos
2 gemas
noz-moscada ralada na hora
sal marinho e pimenta-do-reino moída na hora

PARA A MASSA

200 g de farinha de trigo
½ colher de chá de sal marinho refinado
1 colher de chá de páprica ou mostarda em pó
75 g de manteiga resfriada cortada em cubos
25 g de gordura vegetal

VINHO RECOMENDADO:
BARBERA ITALIANO SUAVE

Esturjão com molho dourado de manteiga, lima e alcaparra

ESTURJÃO FRESCO SERIA UM BOM ASSUNTO EM UMA FESTA – E PELO MENOS É MAIS BARATO QUE CAVIAR. ATUALMENTE ELE PODE SER ENCONTRADO EM CRIADOUROS. POR SER CARNUDO, GERALMENTE ELE FICA MEIO SECO. UMA BOA MANEIRA DE RESOLVER ISSO É MARINÁ-LO DE UM DIA PARA O OUTRO EM AZEITE, E EVITAR COZINHAR DEMAIS. O ESTURJÃO É APROVEITADO AO MÁXIMO QUANDO SERVIDO COM MOLHO BEURRE NOISETTE CLÁSSICO E BATATAS NOVAS MACIAS.

INGREDIENTES

(para 6 pessoas)

6 filés de 150 g de esturjão, sem pele
2 colheres de sopa de azeite
2 limas frescas grandes
100 g de manteiga
2 colheres de sopa de alcaparras, escorridas e secas
1 colher de sopa de salsa fresca picada
1 kg de batatas novas
100 g de manteiga clarificada (página 218)
sal marinho e pimenta-do-reino moída na hora

1 Deixe o esturjão marinando no azeite de um dia para o outro. Você pode fazer isso em um saco plástico para alimentos.

2 Usando uma faca canelle, tire a casca das limas em tiras finas e reserve-as. Como alternativa, corte a casca fina usando um descascador de legumes com lâmina móvel, e corte-a em tiras finas. Esprema o suco de lima em uma tigela e reserve.

3 Coloque a manteiga não clarificada em uma caçarola rasa e aqueça até começar a dourar. Assim que atingir esse ponto, interrompa o cozimento, acrescentando o suco de lima, e depois as cascas e as alcaparras. Tempere, misture a salsa e reserve.

4 Cozinhe as batatas com casca em uma panela de água fervente levemente salgada. Escorra e, quando esfriar o suficiente para manusear, descasque-as e fatie-as. Você pode usar luvas de borracha limpas para proteger as mãos ao fazer isso.

5 Aqueça a manteiga clarificada em uma frigideira. Assim que começar a ficar dourada, acrescente as batatas. Frite por 10 minutos, até ficarem bem douradas. Transfira para um prato de servir.

6 Aqueça uma frigideira grande e, quando estiver bem quente, coloque os filés de esturjão. Frite de um lado por 3 minutos até dourar. Vire cuidadosamente e frite do outro lado até que a carne fique levemente elástica. Tempere. Aqueça o molho novamente e, então, sirva o peixe sobre a cama de batatas, com o molho por cima.

VINHOS RECOMENDADOS:
HERMITAGE BRANCO, GÉRARD CHAVE

Acompanhamentos

Arroz condimentado

ESTE ARROZ SIMPLES NUNCA FALHA, SEMPRE FICA MUITO GOSTOSO. É IMPORTANTE ESCOLHER UMA BOA MARCA DE BASMATI INDIANO, UMA VEZ QUE A QUALIDADE DO ARROZ VARIA MUITO. SE ESTIVER USANDO UM BASMATI DE QUALIDADE, NÃO É MUITO IMPORTANTE LAVAR ANTES DE COZINHAR, EMBORA ISSO FAÇA COM QUE OS GRÃOS FIQUEM MAIS LEVES.

INGREDIENTES

(para 4 pessoas)

250 g de arroz basmati
1 colher de sopa de azeite ou óleo de girassol
1 cebola pequena, picada
1 dente de alho, amassado (opcional)
1 pimenta chilli grande, sem sementes e picada (opcional)
1 colher de sopa de gengibre fresco ralado (opcional)
1 colher de chá de Mix aromático de pimentas (página 40)
uma bolinha de manteiga (opcional)
500 ml de Nage de Legumes (página 61), Caldo de Frango (página 61), ou água
1 colher de chá de sal marinho
1 ou 2 colheres de sopa de salsa fresca picada, ou coentro

1 Coloque o arroz em uma peneira grande e enxágüe em água corrente fria por um minuto ou dois, mexendo os grãos com os dedos. Deixe o arroz escorrer na peneira.

2 Enquanto isso, aqueça o azeite em uma panela grande. Acrescente a cebola, o alho, a chilli e o gengibre, se estiver usando, e o mix aromático de pimentas, e frite delicadamente por aproximadamente 5 minutos até que a cebola fique macia. Acrescente a manteiga, se estiver usando. Quando derreter, misture o arroz e frite por aproximadamente 1 minuto, mexendo.

3 Acrescente a nage, o caldo ou a água. Deixe ferver e misture o sal. Mexa o arroz uma vez ou duas, depois abaixe o fogo e tampe a panela. Cozinhe em fogo brando por 12 minutos sem tirar a tampa.

4 Ao final do cozimento, retire a panela do fogo e deixe descansar por 5 minutos. Tire a tampa e solte delicadamente os grãos com um garfo. Misture as ervas picadas. Com uma colher, coloque em uma travessa e sirva.

VARIAÇÃO:

ARROZ COM AÇAFRÃO: COLOQUE UMA PITADA GENEROSA DE PISTILOS DE AÇAFRÃO EM UMA XÍCARA OU TIGELA PEQUENA E CUBRA COM 1 OU 2 COLHERES DE SOPA DE ÁGUA FERVENTE. DEIXE DE MOLHO POR APROXIMADAMENTE 10 MINUTOS. COLOQUE O AÇAFRÃO SOBRE O ARROZ CONDIMENTADO ANTES DE MEXER COM O GARFO PARA SOLTAR. O ARROZ DEVE FICAR MANCHADO DE AMARELO E BRANCO.

Purê de batata

UM PURÊ DE BATATA BEM HOMOGÊNEO É INDISPENSÁVEL PARA PRATOS DE PEIXE. FAZER UM PURÊ MEMORÁVEL REQUER UM POUCO DE ATENÇÃO AOS DETALHES. PRIMEIRO, ESCOLHA UMA VARIEDADE DE BATATA COMO KING EDWARD, MARIS PIPER OU ESTIMA. LA RATTE, UMA VARIEDADE FRANCESA, TAMBÉM É BOA (SE VOCÊ CONSEGUIR ENCONTRAR), POIS É LEVEMENTE DOCE E RICA EM AMIDO, MAS AINDA FICA BEM FIRME QUANDO COZIDA. SUA COR AMARELO-PÁLIDA FICA MARAVILHOSA NO PURÊ. FERVA AS BATATAS COM CASCA E DESCASQUE-AS LOGO APÓS O COZIMENTO. ESSE PROCESSO PRODUZ O MELHOR SABOR. NUNCA CAIA NA TENTAÇÃO DE FACILITAR AS COISAS FAZENDO O PURÊ NO PROCESSADOR – É PROVÁVEL QUE TERMINE COM UMA MASSA GRUDENTA.

INGREDIENTES
(para 6 pessoas)

1 kg de batatas de boa qualidade, bem escovadas
100 ml de leite
até 4 colheres de sopa de manteiga
sal marinho e pimenta-do-reino moída na hora

1 Cubra as batatas com água fria em uma caçarola. Deixe ferver e cozinhe em fogo brando por 15 a 20 minutos, ou até que estejam macias ao serem espetadas. Escorra em um escorredor. Usando luvas de borracha, descasque as batatas ainda quentes.
2 Para fazer o purê, passe as batatas por uma peneira plana de metal ou uma peneira redonda, usando uma espátula de plástico, ou use um antiquado espremedor de batatas (do tipo que parece um espremedor de alho em tamanho grande).
3 Enquanto isso, aqueça o leite em uma caçarola. Bata a manteiga com o purê (acrescentando qualquer um dos sabores sugeridos abaixo) e tempere a gosto.
4 Assim que o leite começar a ferver e subir, retire do fogo e misture com a batata. Acrescente pequenas quantidades extras de leite, se necessário. Tenha em mente a textura do prato que o purê vai acompanhar antes de acrescentar mais. Para pratos com muito molho, ele precisa ter uma textura mais firme, enquanto para acompanhar peixe frito ou grelhado é melhor um purê mais cremoso. Mantenha o purê quente até o momento de servir.

VARIAÇÃO:
MANJERICÃO: MISTURE UM POUCO DE PURÊ DE MANJERICÃO FRESCO (PÁGINA 75), PARA DAR COR AO PURÊ DE BATATAS, OU COLOQUE FOLHAS DE MANJERICÃO FRESCO EM INFUSÃO NO LEITE QUENTE POR 15 A 20 MINUTOS, DEPOIS DESCARTE AS FOLHAS E MISTURE COM A BATATA. COMO ALTERNATIVA, SIMPLESMENTE REGUE COM UM POUCO DE AZEITE DE MANJERICÃO.
ALHO: MISTURE UM POUCO DE PURÊ DE ALHO ASSADO (PÁGINA 215) A GOSTO.
MOSTARDA: MISTURE 2 A 3 COLHERES DE CHÁ DE MOSTARDA GRANULADA. ESSE PURÊ FICA BOM COM PEIXES DE SABOR ENCORPADO.

Batatas fondant

ESTE É UM PRATO DE ACOMPANHAMENTO FRANCÊS CLÁSSICO, MAS EU FAÇO UM POUQUINHO DIFERENTE. TRADICIONALMENTE, AS BATATAS FONDANT SÃO CORTADAS EM CILINDROS GROSSOS E CARAMELIZADAS DELICADAMENTE EM MANTEIGA E CALDO. EU USO FATIA MAIS FINAS, DE APROXIMADAMENTE 2 CENTÍMETROS. VOCÊ VAI PRECISAR DE UMA FRIGIDEIRA ANTIADERENTE DE FUNDO GROSSO, GRANDE O SUFICIENTE PARA CONTER AS BATATAS EM UMA ÚNICA CAMADA. USE UM CALDO LEVE OU ÁGUA, TENDO UMA QUANTIDADE EXTRA À MÃO, CASO PRECISE PARA PREENCHER.

INGREDIENTES

(para 6 pessoas)

800 g de batatas médias, descascadas
50 g de manteiga
3 ramos de tomilho fresco
2 folhas de louro pequenas
300 a 450 ml de Nage de Legumes (página 61), Caldo de Frango (página 61), ou água
sal marinho e pimenta-do-reino moída na hora

1 Corte as batatas em cilindros uniformes; depois corte-as em fatias de 2 centímetros. Descarte as pontas, ou use-as para fazer um purê (página 199).

2 Em uma frigideira antiaderente grande e de fundo grosso, aqueça delicadamente a manteiga, apenas até derreter; então; tire do fogo. Arrume as fatias de batata em uma única camada sobre a manteiga derretida, encaixando-as como um quebra-cabeça. Tempere, salpique com os ramos de tomilho e acrescente as folhas de louro.

3 Coloque nage, caldo ou água até cobrir as batatas até e metade. Coloque a frigideira de volta no fogo e cozinhe em fogo médio ou baixo até que o líquido borbulhe levemente. Cozinhe, sem tampa, em fogo brando por 15 a 20 minutos, ou até que a manteiga fique levemente dourada e o líquido evapore quase que por completo. As batatas devem ficar bem douradas por baixo.

4 Vire cuidadosamente as fatias de batata, usando uma espátula. Coloque mais nage, caldo ou água, novamente cobrindo as batatas até a metade. Cozinhe por mais 15 a 20 minutos até que o líquido evapore e as batatas fiquem macias, bem douradas e caramelizadas. Escorra em papel-toalha, tempere e sirva o mais rápido possível.

Repolho braseado com manjerona

O REPOLHO É UM ACOMPANHAMENTO VERSÁTIL, RARAMENTE SERVIDO COM PEIXE, MAS EU INSISTO PARA QUE VOCÊ EXPERIMENTE. USE UM REPOLHO SAVOY ENRUGADO COM DOIS TONS DE VERDE PARA ESTA RECEITA. EM VEZ DE COZINHAR DA MANEIRA CONVENCIONAL, USE ESTE MÉTODO DE DEIXAR SUAR LEVEMENTE COM UM POUCO DE MANTEIGA. A MANJERONA FRESCA E AS SEMENTES AROMÁTICAS DE COMINHO REALÇAM AO MÁXIMO O SABOR E A TEXTURA DO REPOLHO.

INGREDIENTES

(para 4 a 6 pessoas)

1 repolho pequeno ou médio
25 g de manteiga
1 échalote ou cebola pequena cortada em fatias finas
uma pitada generosa de sementes de cominho, ou meia colher de chá de cominho moído
1 colher de sopa de manjerona fresca picada
1 ou 2 colheres de sopa de creme de leite
sal marinho e pimenta-do-reino moída na hora

1 Corte o repolho em quatro partes e retire o centro. Retire também as folhas externas que estiverem duras; então, pique o restante do repolho.

2 Em uma caçarola grande, aqueça a manteiga e cozinhe delicadamente a échalote ou a cebola por aproximadamente 5 minutos até ficarem macias. Tome cuidado para não deixar dourar.

3 Acrescente o repolho e mexa bem. Tampe e cozinhe em fogo brando por aproximadamente 4 a 5 minutos, sacudindo a panela uma vez ou duas, até murchar. Se achar que precisa de um pouco de água, coloque apenas uma pequena quantidade, uma vez ou duas durante o cozimento.

4 Misture o cominho e a manjerona, e tempere a gosto. Coloque a tampa e, então, retire do fogo e deixe em infusão por alguns minutos. Misture creme a gosto e sirva.

Tatins de endívia

ESSAS TATINS SÃO UM ACOMPANHAMENTO PERFEITO PARA PRATOS DE PEIXE. ELAS PODEM SER PREPARADAS COM UMA HORA OU DUAS DE ANTECEDÊNCIA, E LEVEMENTE AQUECIDAS ANTES DE SERVIR. ELAS SÃO FEITAS DA MESMA MANEIRA QUE AS CLÁSSICAS TARTE TATINS DE MAÇÃ, USANDO MASSA FOFA AMANTEIGADA OU MASSA QUEBRADA. EU AS FAÇO EM FORMINHAS INDIVIDUAIS DE METAL, DE 8 CENTÍMETROS DE DIÂMETRO, AQUECIDAS NO FOGÃO PARA CARAMELIZAR A ENDÍVIA. ELAS PODEM, ENTÃO, SER ASSADAS NO FORNO COM A MASSA NO LUGAR. EM VEZ DAS FORMINHAS, VOCÊ PODE USAR FÔRMAS DE MUFFINS FUNDAS, QUE SÃO VENDIDAS EM BANDEJAS COM 9 OU 12. AS FÔRMAS DE PUDIM COM FUNDO REMOVÍVEL NÃO SÃO ADEQUADAS, POIS O LÍQUIDO DA ENDÍVIA PODE VAZAR.

INGREDIENTES

(para 12 unidades)

300 g de massa fofa caseira (página 187), ou uma massa pronta de boa qualidade, ou massa quebrada
80 g de açúcar refinado
100 g de manteiga em temperatura ambiente
½ colher de chá de pó de cinco especiarias
6 cabeças de endívia pequenas, de aproximadamente 100 g cada, sem miolo e aparadas
sal marinho e pimenta-do-reino moída na hora

1 Abra a massa em uma superfície levemente enfarinhada e corte 12 discos, com 8 a 9 centímetros de diâmetro. Fure bem com um garfo e reserve na geladeira.

2 Enquanto isso, em uma tigela, bata o açúcar, a manteiga, o pó de especiarias e um pouco de tempero, formando um creme. Preaqueça o forno a 200°C, e coloque uma assadeira de metal vazia para esquentar (isso ajuda a dourar as bases das tatins).

3 Corte as cabeças de endívia ao meio, no sentido do comprimento. Se as metades começarem a desmanchar, junte as folhas e prenda cada uma com palito de madeira.

4 Com uma colher, coloque a metade do creme de manteiga com açúcar em uma frigideira de fundo grosso. Espalhe um pouco e, então, coloque as metades de endívia, com o lado cortado para baixo. Aqueça em fogo brando primeiro. Então, quando começar a sair líquido, aumente o fogo. Coloque as folhas soltas na frigideira. Cozinhe por aproximadamente 7 minutos, até que a mistura comece a caramelizar e a endívia comece a amolecer e murchar. Tente não mexer muito as cabeças de endívia; elas ficam melhores se deixadas no lugar.

5 Enquanto isso, divida a manteiga e o açúcar restantes entre as fôrmas. Assim que as metades de endívia começarem a amolecer, retire-as com uma colher ou um garfo, uma de cada vez, colocando-as nas fôrmas, com o lado cortado para cima. Coloque as folhas soltas em volta das metades.

6 Cubra cada uma com um disco de massa, apertando bem ao redor da endívia, em vez de no metal. Coloque as fôrmas na assadeira preaquecida. Asse por 12 a 15 minutos ou até que os discos de massa fiquem crocantes e dourados, e a endívia, macia. Deixe esfriar por alguns minutos; então, vire sobre um prato de servir, com o lado da massa para baixo. Transfira cuidadosamente o líquido das fôrmas para uma caneca, despeje sobre as tartes mornas e sirva.

Gratin de espinafre e queijo gruyère

PEIXE E ESPINAFRE SE ASSEMELHAM A UM CASAMENTO REALIZADO NA COZINHA DO PARAÍSO. ESTA MISTURA SUBLIME DE QUEIJO E ESPINAFRE É INCRIVELMENTE SIMPLES DE PREPARAR, E PODE SER SERVIDA COM QUALQUER PEIXE GRELHADO OU FRITO.

INGREDIENTES

(para 4 pessoas)

200 g de folhas de espinafre, bem lavadas e escorridas
20 g de manteiga
1 ou 2 colheres de sopa de creme de leite
um pouco de noz-moscada moída na hora
50 g de queijo gruyère ralado
sal marinho e pimenta-do-reino moída na hora

1 Retire todos os talos grossos do espinafre. Ferva água em uma panela, e mergulhe as folhas por apenas alguns segundos, até o espinafre murchar. Escorra e esfrie em água corrente fria. Escorra bem novamente e reserve. Quando esfriar suficientemente para manusear, esprema as folhas com as mãos. Pique-as em pedaços pequenos.

2 Aqueça a manteiga em uma caçarola e acrescente o espinafre, o creme, a noz-moscada e o tempero. Aqueça, mexendo, até que a mistura comece a chiar – apenas um minuto ou dois. Coloque em um prato de servir e salpique com o queijo gruyère.

3 Preaqueça a grelha e grelhe o espinafre até que o queijo fique bem dourado e borbulhando. Deixe esfriar por alguns minutos, e sirva.

Lentilhas e bacon

AS LENTILHAS SÃO UM BOM ACOMPANHAMENTO PARA QUALQUER PEIXE OU CRUSTÁCEO, MAS PARTICULARMENTE SALMÃO, ROBALO, LAGOSTINS E VIEIRAS. SIRVA A MISTURA DE LENTILHA E BACON QUENTE OU EM TEMPERATURA AMBIENTE, MAS NUNCA GELADA, POIS SE FICAR FRIA DEMAIS O SABOR DIMINUI.

INGREDIENTES

(para 4 pessoas)

150 g de lentilhas, bem lavadas e escorridas
2 cenouras médias
1 alho-poró médio
1 échalote, cortada ao meio
1 folha de louro
1 bouquet garni (página 39) (opcional)
1 colher de sopa de azeite
50 g de bacon defumado, cortado em pedaços pequenos
2 colheres de sopa de Vinagrete Clássico (página 76)
sal marinho e pimenta-do-reino moída na hora

1 Deixe as lentilhas de molho por 1 hora em água fria. Escorra. Coloque as lentilhas em uma caçarola com uma das cenouras, a parte verde do alho-poró, metade da échalote, a folha de louro e o bouquet garni, se estiver usando. Cubra com água fria de deixe ferver. Tampe e cozinhe em fogo brando por 15 a 20 minutos, ou até que as lentilhas fiquem macias, mas ainda inteiras. Escorra e descarte os legumes, a folha de louro e o bouquet garni. Reserve as lentilhas.

2 Enquanto isso, pique a outra cenoura, a parte branca do alho-poró e a outra metade da échalote. Aqueça o azeite em uma caçarola. Quando estiver quente, acrescente o bacon e frite por um minuto ou dois, até soltar a gordura. Acrescente os legumes picados e mexa. Cozinhe em fogo médio por aproximadamente 5 minutos, ou até ficarem macios. Tempere levemente; então, retire e misture com as lentilhas e o vinagrete. Sirva quente ou morno.

Purê de couve-flor

A COUVE-FLOR PODE PARECER UM ACOMPANHAMENTO IMPROVÁVEL PARA PRATOS DE PEIXE, MAS ESTE PURÊ CREMOSO É UM COMPLEMENTO PERFEITO. UMA MANEIRA DE USÁ-LO, COMO FAÇO NA RECEITA DA PÁGINA 123, É COLOCANDO PEQUENAS COLHERADAS DO PURÊ EM PRATOS, PARA ABRIGAR VIEIRAS FRITAS OU PEQUENOS FILÉS DE PEIXE. NÃO É ESSENCIAL INCLUIR O AZEITE TRUFADO, MAS ELE CERTAMENTE DÁ MAIS RIQUEZA AO SABOR FINAL.

INGREDIENTES

(para 6 a 8 pessoas)

1 couve-flor pequena
25 g de manteiga
2 colheres de sopa de leite
100 ml de creme de leite com baixo teor de gordura
um pouco de azeite trufado (opcional)
sal marinho e pimenta-do-reino moída na hora

1 Corte a couve-flor em pequenos buquês, deixando apenas um pedaço pequeno de caule em cada um.

2 Derreta a manteiga em uma caçarola. Acrescente os buquês e cozinhe-os delicadamente por aproximadamente 3 minutos, até ficarem levemente macios. Acrescente o leite e cozinhe por mais 2 ou 3 minutos. Tempere levemente. Acrescente o creme e deixe ferver novamente em fogo brando. Tampe parcialmente a caçarola e cozinhe por mais 3 minutos, ou até a couve-flor ficar macia, mas não derretendo.

3 Coloque a couve-flor e todo o líquido do cozimento no processador e bata até obter um purê homogêneo, raspando as laterais do recipiente uma vez ou duas. Regue com azeite trufado a gosto, se estiver usando. Para obter uma textura brilhante e homogênea maravilhosa, ligue o processador novamente. Verifique o tempero e sirva.

Tomates tostados

ESTES TOMATES DELICIOSOS PODEM SER SERVIDOS COM SALADAS, OU COMO GUARNIÇÃO PARA PEIXES INTEIROS GRELHADOS. PREPARE UM TOMATE INTEIRO POR PESSOA E SIRVA-O FRIO OU EM TEMPERATURA AMBIENTE. ELES TAMBÉM FICAM DELICIOSOS COMO ACOMPANHAMENTO PARA HADOQUE COZIDO, SERVIDO COM UMA BELA PORÇÃO DE PURÊ DE BATATAS AMANTEIGADO.

INGREDIENTES
(para 8 pessoas)

8 tomates italianos, maduros e firmes, ou tomates grandes amadurecidos no pé
2 colheres de sopa de azeite extravirgem
2 colheres de sopa de vinagre balsâmico
sal marinho refinado e pimenta-do-reino moída na hora
ervas frescas de sua preferência picadas, ou folhas de tomilho, para guarnecer (opcional)

1 Corte os tomates ao meio, no sentido do comprimento, e retire o centro. Coloque-os em um assadeira rasa, com o lado cortado para cima.
2 Preaqueça o forno a 150°C. Pincele os tomates com o azeite primeiro, depois regue-os com o vinagre. Tempere bem.
3 Asse, sem cobrir, por aproximadamente 2 horas, ou até ficarem macios, mas ainda inteiros. Deixe esfriar na assadeira. Transfira cuidadosamente para um prato de servir e regue com um pouco mais de azeite, se necessário. Salpique com as ervas, se estiver usando, e sirva.

Chips de tomate crocantes de forno

EU USO ESTES DELICIOSOS TOMATES CROCANTES PARA GUARNECER MUITOS PRATOS E, COMO TODAS AS BOAS IDÉIAS, ESTA RECEITA É ENGANOSAMENTE SIMPLES. FATIAS BEM FINAS DE TOMATE SÃO RESSECADAS EM UMA ASSADEIRA ANTIADERENTE DE SILICONE DE UM DIA PARA O OUTRO, DEPOIS ARMAZENADAS EM UM RECIPIENTE HERMÉTICO. (ALGUMAS MARCAS DESSAS ASSADEIRAS, TAIS COMO DUPONT TEFLON, BAKE-O-GLIDE E MAGIC CARPET, SE NÃO ESTIVEREM DISPONÍVEIS NO MERCADO, PODERÃO SER COMPRADAS PELO CORREIO). VOCÊ VAI PRECISAR DE UMA FACA AFIADA COMO UMA NAVALHA PARA CORTAR AS FATIAS BEM FINAS. ELAS PODEM SER ARMAZENADAS POR APROXIMADAMENTE UMA SEMANA EM RECIPIENTE HERMÉTICO.

INGREDIENTES

(para 30 a 40 fatias)

6 tomates italianos firmes e maduros
sal marinho refinado e pimenta-do-reino moída na hora

1 Com uma faca muito afiada, corte os tomates transversalmente, em fatias o mais finas possível. Descarte as pontas. Coloque as fatias em uma assadeira de silicone, ou sobre papel-manteiga em uma assadeira. Tempere bem com sal e pimenta.

2 Ligue o forno na temperatura mais baixa, como na opção para esquentar pratos ou cozimento lento. Use uma colher de pau para manter a porta do forno ligeiramente aberta, se necessário. Coloque as fatias de tomate no forno.

3 Deixe as fatias secarem, o que pode levar de 4 a 24 horas. O tempo dependerá do seu forno. Não vire as fatias. Quando os tomates estiverem completamente secos e crocantes, estarão prontos. Tire-os da assadeira e mantenha-os em um recipiente hermético, prontos para o uso.

Duxelles de cogumelos

ESTA RECEITA É UM TIPO DE PICADO DE COGUMELO, USADA PELOS CHEFS FRANCESES PARA RECHEAR, GUARNECER OU FAZER MOLHOS. É UM ACOMPANHAMENTO MARAVILHOSO PARA PEIXE. EXISTEM ALGUMAS DICAS PARA EVITAR QUE A DUXELLES VIRE UMA MASSA ESCURA. PRIMEIRO, PIQUE OS COGUMELOS MANUALMENTE (O PROCESSADOR MACHUCA OS COGUMELOS E A DUXELLES FICARÁ PRETA). A PRÓXIMA DICA É USAR UMA FRIGIDEIRA DE FUNDO GROSSO SECA, CERTIFICANDO-SE DE QUE ESTEJA BEM QUENTE ANTES DE COZINHAR. ISSO ASSEGURA QUE A MISTURA FIQUE BONITA E SECA.

INGREDIENTES

(para aproximadamente 400 g)

500 g de uma seleção de cogumelos limpos e secos (ex.: chanterelles, champignons-de-paris, cépes ou morel)
sal marinho refinado

1 Escolha os cogumelos cuidadosamente, e limpe-os com papel-toalha, se necessário, certificando-se de que fiquem completamente secos.

2 Pique os cogumelos em fatias bem finas, com uma faca afiada, tomando cuidado para não machucar a carne.

3 Aqueça uma frigideira antiaderente grande de fundo grosso. Quando puder sentir uma onda estável de calor emanando da frigideira, coloque os cogumelos picados. Salpique com um pouco de sal. Os cogumelos soltarão líquido gradualmente. Mexa a mistura freqüentemente, enquanto o líquido sai. Cozinhe por 5 a 8 minutos, até que todo o líquido evapore e a misture fique rica e grossa. Deixe esfriar e use conforme necessário.

Purê de alho assado

UM PEQUENO POTE DE ALHO PRONTO PARA USAR GUARDADO NA GELADEIRA É MUITO ÚTIL PARA REALÇAR O SABOR DE MOLHOS, RECHEIOS OU MARINADAS. AFINAL, VOCÊ PODE MUITO BEM DESCASCAR VÁRIAS CABEÇAS DE ALHO DE UMA SÓ VEZ E ASSÁ-LOS PARA SEREM USADOS DIRETO DO POTE. PONHA O PURÊ COZIDO EM UM PEQUENO POTE COM TAMPA DE ROSCA E COLOQUE UMA CAMADA FINA DE AZEITE POR CIMA, PARA PROLONGAR A SUA VIDA ÚTIL. O PURÊ DEVE DURAR POR ATÉ 10 DIAS, MAS PODE SER NECESSÁRIO ACRESCENTAR UM POUCO MAIS DE AZEITE DE VEZ EM QUANDO, SE COMEÇAR A PARECER MEIO SECO. ESCOLHA CABEÇAS DE ALHO COM DENTES ROLIÇOS E DESCARTE OS QUE TIVEREM COMEÇADO A AMARELAR OU, PIOR AINDA, A VIRAR UM PÓ CINZA.

INGREDIENTES

(para aproximadamente 100 ml)

4 cabeças grandes de alho
25 g de manteiga
1 colher de sopa de azeite
100 ml de Caldo de Peixe (páginas 58 e 59), Nage de Legumes (página 61), ou água

1 Separe os dentes de alho e descasque-os. Para descascar com facilidade, coloque-os, um de cada vez, em uma tábua e posicione uma faca de lâmina grossa deitada por cima. Cerre o punho e aperte a lâmina para baixo com força. Isso vai soltar a pele do dente de alho, que poderá ser retirada com facilidade. Corte as extremidades dos talos e pique grosseiramente os dentes muito grandes.

2 Em uma panela pequena, aqueça a manteiga e o azeite com os dentes de alho. Salteie delicadamente por 1 ou 2 minutos, ou até que os dentes de alho fiquem com um tom dourado-claro.

3 Acrescente o caldo, a nage ou a água e deixe ferver. Coloque na superfície uma folha de papel-manteiga ou papel resistente a gordura. Abaixe o fogo e cozinhe em fogo brando por 10 a 15 minutos, ou até que os dentes de alho fiquem macios, agitando a panela uma vez ou duas.

4 No processador, bata o alho e o líquido da panela até obter um purê homogêneo. Com uma colher, coloque em um pote limpo com tampa de rosca e cubra a superfície com uma camada fina de azeite. Deixe esfriar, tampe, e guarde, para usar conforme necessário.

Limão cristalizado

EU GOSTO DE FAZER UMA PORÇÃO DESTAS FATIAS DE LIMÃO E COLOCAR UMA OU DUAS SOBRE FILÉS DE PEIXE NO MOMENTO DE ASSAR OU GRELHAR, PARA UMA MISTURA BRILHANTE DE SABORES. MANTENHA EM UM POTE COM TAMPA DE ROSCA, NA GELADEIRA, POR ATÉ 15 DIAS.

INGREDIENTES

(para aproximadamente 20 fatias)

2 limões grandes, bem escovados
100 g de açúcar refinado
1 talo de capim-limão fresco, partido ao meio

1 Corte as duas pontas do limão. Com uma faca muito afiada, corte cada um deles transversalmente em aproximadamente 10 fatias finas. Reserve.

2 Dissolva o açúcar em 300 ml de água em uma caçarola em fogo brando, mexendo de vez em quando. Quando dissolver completamente, acrescente o capim-limão. Aumente o fogo e ferva por 1 ou 2 minutos. Acrescente as fatias de limão, mexendo bem; então, retire do fogo. Reserve para esfriar.

3 Coloque os limões e o xarope em um pote com tampa de rosca e guarde para usar conforme necessário.

Glossário

Banho-maria Um método usado para cozinhar suavemente alimentos ou molhos delicados que podem talhar ou quebrar se cozidos com muito vigor. O alimento é colocado em um recipiente que fica dentro ou sobre uma bandeja de água com uma temperatura de 100°C (que é o banho-maria). Ele pode ser colocado no forno ou no fogão. Preparamos musses leves em banho-maria no forno, e certos molhos no fogão, em duas caçarolas.

Beignet Uma fritura doce ou salgada.

Branquear Mergulhar brevemente alimentos frescos em água fervente ou gordura bem quente. O processo de branquear em água fervente freqüentemente é seguido pelo processo de resfriamento. Branqueamos e resfriamos vegetais verdes e raviólis, e aquecemos novamente em um pouco de água amanteigada antes de servir. Chips caseiras ficam melhores quando branqueadas em gordura a uma temperatura de 150 a 300°C, até ficarem cozidas, mas ainda pálidas. Então, elas são retiradas enquanto a temperatura da gordura aumenta para 180 a 350°C, para dourar e deixar crocante.

Capim-limão É importante ter certeza de que o capim-limão esteja fresco e suculento, e não seco. Para prepará-lo, tire a camada externa e corte a ponta. Corte o caule da raiz até a ponta para que fique como um pincel. Com uma tesoura, corte as duas metades do caule em pedaços finos. Isso vai liberar muito aroma refrescante. Depois que o molho estiver pronto, o capim-limão pode ser retirado. Esse estágio é importante, uma vez que o capim-limão pode ficar bem duro se for apenas levemente cozido.

Caramelizar Aquecer ou cozinhar um alimento até que comece a adquirir um tom dourado sedutor e um sabor levemente esfumaçado.

Chillies As sementes da pimenta chilli são ainda mais fortes do que a polpa, por isso algumas receitas aconselham retirá-las. Para fazer isso, abra a pimenta no sentido do comprimento, e simplesmente raspe as sementes. Você pode querer usar luvas de borracha, pois a umidade da chilli pode arder se você esfregar os olhos ou a boca depois.

Concassé (tomate em) Alimentos picados de maneira uniforme; geralmente tomates. Retire a pele dos tomates (ver, adiante, *método fácil de retirar a pele*), corte-os em quatro partes e tire as sementes; então, corte-os em tiras e depois em cubos pequenos.

Deglaçar Depois de fritar carne ou saltear cebolas, acrescentamos um pouco de água, caldo, vinagre ou vinho para soltar os depósitos de fundo da panela. O líquido borbulha e evapora quase que instantaneamente, mas seu sabor fica.

Descascando pimentões Em alguns restaurantes, os pimentões são grelhados ou assados antes de retirar a pele. Isso dá um sabor fumegante e amacia a carne. Se quiser evitar esse trabalho, descasque os pimentões com um descascador de vegetais com lâmina móvel. Faça isso enquanto eles ainda estão inteiros; depois corte-os ao meio.

Farelo de brioche Preaqueça o forno a 150°C. Corte um brioche duro em fatias finas, e espalhe-as pelas grades do forno. Asse por aproximadamente uma hora até que o pão fique dourado e bem crocante. Retire, deixe esfriar e, então, quebre em pedaços. Bata no processador, para obter um farelo fino. Peneire o farelo e retire os pedaços maiores, colocando-os de volta no processador, se quiser. Se não conseguir encontrar brioches, use um pão branco de boa qualidade, ou palitos de pão italiano (grissini), mas evite usar pacotes de torradas coradas artificialmente.

Juliénne Este termo é aplicado a alimentos (geralmente legumes e verduras) cortados em tiras bem finas e compridas. O nome homenageia um chef parisiense muito famoso do século XVIII, Jean Julienne, que acrescentava tiras finas de legumes ao consomê. Para fazer, você precisa ter uma faca muito bem afiada. Corte os legumes primeiramente em retângulos compridos e finos, com aproximadamente 2,5 milímetros de espessura. Empilhe 3 ou 4 retângulos; então, corte fatias de cerca de 1 milímetro de espessura. Com a prática, você logo conseguirá fazer isso bem rapidamente. As tiras juliénne de legumes freqüentemente são branqueadas por apenas um minuto e depois resfriadas. Isso faz com que fiquem macias e possam ser usadas como uma guarnição delicada.

Lardons São pequenos cubos de bacon, magro ou gordo, defumado ou não. Use-os para dar sabor a cozidos ou casseroles, ou frite-os até ficarem crocantes e misture com salada de folhas mistas.

Manteiga clarificada Use uma embalagem de 250 gramas de manteiga, pois uma vez clarificada, ela dura meses na geladeira. Derreta delicadamente a manteiga em uma caçarola, ou em uma tigela no forno de microondas em potência média. Forre uma peneira com um pedaço de musselina ou um pano limpo e apóie sobre uma tigela. Derrame a manteiga derretida na peneira bem devagar, deixando para trás a maior quantidade possível dos sólidos leitosos. O que sobra é gordura de manteiga quase pura. Quando for usá-la para frituras, acrescente 1 ou 2 colheres de sopa de azeite ou de óleo de girassol, uma vez que a manteiga derretida, mesmo clarificada, queima com facilidade.

Método fácil de retirar a pele Para tirar a pele de tomates, minicebolas ou échalotes rapidamente, mergulhe-os em uma panela de água fervente por 1 minuto, depois escorra e enxágüe em água fria. A pele sairá com facilidade. Com os tomates, corte o centro. Você pode, então, cortar em quatro partes e tirar as sementes, se necessário.

Musselina Tecido de algodão muito fino, usado para embalar alimentos ou forrar escorredores e peneiras para filtrar líquidos até ficarem bem limpos. Pode ser encomendado em empresas de produtos culinários. Panos de prato velhos e limpos, ou tecidos descartáveis de cozinha são alternativas viáveis.

Nage Do verbo francês *nager*, que significa "nadar". Um caldo leve e claro ou court-bouillon feito com peixe ou legumes. Pode ser usado em combinação com caldos de carne e peixe para deixá-los mais leves sem diluir o sabor. É um caldo versátil, e muito simples de preparar.

Nappé (para cobrir) Um termo usado para descrever a cobertura uniforme de um alimento pequeno por um molho aveludado. É importante segurar a colher no ângulo certo. Encha a colher com molho, e deixe-o escorrer da lateral da colher (não da ponta), fazendo movimentos para frente e para trás de modo que ele flua delicadamente sobre o alimento a ser coberto.

Pavé O termo, que vem da palavra francesa "ladrilho", é usado para descrever uma fatia de terrine, musse ou parfait.

Pó de coral de vieira Retiramos os corais das vieiras antes de cozinhá-las. Mas pouca coisa é desperdiçada na minha cozinha; então, usamos os corais para fazer um pó que dá uma cor e um sabor maravilhosos a molhos e risotos. Parta os corais ao meio, horizontalmente, e limpe-os se necessário. Forre uma assadeira com filme de silicone antiaderente (o de plástico é reutilizável, o de papel não). Coloque os corais em uma única camada. Coloque no forno na temperatura mais baixa possível, como na opção de aquecer pratos. Na cozinha do restaurante, os fornos têm luzes-piloto de gás, que são ideais para secagem demorada, lenta. Pode ser que você precise manter a porta do forno entreaberta, mesmo na temperatura mais baixa. Deixe os corais secando entre 8 e 16 horas, até que fiquem com um tom laranja-escuro, e bem quebradiços. Eles devem quebrar em dois. Agora a parte barulhenta: coloque alguns deles por vez no processador e bata até obter um pó fino. O barulho é ensurdecedor, mas vale a pena. Coloque o pó em um pote com tampa de rosca, em local fresco e escuro.

Pré-assar Esse é o processo de assar a massa sem o recheio, para que ela fique leve e crocante. Depois de abrir a massa e forrar a fôrma com ela, deixe-a descansar na geladeira por aproximadamente 30 minutos. Então, cubra a massa com papel-manteiga e coloque feijões ou uma cerâmica como peso. Não corte as bordas da massa até a metade do cozimento; dessa maneira elas não encolhem demais. Aqueça o forno a 200°C. Coloque a fôrma sobre uma assadeira grossa de metal, para transmitir mais calor, e asse por 15 minutos. Retire o revestimento e os feijões ou a cerâmica e, então, coloque a massa de volta no forno e asse por mais 10 minutos, para ficar crocante. Continue com a receita escolhida, ou resfrie a massa e recheie com creme, frutas, etc.

Quenelle Alimento moldado em formato oval. Use duas colheres de chá para fazer essas formas uniformes. Coloque a mistura em uma das colheres. Torcendo e virando, encaixe a outra colher na concha da primeira, transferindo a mistura de uma para a outra. Isso alisa a mistura. Repita esse processo várias vezes até produzir um formato de torpedo. Coloque a quenelle delicadamente no prato.

Reduzir Ferver um líquido em panela descoberta. À medida que o líquido evapora, o sabor se torna mais concentrado.

Resfriar Mergulhar verduras ou legumes branqueados em água gelada para interromper o cozimento e deixar a cor brilhante.

Sabayon Um molho leve e espumante de ovos. Geralmente o sabayon é doce (como a sobremesa fofa *zabaione*), embora também façamos sabayons salgados, batendo as gemas com tempero antes de bater os cubos de manteiga, como para um molho Hallandaise leve. Isso deixa o molho mais estável. O sabayon é batido em banho-maria no fogão, usando um batedor (fouet) grande, ou um mixer elétrico.

Saltear Fritar alimentos rapidamente em pequena quantidade de óleo quente (para que fique *sauté*). Do verbo francês *sauter*, que significa "pular", que é o que parece que o alimento faz quando a frigideira é agitada.

Índice Remissivo

Os números de páginas em *itálico* são referentes às ilustrações.

Agradecimentos do autor

Gostaria de agradecer a Roz Deny, por sua enorme paciência.

Obrigado, Kate Bell e Leslie Harrington, por seus incansáveis esforços, e um agradecimento especial a uma das mais talentosas fotógrafas de arte culinária do país, Diana Miller. Agradeço também a Carla, minha assistente, por tentar fazer com que eu chegasse a tempo aos compromissos.

Um chef é apenas tão bom quanto a equipe que trabalha para ele. Meu agradecimento especial a Mark Askew, um dos jovens chefs mais persistentes e talentosos que já entraram na minha cozinha como chef de cuisine. Ele tem o forte apoio de Richard Wood e Nathan Thomas, o chef mais jovem da minha equipe; a demonstração de Darren Vaughan de técnicas de envolver o brill em camadas de batata merece muito louvor.

Meu relacionamento de cinco anos com meus fornecedores tem ficado cada vez melhor. Nosso relacionamento é um excelente exemplo de completa compreensão entre fornecedor e cozinha. A qualidade consistente dos produtos fica evidente em todas as fotografias, particularmente com o caviar de Ramin Rohgar, da Imperial Caviar, os maravilhosos peixes de Laky Zervudacgi de Rockport, Turnbridge Wells e Steven Bird da Cove Shellfish, Bournemouth.

Não posso deixar de fora Greta, minha sogra, por me fornecer muitas receitas maravilhosas, como sua sopa de peixe especial, e me dar uma oportunidade de provar como pratos domésticos podem ser transformados em uma receita profissional.

Finalmente, a Tana e Megan: obrigado por estarem presentes.

Agradecimentos do editor

A editora gostaria de agradecer às seguintes pessoas, por sua assistência incalculável: assistentes de fotógrafo Leo Acker e Vanessa Later; James Hayward por sua ajuda com fotografia passo a passo; Lizzie Harris e David Peacock; Penelope Cream e Jane Royston pela assistência editorial; e Hilary Bird pelo índice remissivo.

Paixão por Frutos do Mar
foi impresso em São Paulo/SP, para a Larousse do Brasil, em outubro de 2008, pela Aquarius.